ZAI KEXUEYING ZHONG CHENGZHANG

在科学营中成长

——2019年青少年高校科学营河南省分营营员心声

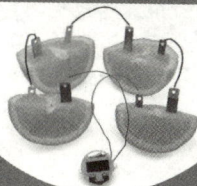

河南省青少年科技教育协会 编

郑州大学出版社

郑州

图书在版编目(CIP)数据

在科学营中成长:2019 年青少年高校科学营河南省
分营营员心声 / 河南省青少年科技教育协会编. —郑州:
郑州大学出版社,2020.6
ISBN 978-7-5645-6994-5

Ⅰ.①在… Ⅱ.①河… Ⅲ.①大学生-科学技术-课
外活动-中国-文集 Ⅳ.①G644-53

中国版本图书馆 CIP 数据核字(2020)第 069475 号

郑州大学出版社出版发行
郑州市大学路 40 号　　　　　　　邮政编码:450052
出版人:孙保营　　　　　　　　　发行电话:0371-66966070
全国新华书店经销
河南龙华印务有限公司印制
开本:710 mm×1 010 mm　1/16
印张:22
字数:408 千字
版次:2020 年 6 月第 1 版　　　　印次:2020 年 6 月第 1 次印刷

书号:ISBN 978-7-5645-6994-5　　定价:68.00 元
本书如有印装质量问题,请向本社调换

编委名单

主　编　戈文洋

副主编　胡红英　游　新　郭明梅

编　委　（按姓氏笔画排序）

孔　泉　石　毅　朱　萍

江言安　李　林　李志彬

杨晓玲　武振杰　武潇潇

孟媛媛

前言

　　由中国科协和教育部共同主办的"2019年青少年高校科学营"活动，共计有国内60多所院校、企业和科研单位承办，来自全国各省、自治区、直辖市以及港澳台地区的11200名高中生、780名带队教师参加。

　　2019年青少年高校科学营河南省分营活动经过严格规范的选拔，科学严密的活动组织，共选派450名优秀高中生和30名带队教师赴12个省市参加了高校科学营活动。科学营活动期间，河南省营员在领队老师的带领下，按照各承办单位的活动日程安排，认真积极参加各种活动，尽情展现自己的才干，充分展示了河南省中学生的风采。高校科学营河南省分营活动取得了很好的社会效应，提高了参与青少年的科学素质，赢得了河南省学生、家长和学校的好评，推动了河南省青少年科技教育工作的蓬勃开展。

　　本书收录了河南省参加高校营活动的部分优秀营员和带队教师的心声体会，为大家展现了丰富多彩的科学营活动以及青少年和教师对于自我、社会、科学、国家的感受和思考，希望此书能够给更多同龄青少年和教育工作者带来一些启发，也希望在明年的活动中有更多的营员写出更加有深度广度的心声。

目录

营员篇·北京

营员篇·重庆

营员篇·湖北

营员篇·陕西

官员篇·北京

"北"京科学营　"化"工展风采

郑州市回民中学　叶孟欣

2019 年 7 月 15 日的清晨 5 点,一轮红日从东方冉冉升起。经过匆忙的准备,我踏上了从郑州东站搭乘高铁前往北京的北京化工大学(后简称北化)科学营之旅。

7 月 14 日下午,我就提前认识了此次北化科学营的同行营员及带队教师,早已满怀期待的七天科学营之旅就此拉开了帷幕。

北化之初识

刚到达北京化工大学朝阳东校区门口,一座巨大的毛主席雕像便映入我们的眼帘,通过人脸识别闸机踏入即将入住 6 天的北化校园。领取完接下来这几天科学之旅所需的物资后,便前往宿舍午休。初到宿舍,一阵大学学习的气息扑面而来,宿舍是带阳台有空调和暖气的整洁的四人间——这便是我所向往的大学宿舍!

午休后,我们简单参观了北化校园:逸夫图书馆、科技大厦、无机楼、启荣园等。图书馆的藏书很丰富,很多图书对于刚刚步入高中一年的我还有些陌生。

7月19日，我们乘车来到北京化工大学昌平北校区，这里不及北京四环内的繁华，没有什么大型商场，甚至出校门买一些生活必需品都有些困难。但这里风景宜人，向远处眺望就能看到绵延起伏的青山，校区更是大的让人仿佛来到了荒山野岭，校区鲜花野草随处可见，给人一种田园生活的感觉。走进校史馆，61年的沐风栉雨在这里一览无遗，其中侯德榜回国后随身携带的皮质行李箱静静地陈列在其本人塑像旁。他当年出国深造只为更好的中国化工，他首先创造出领先世界的纯碱（Na_2CO_3）工业制法——侯氏制碱法。让中国的纯碱不再受制他人！如今中华民族能站在世界民族的前列，正是因为无数"侯德榜"式大国工匠正发挥他们的工匠精神，助力中国走向世界！

北化之科研

今日之北化并非1958年之北化，不同的更在于北化之科研。17日上午，我们参观了北化高级实验室、北化微型化工厂。我们学习了如何工业制备丙烯酸钾酯，让我们感受到一切化学工业都要注重简约性、环保性、廉价性。一步出错，就可能导致化工事故。每一个过程中的产物，更要考虑其是否对环境有利，不利者更要如何环保地处理，如果对后续步骤有用，还要进行回收再利用。走进高精尖实验室，我们看到了一些高大上的实验设备，有些实验室，还会有一些腐臭的味道，但那些研究人员仍然在其中做着自己的研究事业。一些高端机电设备是严禁拍照的，这也是对国家机密的尊重。在参观的过程中我还看到了液氮，我的同学将一片叶子和一些饮用水瓶放入其中，瞬间发出"呲呲啦啦"的声音，让我感受到了液氮的神秘。19日在昌平校区，我们看到了一些机电设备，领略到了工业机床的神秘，其中有3D打印、激光切割等。参观结束后，我们还有幸得到了一些工业纪念品。

北化之大师

16日，北化科学营的第2天，我们听了一场校长谭天伟院士主讲的主题为《美丽化工》的讲座。这让我改变了以前对化学的认知：化学不只是那些瓶瓶罐罐，危险的化学药品，更是渗入生活中的每一部分。上到大型化工厂的各类仪器药品，下到家中的柴米油盐酱醋茶，都是由各类元素组成的。目前在我们的日常的生活中有很多高级物质和材料。正如谭天伟院士所说"化学是唯一一个能够产生新物质的学科。"相信在将来还会有更多新物质、新材料，去改变我们的生活。18日下午，北化外籍特聘教授戴伟为我们讲了一场主题为《双氧水丰富多彩的化学反应》的讲座。在讲座前言，戴伟教授就曾说,化学就是瓶瓶罐罐,而他用行动证实了这一句话,还用一堆瓶瓶罐罐演绎出了常人见不到的化学反应,他还用他那诙谐的语言讲述双氧水(过氧化氢)丰富的化学世界。在本次讲座中,我还有幸获得了他赠送的大号荧光棒,讲座尾声,获得了他的亲笔签名,这一切会激励我在今后的化学路上越走越远。

北化之协作

北化科学营之旅更少不了营员之间的相互团结协作。18 日晚上,全国各地的北化科学营营员齐聚篮球场,在此进行了一场热烈的友谊篮球赛。我们 6 班由新疆、河南营员共同组成一支强劲的队伍。从傍晚 6 点一路过关斩将,最终取得总决赛的胜利。这一路有比分被扳平再到领先的惊险,更有一局比赛从未负分的惊喜。实力不是我们获胜的原因,团结协作才是。19 日的下午,在素质拓展中我们凭借着团队的智慧,度过了一关又一关。

20 日晚上,一场离别晚会,来自全国各地的营员纷纷表演了他们各自的拿手的节目。在晚会尾声,各班指导员将晚会带进高潮、嗨翻全场。晚会结束,我们进行了合影留念,一阵阵欢声笑语中,哪曾想,第二天就要分别……

21 日清晨,我们提着大大小小的行李箱来到北化南大门,乘车前往北京西站。离别时,所有人都依依不舍。

"宏德博学 化育天工"。这 7 天的北京北三环东路的日子,让我们提前感受到了大学生活,感受到了北京化工大学的魅力,感谢北化、感谢科学营、感谢国家,助力我实现科技梦、青春梦、中国梦!北化科学营可能不会再见,但北京化工大学,期待我们两年后再见!

当科学遇上活泼

郑州市第十一中学　肖钧怿

时间如流水,转眼,一切只剩下回忆。五天的时间,很短很短,短到我们屈指就能数完;五天,又很长很长,长到能让我们用一生去回味。时间在无情地流逝,但我们在科学营的点点滴滴仍历历在目,感受也永驻心间。

再次回顾在北京度过的这一个星期,确实学到了不少学校学不到的知识。真是不舍分别。

最先带来震撼的就是校长谭天伟(院士)《美丽化工》的报告。谭校长的报告语言通俗易懂、诙谐幽默,深受营员师生的欢迎,现场气氛十分热烈。见识了化工的科技前沿,使我对化工有了全新的认识。作为新时代的接班人,我们每个人都应提高创新意识,不负国之重托。

谭天伟校长通过对生活中衣食住行各个方面的举例,展现了化工与生活的密切相关。同时,谭天伟校长通过丰富的案例和大量的数据详细地讲述了"被误解的化工"这个主题。另外通过介绍工业生物技术、能源化工以及化工新材料这三个化工领域重要的发展方向,使我们了解到当今化工领域的发展趋势,他勉励我们要敢于创新、勇于担当民族复兴的重任。的确,化工乃国家大计,而学习化工的人更需持有颗爱国的心。

"怀着为国家做贡献的精神,怀着为人民做贡献的精神""科学无国界,而科学家有国界",这让从小就想成为一名科学家的我激动万分,也更加坚定了为科研献身的志向。

走进北京市自然博物馆,一股科学的气息扑面而来。无论是稀有动物,还是人类的起源,都使我仿佛走进了历史的长廊,感受远古时期这颗湛蓝色的星球上发生的一切。我第一次真正意识到,这颗蓝色的星球很美丽,需要我们的共同呵护,所有成员才能真正和谐共处。

聆听戴伟教授的讲座,我才发现原来化学并不只是课本上的方程式,它也可以很有趣,可以很绚丽,可以很精彩。戴伟教授那认真的神情,让我们把心放入了实验中,看着那一个个成功的实验和变化多样的现象,我们感受到了化学实验的乐趣,也明白了就这么一次有趣成功的实验背后需要付出的艰辛和汗水。这也更加坚定了我投身于化学的决心。

在数控车床车间里,我们观看到了许多现代精密仪器的运行过程,了解到了许多科技前沿的技术。这些让我们明白了北化一直致力于科研技术,也让我们明白了现代社会竞争的激烈。科教兴国,中国只有发展出自己的产业链、研究出属于自己的技术、创造出属于自己的价值,才能真正立足于世界之林,才能真正地成为一个制造强国。

天安门广场的升旗仪式看起来或许也很寻常,但当每个人都站在广场上看着国旗冉冉升起,相信每个中华儿女都会由衷地感叹一声,我为我是一个中国人而自豪,我为有一个强盛的祖国而自豪……

说不完的话还有很多很多。读万卷书,行万里路,观众席上的点点闪光灯下,朋友们的一同挥手,一同欢唱,都引起无限的感伤,这次旅程注定是一场不平凡的旅程,我们每个人都应从青春时就拥有梦想,等到长大后回望过去,无论梦想是否实现,自己都不会后悔。

人生有一个热血的青春,有一个年少不服输的自己,足矣。感谢科学营带给我们这次接近梦想的机会,时光不老,我们不散……

七月邂逅　化育天工

郑州市第十一中学　朱可

　　承载着春的希望，酝酿着秋的殷实，热情率性的夏天，总令人感触到生命最最蓬勃、茂盛的时光。

——题记

初见·深情化工

　　在两个多小时的高铁路途之后，我们终于踏上京师大地。这里，天气炎热似火，好似燃烧了我整个青春。出站后，在热情而温柔的指导员姐姐的带领下，我们来到了北京化工大学（后简称北化）的校区。一进大门，映入眼帘的便是一尊毛主席像，见证着北化工为新中国的建设做出的不懈努力。在这里，不仅有教化育人，亦有国之重责，北化工以无数的成就彰显着家国深情。短短七天时光，带给我的是受益匪浅，更指引着我青春的航标。我们将不问来路，以青春的热血书写属于我们旅途。

再见·实验化工

　　流火七月，韶华时光。在北化的第三天，我们参观了校内国家级、北京市重点实验室。入目满是高精度仪器设备，和与世界接轨的高精尖技术。在这个上午，我们了解了化工生产全过程、零距离感受了科学研究环境。原来，那一个个震惊世界的发明研究竟是从这一个个小小的疑问开始，更是与无数科研人员的刻苦钻研分不开的。科研并没有那么神圣，她只是人们不断探究真理的过程。这里的科研人员认真负责，实验室里的每一个人都在井然有序地进行着自己的工作，高效而严谨，让我不禁肃然起敬。

遇见·大师化工

　　在北化的几天里，我们有幸先后聆听了谭天伟院士和戴伟教授的讲座。谭天伟院士给我们做了关于"化工之美"的报告，告诉我们化工的神奇与奥妙,他将枯燥乏味又晦涩的定理变得魅力无穷,让我确定了自己未来的人生目标。而戴伟教授则给我们带来了一场别开生面的化学实验课,我们一起探究了过氧化氢的性质。通过趣味实验,让我明白了实验对研究的重要性;通过提问,让我明白了对于科学研究来讲是没有"可能"或"大概",科学的"科学"之处就在于它的严谨。这场与大师面对面的交流让我受益匪浅。

拜见·皇皇北京

在北化的第四天,我们踏着月色,去天安门广场上观看了升旗仪式。当白天与黑夜相交,当东方旭日冉冉升起之时,五星红旗迎风飘扬在广场上空。那一刻,我们心中豪情万丈,自豪无比。接下来我们又参观了北京自然博物馆与科技馆,领略了自然的神秘与科学的美妙。

回见·梦想北化

细雨蒙蒙,归程的那一天格外伤感。虽只有短短七天,但却镌刻在我的记忆中。长亭外,古道边,芳草碧连天……离歌终了,我们也不得不踏上归途。这七天教会了我许多:让我明白了身为少年肩上的责任,我辈必将会潜龙腾渊,鳞爪飞扬;让我明确了自己的梦想,请等着我,北化,我定会以崭新的面貌出现在你面前,并大放光彩!

少年志,定不负!

情定化工大

郑州市回民中学　崔慕岳

你好,北京化工大学(后简称北化)!

为期一周的青少年高校科学营已经正式拉开帷幕,7 月 15 日,我们相约高铁站,开始逐梦。一下车就看见热情的志愿者们,初到化工大校园就看见了毛泽东主席的雕像,庄重而威严。

宏大的建筑和葱绿的树林,街道上还有往来的学生,构成一幅清秀的画卷。吃过午饭后,我们去报告厅集合,很有幸分到了六组和新疆同学们组成一个团队,科学营的活动正式拉开。

第三天,我们参观了各种各样的化学实验室,由最简单的测量 pH 值到能测任何物质的机器都使我们大开眼界,还参观了生物有机实验,更有大卫教授的化学实验,教我们如何认识化学和全面了解化学实验的原理并亲自示范,带我们领略了如魔幻般的化学实验现象。晚上开班会,每个人都进行了自我介绍,我们还做了各种各样有趣的小游戏,班里时时刻刻都充满欢声笑语。不知不觉夜幕降临,我感觉我们的班级更加团结了。

第四天深夜两点我们就陆续起床,因为今天我们要去天安门广场看升国旗仪式。三点大巴车出发,带着我充满期待的思绪“飞”向天安门。经过半个多小时的车程,我们终于到了天安门,人山人海,我们排了一个多小时的队才进去。一进前门,就能看见人民英雄纪念碑,旁边是毛泽东纪念馆和人民大会堂,还有博物馆,正对面是天安门广场,在广场前面就是升旗台。早晨五点升旗仪式正式开始,旗手们从天安门走出,踢着正步,一种威严感油然而生,国歌奏响时,我不禁感受到了军人的神圣。

当天晚上举行了篮球比赛,第一轮我们对战二班,我超常发挥,和队友配合也非常默契,我们啦啦队的气势也很强,球场气氛也是非常的激烈,只见每个队员神情都很严肃专注,鼓足了劲在赛场上拼抢,争取为自己的班级争光。“太棒了,噢!”我投进了一个三分球。我们拉拉队员都站起来为我们欢呼着。此时,主裁判的哨声响起,第一节比赛结束了,我们班以 12∶3 的比分领先二班,最终我们以 19∶4 的好成绩赢得了这场比赛。我们高兴极了。

通过参与这场比赛，我懂得了团队的力量。在赛场上，不能只顾自己，要顾全大局，要团结协作。另外，能够赢得这次比赛，除了团结协作，也和平时的练习有很大的关系，因此，不论做什么事情，要多学、多练。后两场我们分别以 16：6 和 18：11 获得胜利。总决赛，当裁判把球抛到空中时，我便一手把球拦在手中，二话不说，我立马朝篮筐奔去，可前方一个大高个拦住了我，我顺势一个后手传球，球落入新疆小哥手中，又是一个长传，他把球给了"大白菜"，两分投篮，"进……"，球果然稳稳地落入了篮筐。第一个球我们来了一个"开门红"。可接下来的几个球可不妙，连续的几个传球都被断了。过了许久，比分已是 7：4。来围观的人越来越多，加油声也越来越热烈，这激发了我们的斗志，终究把比分拉到了决胜局——一球定胜负。开球了，对方刚一发球，"大白菜"就一个"猛虎扑食"把球断了下来，接下来，新疆小哥用假动作将球运到了篮筐下，就立马传给了我。说时迟，那时快，我伸手就把那球投向篮筐，可是没进，"大白菜"立马冲过来，救了一球，进了！这场比赛终究是我们班取胜了，这胜利不仅是成功，更突显了我们的团结。

在科学营的七天中，听到了教授精彩的讲座，参观了历史悠久的校史馆和科技馆和自然馆参观，我们领略了各个领域的风采。

在快乐中学习，在北化我收获了知识和信心，感受到了友谊和团队合作的精神。谢谢北化——我的成长之旅。

情系 BUCT 梦萦首都北京

郑州市第十一中学 岳景辉

如果说相遇是五百年前那一次次回眸的结果,那我们相聚在北京化工大学,可能就是缘分所致吧……

——题记

期待、辗转又彷徨

一个月的期待,一个月的不安,时光总是那样的清奇,静悄悄的,从不惊起涟漪。7月15日清晨,正值初夏,15个来自郑州各地的朝气青年因缘分集结在了郑州东站,而他们的目标则是华夏文明的都城——北京。

初来乍到,彼此不相熟悉,因而显得些许陌生,可沉默怎会是少年的代名词? 大概是年龄的相近,话题的投机,15位少年很快便打成一片,最初的紧张彷徨与不安也随着欢笑消散了。就这样,满载着欢笑的高铁披着夏日的曙光向北迅速驶去……

初到京城,满怀欣喜

北京的夏天,本是高温多雨。可能是被少年所感染的缘故吧,竟变得柔和多情起来。还未进站,只见天边云雾缭绕,好似在向我们招手,赤红的太阳在云间若隐若现,仿佛害羞的姑娘用自己的方式表达着对我们的欢迎。

北京西站到了! 高铁缓缓停住,我们亦随人群走出车厢,大概是穿着队服的缘故,我们的两位辅导员迅速准确地发现了我们,微笑着挥手向我们走来……在他们的安排下,无论是住宿、行车抑或是用餐都显得井井有条。

因为是第一天,没有什么活动,大家简单地参观了一下校园便早早解散,自由活动了。可能是路途的劳累吧,我早早便满怀着对明日的期许睡下了。

一夜无话……

却思初识面,破冰起深情

此次相聚北京化工大学(以下简称北化)的营员来自天南地北,总计180人,按规定分成6个班,平均下来每班30人。可能又是缘分吧,河南队与远在千里的新疆朋友结为第六班,并在接下来的五天生活中展现出了民族间的手足情深。

为了促进彼此间的感情,辅导员专门安排了主题班会,内容便是"破冰行动"。

"破冰行动"是促使我们关系前进的重要活动。大家依次上台介绍自己并通过猜字游戏进一步加强了互动。几十个名字填满黑板,诉说了来自于新疆与河南两大历史古地的友好,期望着友情的碰撞与文化的交流。每一个人都有着自己独特的风格与气质,拥有着不一样的天赋。"破冰行动"中两位辅导员也各自介绍了自己,并给出了属于北京化工大学亦属于北化工营员们的口号:"化工改变世界,科技创造未来"。

就这样,一群少年彼此熟悉,开始了他们在北京化工大学的旅途。旅途中或艰辛或欢乐,但"少年"这个集活力与朝气于一身的群体,他们拥有着满满的自信与期待。

聆听大师讲谈,体悟化工之美

感受一个学校的文化底蕴,当从大师谈吐开始。

第二天下午我们聆听了北京化工大学校长谭天伟院士题为《化工之美》的报告,谭天伟院士是一位集知识,幽默,哲理的大成学者教授,原本复杂多变、稍显枯燥的化工世界在他的讲解中产生了无形的魅力,深深地吸引了在场的每一位营员。报告结束后营员们意犹未尽给予其经久不息的热烈掌声。他的这次报告,使我们对化工有了更深一步的了解,更对科技科学产生了浓厚的兴趣。在本次报告后我们都对自己的未来有了更深刻具体的规划,简言之受益匪浅。

观赏趣味实验,感受化工之乐

在北京化工大学的几天,有幸参加了戴伟教授的趣味化学实验活动,戴伟教授虽说是一位英国学者,但他的汉语说得相当流利!

戴伟教授用通俗的语言、趣味十足的实验向我们揭示了化学世界的奇妙,有神奇的双氧水催化实验、壮观的荧光溶液实验、巨型的大象牙膏……种种实验令在场营员无不为之赞叹欢呼。

活动中自己有幸同戴伟教授一起做实验，使自己进一步深入了解了化学反应的实质，活动结束后更是有幸与戴伟教授合影，并获得教授的签名与殷切鼓励，极大激发了我的学习的热情与对科学的喜爱。

朝夕相处生情，业已相守为常

在北化的日子里，除了紧凑、丰富的拓展活动，也有"偷得浮生半日闲"的悠闲时光。科比说："你见过洛杉矶早晨四点的太阳吗？"我说，我见过北化清晨五点的静美。

在太阳还没伸懒腰的时候，露珠缠绵着绿叶久久不肯滴落。漫步于空旷的校园，任由清风吹拂在脸上，那种恣意随性、恬静悠闲着实只可意会不可言传。

北化的校园绿意盎然，生机勃勃尽显朝气。行走于楼房与草木之间，徜徉于虫儿低鸣、鸟儿轻啼的自然之音中，好似忘记了时间，不知不觉已走到校园门口。当那座高大的毛主席雕像映入眼帘之时，我才缓过神来，怔怔站住，脑中浮现出北化人在以往光辉岁月中的奋勇拼搏。就好像刚来到这里时，我的心不由得一动，原来，我已经习惯这里的生活，不愿离开了……

烟雨为伴，聚散流沙

时间总是在美与奇的交织中过得飞快，快到你根本来不及握住它，更别提与它相拥道别了。可能是感觉到人们无形释放出的悲意，北京竟淅淅沥沥下起了小雨。

点点雨丝,蒙蒙水雾,离开时是在一个诗意的早晨,恰如我的青春,在人生的履历表上画下一个完美的图像。相聚是那么短暂,不禁感叹时光匆匆犹如握不住的流沙,可能我们彼此都只是对方生命中的过客,也或许我们未来会在某地再次相遇,但如此美好的情谊已在我们心中生根发芽,喜爱科学的种子在未来定会长成葱茏。

致谢

感谢 BUCT,让我在遥远的京城有了一份向往与牵挂;感谢 BUCT 让我对我的未来有了更清晰的把握;感谢 BUCT,让我对科学产生了浓厚的兴趣……

青山不改,绿水长流,有缘,我们定会再次相逢。我相信,下次一定会比第一次更热烈,更难忘。

再见,BUCT!回见,首都北京!我相信,明年我一定可以带着自己的行囊,走出北京西站。这时,我已是考入北京的逐梦青年!

逐梦北化工　启航科学梦

郑州中学　高嘉隆

化工改变世界,科学成就未来。

——题记

随着那令人激动的倒计时响起时,我的心也不禁紧绷了起来。这声音震耳欲聋,深入人心。让我内心的涟漪久久不能平静。我知道那是高校在向我们招手,那是时代召唤的号角,那是机遇,那是未来。

千里之行,始于足下

我们来自五湖四海,江南塞北,都经历了艰辛的跋涉才齐聚北京,一路的冷雨浇不灭我们心中热情的火焰。在进入北京化工大学的大门的那一刻,一场绝美的盛筵拉开序幕。那是我第一次真实感受到胸中梦想之花抽芽的震动,第一次初见营友时的激动和第一次和辅导员小姐姐的交流后,我对一周的生活充满了期待和向往。

晚上的破冰仪式上,随着同学们逐渐认识,之前的尴尬与沉默渐渐消失不见。我们毫无保留地展示着自己,我们肆无忌惮地绽放着笑颜,仿佛有一束光打破黑暗,让我们接受最真实的彼此。

博学资深,名人教授

这几天有很多教授给我们传授知识,来自化工、数学、物理专业的老师们以丰富有趣的形式为我们讲解了生活中的点滴与学校中传授的知识紧密相连的地方,让我深切地体会到原来学校教的知识不只是用来应付考试的,还可以对生活中的相关问题做出合理严密的解释。

其中,戴伟教授的化学实验对我的触动最大,随着一阵阵烟雾从试管中冒出,会场中大家的心也都紧紧地悬着。但他却镇定自若,用那娴熟的手法将一个个看似危险的实验做得如同家常便饭。他用严谨巧妙的思维逻辑征服了在场的所有人,让我们懂得了实验是检验真理的唯一标准。

化工车间,趣味科学

参观北化的实验室是这次行程中我最期待的地方,早上的参观果然没有让我失望。我们参观了模拟工厂生产原料的过程,还见到了生产加工的机器。知道这些精美仪器的用处之后我不禁对化工专业燃起了一股强烈的好奇心。参观时,我们看到了一些学长、学姐们在做实验,他们那坚定的眼神和充满自信的气质把我深深地吸引住了;同时,也让我意识到动手能力的重要性。在参观各种飞机的发动机时,我深切地感受到了国家科学技术的高速发展和国力之强盛。

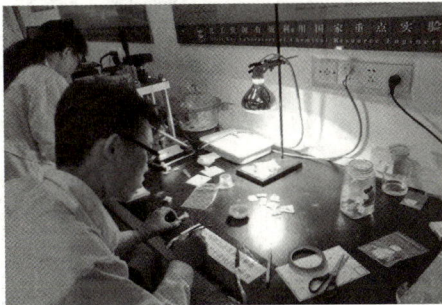

不思量,自难忘

在这里,我忘不了的还有与同学、与老师结下的深厚情谊。来自天南海北的我们齐聚一堂,共同感受这由南北地理位置不同所带来的文化差异的碰撞。篮球赛上的团结协作、文艺晚会上的惊艳亮相、过生日时的集体狂欢……这一幕幕都已深深镌刻在我的脑海里,任暴风骤雨也无法抹去。你是如此的温情脉脉,叫我如何忘记?

罗伊·克里夫特曾说:"我爱你,不是因为你的样子,还因为和你在一起时,我的样子。"北化——你的谦和,你的无私,你所具有的一切美好的品质都深深打动了我,影响了我,使我得以重新思考自己的理想与追求。在这里,我对科技的兴趣得到了前所未有的提高,因为你,我的自立能力、表达能力和组织能力得到了充分的锻炼与发挥。

这个暑假,感谢有你;我的人生,感谢有你!

只可惜这一切都太过短暂,纵有千般不舍,万般留恋,你我终要分别,但我会去学习你所培养的每一位人才身上的品质,严谨求实,虚心求教,将每一件小事都做到完美。

北京,两年后再会!

感受科技 追梦北理

柘城县第二高级中学　祁硕

今天,我们离开了北京理工大学(后简称北理)。心里充满不舍与依恋。

还记得刚到北理的时候,大家还都不相识。在这为期七天的科学营里,大家欢歌笑语,一起学习、一起游戏,现在就要离开了,离开北理、离开班长、离开各位小伙伴。此后,每个人都会重新投入各自的学习与生活中去。当我们感到无力与疲惫的时候,想起这些天的快乐,我相信我们会嘴角微微上扬,然后充满自信与动力,去战胜困难。那是为了我们的北理梦想,为了一起走进北理的诺言。

冷静、目标与团队精神

在素质拓展的训练中,我们学会了冷静与团队精神。当任务或者困难来临的时候,要学会冷静,保持良好的心态,学会控制自己,否则就会乱了阵脚。许多事我们自己一个人是做不了的,这个社会并不是一个人构成的,摩天大楼也不是一个人建的,要想取得非凡的成功,就得先学会团队合作,有了团队并不是一定会成功,分工明确才是核心。只有分工明确,才会有高效率的工作。

感受科技魅力

科学技术是推动现代生产力发展中的重要因素和重要力量,科技改变生活,科技改变社会,科学技术的先行发展决定着我们的国家能否矗立与世界之巅。我们在参观国家科技馆和中国天文馆的过程中,感受科技的变迁,体会科技的本身。在良乡校区,我们体验了反求工程和智能制造,这是一个逆向思维的过程。"3D 手持扫描仪的使用""3D 建模"等开阔了我们的眼界;《雷达的应用与发展》《一起走进火星》,增强了我们对科学的兴趣。

了解国防

国防教育一定是贯彻落实的。高学敏教授用平实朴素的语言来阐述中国的外交和国防,并且要求我们要有一个好的价值观。中国近百年来一直都是被欺辱,但现在,中国人是真正的站起来了。我们祖国不惧怕任何国家,但也不会挑拨战争,我们祖国正在做一个科技大国、外交大国、经济大国来引领其他国家走向很美好的未来,共同发展。

"少年强则国强",我们青少年终究会扛起国家和社会的责任,我们应当学好知识,做好充分的准备。

感谢

我要向我们的带队老师、北理工自动化学院的老师、志愿者以及每一个工作人员表示感谢,谢谢你们对我们这些天来的关心与照顾。

相约北理　共创未来

商丘市第一高级中学　刘艺文

七月的风,八月的雨……伴着悠扬的歌声我们的节目落下帷幕,科学营也接近尾声。我们来自不同学校、不同班级,相约在北理,结下深厚的友谊,感受科技的魅力,让"青春梦、科技梦、中国梦"在这里扬帆起航。

相约北理,感受信仰力量

七月,连风都是温热的,每走一步,都有汗水从脸颊划过。疲惫却不放弃,我们在一次次突破自我的过程中,学会坚持到底。1940年,北京理工大学(后简称北理)开启了它的"红色航行",从延安到北京,一个个延安学子用自己的毅力与坚持为北理校史书写下浓墨重彩的一笔又一笔;用马兰草编出的草鞋;用工整的英语书写出的化学式;用丰富的学识和锲而不舍的科学精神发现了有效的制盐方法……每一个小小的发现,都凝聚了信仰、力量、智慧、汗水和一次次失败后重新开始的勇气。坚持到底就是胜利,在团队比赛中即使暂处下风,但是只要坚持就有再翻盘的机会。罗曼·罗兰曾说,最可怕的敌人,就是没有坚强的信念。热爱让我开始,责任让我坚持。从院士、将军的讲话中,我能感到他们强烈的爱国主义精神,我能看到他们肩上扛着国家重任。有一位教授对我们说:科学没有国度,但科学家有自己的祖国。在国内形势严峻之时,一批科学家因为热爱祖国而放弃国外的优厚待遇,因为忠于祖国奉献自己的一生坚守。坚持,创造奇迹,爱国,铸就辉煌!

相约北理,插上科技翅膀

在北理与科技来一场美丽的邂逅。从国防科技园的智能仿生假肢、微纳操作灵巧手、下肢恢复外骨骼轮椅中,我感受到科技对生活的帮助;从毛院士对雷达技术的详细介绍中,我见识到我国国防实力的快速发展;从激烈的机器人对抗赛中,我体会到青年一代对科技的热爱和贡献。科技兴则民族兴,科技强则国家强。北理每一位为我们演示机器人的学长脸上都闪烁着科技的光芒,他们不仅用足球踢出自己的青春风采,更用方程式赛车冲破一切阻拦,始终瞄准世界科技发展前沿,用科技创新成果满足国家战略需求。北京天文馆中的一颗颗明星照亮我们对未知宇宙的好奇,参观中国科技馆更是让我们被科学的趣味吸引。从"天眼"探空到"蛟龙"探海,从页岩气勘探到量子计算机研发……中国科技创新取得的成果震撼着我、激励着我,为我的梦想插上了科技的翅膀。

相约北理,收获诚挚友谊

第一次在高铁站相遇,我心中忐忑不安,害怕自己无法融入团体,当时的我无法相信七天后我们竟然能成为互开玩笑、打打闹闹、互相吐槽的朋友。在名为"破冰行动"的素质拓展活动中,在国防知识竞赛中,在最后的结营晚会中我们展现出了每个人不同的闪光点,在团队活动中彼此帮助,也包容着彼此的缺点。我们在北理真正学会了换位思考,真正做到了团结协作,感受到了团结就是力量。任何事情、任何安排特立二组的十五个组员缺一不可。陪伴我们度过这段难忘时光的还有我们的领队和自动化学院的三位学长学姐们,为我们忙前忙后、出谋划策,与我们一起在体育场拼搏……一起经历的时光如电影般在脑海中滑过,所有不舍都化作离别时一次次的驻足和扬起的手。离别不说再见,没有煽情的话语,只有一句"天下没有不散的筵席"。为何脸上带着微笑却依然红了眼眶?愿将来想起彼此,仍能露出暖心的微笑。

相约北理,携手共创未来

"得以明志,学以精工"的北理校训,铭记于心。北理徐特立科学营让我受益匪浅,坚定了信念、学到了知识、开阔了眼界、收获了友谊,更深切地体会到科技是强国之本,国家要强盛、要复兴,就一定要大力发展科学技术。进入新时代,我们"00后"肩负着科技创新、民族振兴的重任。一粒种子可以改变世界,一项技术能够创造奇迹,我将努力成为一粒科技创新的种子,勇攀高峰,用真才实干实现心中理想;追求卓越,用智慧勇气成就出彩人生!

"信仰、科技、友谊、未来"四段难忘的旋律组成一首奋进的歌曲。在歌声中,我们牵手北理,共创美好未来!

相约北理　逐梦科技

商丘市第一高级中学　代璐

科技是天,为我提供翱翔的舞台;科技是海,为我托起前进的孤舟;科技是地,为我举起坚实的后盾;科技是世界带给我的逐梦的动力。科学营,给了我追逐梦想的机会。北京理工大学(后简称北理),如舞台上的灯光、孤舟里的双楫、银汉中的长庚,是我最初的梦想。

迎着朝阳奔北理

迎着朝阳,背上书包,拉着行李箱。坐上和谐号动车,窗外故乡的土地已渐渐远去,我们离梦中的首都越来越近。踏上北京的土地,凉爽舒适的天气,让人心旷神怡。远远就望见北理的学长学姐们正举着写有"北京理工大学"的接站牌在向我们挥手示意。志愿者们身着绿色的T恤,眸光清亮,热情洋溢。上大巴车前,我们在北京西站定格了最美好的记忆。纵使路途再远,相遇再难,我们依旧相逢。

舞动青春扬风采

青春当是用意志与拼搏的汗水酿成的琼浆,是用不凋的希望和不灭的向往编织的彩虹,是用酣畅的笔墨和美好的想象勾勒的画卷,是用怡人的茶香和无忧的闲适渲染的诗歌。它是一杯唇齿留香的清酒,一幅活色生香的长卷,一支活力四射的歌,一首酣畅淋漓的不朽的诗篇。

尼采曾说:"每一个不曾起舞的日子,都是对生命的辜负。"青春的日子当是用来起舞的,于是我们在那个阳光灿烂的下午,举行了富有动感的素质拓展——"破冰之旅"活动。大家激情洋溢,活力四射。在看牌记牌、多人球鼓、沿绳竞走的活动中,充分发扬了团队协作精神,彰显了青春的活力与风采。

国防竞赛露锋芒

国防建设半边天,国防教育和国防知识的普及不可小觑。北理有着悠久的国防教育传统。从延安到北京,北理承载着代代学子的科技梦、国防梦。于是我们就在这具有悠久国防历史的北理开展了形式多样的国防知识竞赛。同学们准备充分、信心十足。从集体答题的班级赛到班级代表强大赛,再到一对一PK的擂台赛,同学们都激情澎湃、踊跃参与。而大家对于国防知识的了解和巨大的知识储备量令我敬佩不已。

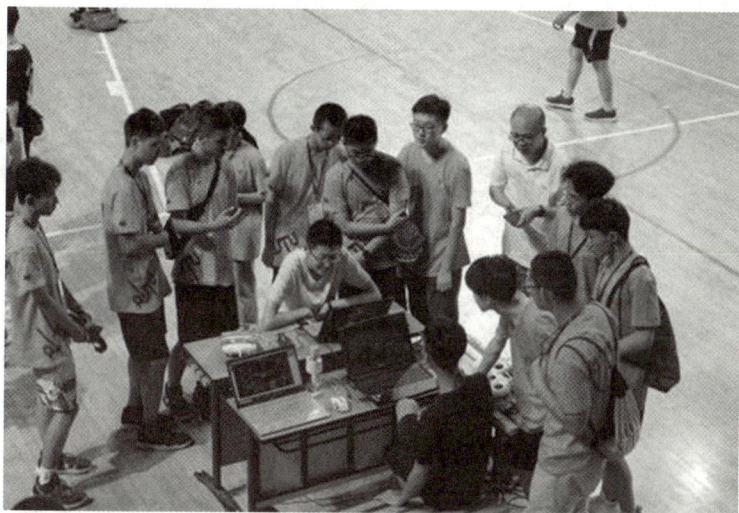

在国防知识讲座中,老教授现场指导答疑,同学们认真思考、积极提问。可谓"群贤毕至,少长咸集。"展现了青年一代对知识的渴求和对科研的向往。

纵有千古,横有八荒,我青年一代前途似海,来日方长!

科技实践助成长

在为期七天的北理之行中,最打动我的就是缤纷多彩的科技生活了。

在中关村校区,同学们近距离接触机器人与无人机,亲身体验了操纵控制机器人的乐趣,同时了解见识了以平面向量力的合成为基本原理的新型万向多功能机器人脚轮。在良乡校区,同学们参观学习并实践操作了精微三坐标测量仪与手持式激光扫描仪。在严控的 $18 \sim 22\ ℃$ 的恒温教室里,同学们操纵大型测量仪测量了工件的尺寸,同时采用手持式激光扫描仪扫描并输入了工件的数据,学习利用了建模软件修正了模型,于是,一个3D立体的工件模型就诞生了。

科技馆航天馆的参观答题与观影体验则向我展示了不一样的星空。我们了解了黄道十三星座冬夏大三角,欣赏了浩瀚无垠的璀璨星空,了解了恒星的星等与亮度标准,找到了天空中最亮的荧惑与天狼,知道了 α 星与 β 星的差别,学到了我们未曾了解到的许多航天知识,为我们展现了不同凡响的绚烂宇宙。

结营仪式惜别情

将分离,忆相逢。为期七天的科学营已接近尾声,结营仪式也充满了浓浓的惜别情。在结营仪式上,同学们合唱、舞蹈、乐器、相声、话剧、搞怪样样精通,精彩纷呈。一班的舞台剧《碰撞》形式新颖。文艺气息扑鼻的《致橡树》朗诵同现代激情舞蹈、rap 碰撞出的火花让人惊叹。二班的营员们为大家带来了歌曲串烧《青春的你》。营员们用歌声抒发青春之情,所有人共同品味美好的青春之歌,追寻我们的青春年华。三班带来的迷你版独具创新特色的舞台剧《四小天鹅》也令人忍俊不禁……同学们才华洋溢,学富五车,在歌声与欢笑声中,圆满结束了这七天的科学之旅。我们在短短的几天里相聚在北理,也终于要拾起行囊,彼此分别走向远方……来自天南地北五湖四海的同学们因缘分相聚在北理,我们相遇,相识,相知。但终究不得不分离,而分离是为了更好的重聚。我相信,我们一定会在一个闪烁着星光的仲夏夜里,在此重逢……

此次北理之行,让我感受到了团队的力量、青春的风采与科学的魅力。感谢科学院给我们提供这样的一个平台,让素昧平生的营员们成了一生的挚友,让仰望科技的我们有了实践的机会,拥抱科技,拥抱未来。

首都,仲夏,北理,我们。北理之情,科技之梦说不尽,道不完……

逐梦北理　圆梦中华

商丘市第一高级中学　陈明

7月15日，一行穿着共享单车颜色衣服的"小朋友"穿过北京理工大学（后简称北理）校门，一边"哇啊"地惊叹着，一边提好自己的行囊准备借宿一段时间。的确，在北理厚重的校史面前，我们就是一群小朋友。

第一个活动是参观校园，在学长学姐的带领下，沿着绵长的道路一路前行，阳光透过树叶间的缝隙撒下，我们好奇地望着沿途的风景，一座铜像映入眼帘，精致的纹路吸引了我的注意，那是"中国首台大型天象仪"，继续前行，一座古朴的建筑静静地卧在那里，那是图书馆，旁边不远处是北理校园的中轴线，立着硕大的校徽。脚步不停，我们最终到达活动室。刚刚坐定，我不禁感慨北理的科技真是细致入微，连小小的课桌也别具一格，并非常见的方形或圆形，而是特别的梯形，既可拼成圆形方便大家围在一起讨论，又可拆成单个的桌子让同学独立思考，真是一举两得。

休息一晚。次日，我们满怀期待开展"破冰行动"！简单的热身也能让我们感到有趣，队旗的设计突显了团队的力量，接下来的游戏我们一起讨论对策、发现问题、磨合思路，从陌生到了解，总需要一个过程。

之后几天，我们进行了国防知识竞赛、三坐标测量机和手持式扫描仪的实验、3D建模的学习等，让我印象最深刻的是手持式扫描仪的体验。在认真观摩老师演示操作后，我自告奋勇要体验一下。先确定扫描目标，我环顾一圈，视线定格在朋友的左手上，就是它了！朋友无奈地把左手放在黑色圆盘上，我按下开关，斜着交叉的49道红色光线中间闪烁着一条水平的直线，全部照在了朋友的手上，而一旁的电脑开始成像，同时扫描仪的另一端开始闪现红光，这时老师便让我将仪器拿远一点，原因是这一端闪现绿光时，扫描仪成像最快。我点点头，见电脑上成像完毕，就关上扫描仪，让朋友把手翻个面，继续扫描，奈何仪器扫描时需要扫描对象相对圆盘静止，朋友的手不经意间微抖了一下，成像有点模糊，不能完全吻合，我开玩笑地想：如果能将其3D打印下来让朋友带回家当作纪念品，那一定很神奇。

另还有一件印象深刻的事，就是一位北理学长自己设计组装的四旋翼，正方形,边长足足有一米,挂着迷你的摄像机,甚至有雷达,还能发射"子弹"。于是,有感兴趣的同学提问说,如果将泡沫子弹换成真正的子弹,是不是就可以用于作战了?学长想了想,摇头说这个涉及很多因素,比如真正子弹的载重,发射子弹时反弹给四旋翼的力是否会影响四旋翼平衡等,如果是用于作战的无人机或许可以,但自己的只能算是四旋翼。闻言,我悄悄惊叹了一下,想象未来天上铺天盖地黑色无人机的样子,一定很壮观……

作为中学生,我们能触碰到并进行操作实验的只有一小部分,但这些已足够引发我们对科学的喜爱,而院士、名师的讲座更让我们开阔了视野。犹记得中国工程院毛二可院士给我们讲解的"隐形飞机"的原理,就是一种可以吸收雷达散出的信号并将其转换成干扰信号反弹回去,致使雷达检测不到的飞机,而并不是故事里的"隐身"。除讲解外,院士还准备了各种各样雷达的图片为我们放映,我这才知道雷达并不是像电视天线那种金属棒。夏元清教授以电影《火星救援》引入人类对火星探索的意义和历程,其中"勇气号"探测器的传奇经历让我们惊呼一片。还有海军少将高学敏讲述的"瓦良格"号航母的漫漫归国路,几经波折,小心翼翼,惊心动魄,我们不禁感慨于祖国航母发展的艰辛,可同时油然而生的是对前辈们智慧与勇气的仰慕!

再想起中关村国防科技园里的机器人、假肢,校史馆里的名人笔记,中华民族近几十年来的科技发展,离不开北理前辈们的付出,2015年阅兵仪式上的武器装备"不是北理工研制的,就是北理参与研制的"。相信在未来,中国梦的实现也离不开北理的鼎力支持。

为期七天的研学旅行结束了,可是我心中对科学的喜爱仍在继续,目标是前进的动力,我的理想大学就是北理,不仅因为这里有我的美好回忆,也是因为这里可以实现我的梦想。我可以逐梦北理,希望在将来的一天,也可以助推中国梦!

黑板报评比、结营仪式的歌唱表演,每个人的才艺都得到展示,每个活动都要大家合作参与,从互不相识到默契的眼神交流,从各有各的性格到相互理解、包容……北理教会我们的不仅仅是三坐标测量机使用,更是人与人之间基本的相处法则。即使眼前是暂时的离别,不要悲伤,不要难过,更好的明天在等着我们,相信未来我们还会重逢!

追梦北理

商丘市第一高级中学　孟子博

七月流火，那是热情的青春之火。

——题记

我们怀揣着对大学的向往走进北京理工大学（后简称北理），体验大学的生活。回首一周，我们硕果累累，背着满满的行囊回到家乡。这周的记忆经历让我记忆犹新。

初识北理，鸟语花香

当我踏进北理校园的第一步时，就被大学自由自在的生活所吸引，我像一匹脱了缰的野马，摆脱一切的束缚、主导自己的生活。

花园似的校园五彩斑斓，显得生机盎然，一座座别具风格的教学楼，在翠绿欲滴的树儿和娇羞欲语的花儿的装点下，更平添了一份勃勃的生机，形成了一种人工美和自然美相融合的景色。

北京理工大学，是中国共产党创办的第一所理工科大学，是全国重点大学，首批进入国家"211工程""985工程"，入选"世界一流大学"建设高校A类行列，这是多少理科生所向往的学校。北京理工大学徐特立科学营的开营仪式，让我们感受到了北理对我们的热情欢迎。

破冰之旅，团结一致

"破冰之旅"是一项团体活动，我们彼此之间理解、信任、尊重、包容。经过全体营员的努力，我们成功地在这次团建中取得优异的成绩。在"七人八足"的游戏中，我认识到我们不仅要共同协调，也要替别人着想，包容别人的失误。在按顺序翻牌的游戏中，我认识到每个人在团队中的重要性，一个人的失误就可能导致整个团队失去名列前茅的机会，所以我们要有团队意识。

我更深刻地认识到：每一个团队成员只有互相配合，整齐划一，才能实现目标，更好地完成工作；只有集中大家的智慧和力量，工作才能更加完善。

班级的团结不仅可以从团体建设中体现,还可以在共同办板报中增进,在排练晚会节目中增强……孟子曾说过,"天时不如地利,地利不如人和。"我们凡事要团结一心,坚持不懈在困境中磨炼自己。

科技创新,名人教授

在这一周,我们聆听了很多教授的讲座,课学知识拓展,科技实验等等。毛二可院士从雷达概念和早期的发展讲起,图文并茂,由浅入深为我们讲述雷达的发展历程,让我们感受到毛院士严谨、质朴的科学情怀。

我们来到中国科技馆,在探索与发展展厅,体验到了未来科技的魅力,在科技与生活展厅感受了科技融入生活的便利,在华夏之光展厅,领悟到了中华五千年的文化之美。

在国防情演讲中,海军少将高学敏将军,讲述了科学家们通过自主研发突破航空母舰技术难题的事例,以中国太空探索。海洋国防等热点国防问题为例,阐述了人才培养和科技创新在国防建设中的重要作用。

让我印象最为深刻的是,反求工程必须在气温恒定在 18 ~ 22 ℃ 的室内才能进行,在这样的教室内上课我们丝毫没觉得冷,因为我们有着对反求工程的热心。在反求工程实验中,老师讲解了反求工程的概念和意义,并介绍了反求工程的常用工具——三坐标测量仪和三维激光扫描仪。亲自体验用三坐标测量仪对工件进行测量,反求签字用激光扫描仪对工件进行扫描建模加深了我们对反求工程的认识。

青春无悔,还会遇见

还记得我们唱的那首歌吗?"七月的风,八月的雨,卑微的我喜欢遥远的你……"闭营仪式《青春的你》不仅唱给我们,也唱给你。

时光荏苒,岁月如梭,转眼间一周的高校科学营活动结束了,我们认识了北理的三位学长,谢谢你们这一周的陪伴,对我们的关心你们辛苦了!谢谢你们,我们在北理相遇,又在北理挥手告别,我相信我们还会再次相遇。

少年进步,则国进步,让我们一起进步,为祖国争光。

走进科学　缘梦北理

商丘市第一高级中学　周卓岩

暑假伊始,我有幸参加了河南省科学技术协会和河南省教育厅联合举办的全国高校科学夏令营——北京理工大学分营活动。怀着对北京理工大学的满满憧憬和对科学技术的无限热爱,我与河南队的小伙伴们一起坐上了去往北京的高铁,奔赴青春中最值得深深铭记的一场旅程。

初次相识

刚出北京西站,就看到五六位早早在此等候的学长学姐们举着北京理工大学的牌子迎接我们,他们热情洋溢,散发出自信昂扬的青春风貌,很快便与我们打成一片。这让我们对北京理工大学又增添了一分期待。

在大巴上迷迷糊糊的我们很快到了北京理工大学的中关村校区,学长学姐们带我们领取在校所需的饭卡、洗漱用品、校服后,便带我们来到寝室,从没有住过校的我对这里的一切都充满了好奇。傍晚时分,学长学姐们带领着我们去认识这个校园,从食堂、操场到图书馆和教学楼,整座校园充满了现代科技的气息,瞬间让我们对它"一见钟情"。

破冰之行

休息一晚后,神清气爽的我们迎来了到校后的第一场"破冰之行"素质拓展活动。简单的热身以后,我们开始了一个又一个的游戏。在这些游戏里,我们与来自不同地方的同学展开了比拼,为了在比赛中取得好的名次,我们队伍中的每位同学都拼尽了全力。此时,学长学姐们也没有闲着,他们站在一旁为我们出谋划策,指出我们没有发现的问题。短短一个下午,同学们都已熟络了起来,也让我们懂得了团结在集体活动中的重要性。

在晚上的班会上,每位同学都领到了自己的任务,经过大家的努力,我们在这一星期中交出了一份漂亮的答卷:黑板报评比、国防知识竞赛取得了优异的名次,结营仪式的歌唱表演取得了热烈的反响。活动结束后,大家看着彼此,露出了满意的微笑。

趣味科学

有句话说,科技改变生活。这次参加夏令营的最终目的便是让我们热爱科学、热爱创新。所以,这次的活动里有各种各样的与科技有关的活动。其中令我印象最深刻的便是我们一行人去参观的中关村国防科技园,里面有先进的机器人、医用假肢。这些走在国际前沿的研究开发,激起了我们浓浓的爱国热情,也让我们立下了要学有所成,将来为国效力的目标。此外,我们还参观了中国科学技术馆和中国天文馆,里面有物理、化学、生物的相关实验,一个个生动有趣的实验加上详细的讲解,让原来课本上枯燥的文字立马变得活灵活现起来,这不仅加深了我们对课本知识的理解,还大大提高了我们对自然科学的热爱程度。其中我最感兴趣的便是有关分子的运动、芳香物质、光路的可见性和光的反射等实验,期待着下次有机会能够再次来到这里。下午,在天文馆里我们还学到了很多有关行星、星云、黑洞等知识,感受到了宇宙的美丽与神奇,激起了我们对天文知识的兴趣。

院士讲座

在北京理工大学学习的几天中,我们近距离地接触到了几位大师级的老师,他们为我们开展了几堂精彩的讲座。其中有中国工程院院士毛二可教授,向我介绍了雷达技术的知识和中国雷达事业的发展现状,毛教授用亲切、质朴的语言鼓励青少年的我们投身于祖国的建设中来。

另一位北京理工大学自动化的院士甘明刚,为我们讲述了北理在火星探索这一领域的成就和意义,让我们深刻领略到科技的伟大。此外还有一位则是个战功赫赫的海军少将高学敏将军,他为我们带来了"中国梦国防情"的专题讲座,他用"两弹一星"研发和航母制造的故事回顾了国家国防事业的艰辛历程,以一个亲历者的视角,讲述了科学家们通过自主研发突破航空母舰技术难题的事例,我深刻领悟到正是他们的无私奉献,才让我们生活在这个和平强大的中国!

圆梦北理

告别之时来临了,哥哥姐姐们随大巴将我们送到了车站。路上,我们交谈甚欢,不去刻意提起那即将到来的分别。进了站,转回身,朝着远处的伙伴们挥了挥手臂,为何此时却红了眼眶?

时光匆匆犹如握不住的沙,我们或许都是对方生命中的过客;也或许,我们会在未来的某个地方见面,因为曾经的相遇,因为共同的梦想,一起奋斗,聚沙成塔,成为祖国屹立在东方的脊梁!

科学营，不是结束，而是开始

郑州外国语学校　李星龙

也许你我会分离，但一枚种子早已生根发芽。

——题记

初见之时　心动

随着高铁的轰鸣声，在这个七月流火的夏季，我来到了北京。一下高铁，扑面而来的是滚滚的热浪和喧嚣的人群。终于，在历经一番周折之后，我们踏入了本次科学营之行的目的地——北京师范大学（后简称北师大）。领队的志愿者是一位帅气的大哥哥，本以为他是一个严肃认真的人，而在后面几天的活动中，他确实展示了他认真的一面，不过更多地展示的却是他热忱活泼而又感性的一面。绿茵道旁，有一座座古色古香的建筑；绿茵道上，是一双双充满好奇的眼睛。活动还没开始，大家心里却早已掀起滔天巨浪。

初次见面，我便深深沉溺在了北师大厚重的文化底蕴里。无论是前身为京师大学堂，还是作为"五四运动"的先驱发源地，北师大都以其深厚的历史内涵令我折服。一个学校,不仅仅需要良好的师资力量和硬件设施,更需要的是浓厚的学习氛围和朴实的校风校训。而北师大"学为人师,行为世范"的校风更给了我深深的震撼和莫名的鼓舞。在这个到处涂抹着历史痕迹的校园里,我仿佛看到了一代又一代不懈奋斗、顽强拼搏的学长和前辈。看到他们开创自己的历史,看到他们实现自己的理想。而我也想像他们一样续写自己的未来。一颗小却坚强的种子不知不觉中,已在心里生根发芽……

祖国之光　科学

"失败是差一点的成功,成功是差一点的失败。"这是龙乐豪院士告诉我们的,也是整场讲座中我印象最深的一句话。没错,无论在哪,这句话都是一句真理。人生是奇妙的,更是精确的,也许一丁点的差错就会满盘皆输,与其事后悔恨交加,不如一开始就精益求精。只有走好每一步,才能将"差一点"真正扼杀在摇篮里。两位院士声情并茂的演说不仅让我更加深刻地理解了什么是科学,更让我懂得了祖国真正所需要的和缺少的。也许我们已经取得了举世瞩目的成就,但,这对于实现中华民族伟大复兴还远远不够。还需要我们每个人以天下为己任,奋发图强,才能真正实现自己乃至国家的梦想。

我曾经在网上看到有人说他们很傻,放弃了一切,埋头于阴暗的实验室和荒凉的大戈壁,将大好的青春奉献给了一个个虚无缥缈目标的和一串串晦涩难懂的数据,哪怕最后成功了,也不被大众所知。可是,他们真的懂吗?真的理解他们一心为国的理想吗?真的明白他们满腔热血的抱负吗?真的懂得他们不屈不挠的韧劲吗?也许,那一串串数字,在普通人看来,枯燥无味,但在他们看来,那是通向成功的桥梁,更是实现理想的康庄大道。傅志寰院士在苏联专家撤走的情况下,埋头苦干八年,做出中国第一辆电力机车;龙乐豪院士在火箭发射失败的情况下,顶住压力,再次潜心工作,最终获得了成功。正是他们艰难的过去,换来了我们安定的现在。我们应该敬仰他们,更应该向他们学习!

人文之美　艺术

一阵音乐声传来,使我昏昏欲睡的头脑清醒了几分。这里是科学营文艺会演的现场。各个省队的营员们和北师大的学长学姐们各展拳脚,一展才华。无论是歌曲还是舞蹈,或是相声小品,似乎没有什么是大家不会的。本来对艺术毫无感觉的我,在这个氛围中,也不由自主地融入了进去。

也许,这才是北师大的魅力吧——文化与科学的完美结合。如果一个人缺少一双发现美的眼睛,那么他的生活一定是索然无味的;同样,如果一个人缺少理性思考的能力,他的生活也一定是一团乱麻。只有将科学与人文结合起来,不断提升自身的综合素质,才能真正在大千世界中拥有属于自己的一席之地。所以,作为新时代的接班人,仅仅学习科学文化知识早已远远不够了,时代对我们的要求更高了,学习是第一要务,但早已不是唯一要务了,这是我们的挑战,但同样是我们的机遇,一个变得更好的机遇。

不舍之时　离别

时光飞逝,如白驹过隙。转眼间,七天的科学营要结束了。我们再次来到了人潮涌动的高铁站。一切都是那么相似。似乎,除了脑海中的记忆,我什么都没带走,也什么都没留下。但转念一想,其实不是这样的,通过这一次科学营之行,我认识了来自五湖四海且志同道合的同学、和蔼可亲的志愿者,以及知识渊博的院士。大家的人生本是不相交的平行线,因为这一次活动而交叉在一起,也许之后仍会沿着自己的轨道渐行渐远。但在这一个交点,我们收获了太多太多,无论是科学知识,还是文化内涵,大家以各自独特的方式让我明白了自己的任务、自己的目标、自己的使命。而这一切,也将陪伴我一生,成为我记忆中无法抹去的风景。

梦萦满井　缘系师大

郑州外国语学校　李康宁

昔者,古山河风雨飘摇,一百年木铎金声
今代,共和国欣欣向荣,九万里风鹏正举

——题记

一念起,天涯咫尺

仿佛一种缘定前生的冥冥召唤,在我听说北京师范大学(后简称师大)科学营报名时,便坚定地背起行囊,登上通往梦想的列车。好像一位一见如故的翩翩少年,踏入北师大的校园时,就情不知所起,一往而深。怀着科技兴国的少年之志,我投入了这片科学与知识的海洋,让心中一腔报国情肆意燃烧。

2019年青少年高校科学营全国开营式暨北京营开营活动在北京科技大学举行。聆听胡震寰教授寄语,我深受激励:作为青少年,我们应把习近平总书记关于青少年成长成才的殷切嘱托记在心上,把实现中华民族伟大复兴中国梦的使命扛在肩上,为自己凝聚出一双科技的翅膀,以"科技梦"成就"青春梦",助推"中国梦"。随着《歌唱祖国》音乐声响起,全场气氛达到高潮,心中充斥着浓郁的爱国之情的同时,我也对这次的科学营活动充满了更强烈的期待。

忆思追，木铎金声

感受师大的情怀，从校史馆开始。刚一转进正厅，浓重的历史气息扑面而来——一面古朴的《大学堂》牌匾见证了这里的漫漫旅程。跟随志愿者的脚步，我似亲身体会了那个风雨飘摇的年代。1902 年，列强铁蹄下支离破碎的中国无意中萌发了一粒火种——京师大学堂，也就是从那时起，中华大地上再次响起了时隔一千多年的木铎金声。与此同时，一批批心怀远大抱负，身俱卓然才华的少年闻风而起，这其中就包括陈垣校长和启功先生。他们与师大同呼吸共命运，一步步缓缓挪移，艰难地熬过那些个黑暗的日子。一路辗转波折，面对贫瘠荒凉的西北大漠，他们甘心做养分，只为开出民族的希望之花；一生跌宕起伏，肩扛民族大旗，区区困难压不倒他们。西天再长，路在脚下。有心人天不负，终于，她在共和国的怀抱中浴火重生，将她"学为人师，行为世范"的信仰与精神薪火相传，代代不息。如今，一届届学子从这里走出，接过时代的接力棒，带着师大的情怀与梦想，为华夏大地撒下复兴的种子，浇灌祖国的鲜花，在木铎上敲下属于这一代的强国之音！

师大如树，屹立百年不倒的沧桑古木。百年金声，跨越战乱纷争，千亩满井，挺立中华大地。于国家风雨飘摇之际扎根生长，于民族岌岌可危之时诞生新芽，于华夏蒸蒸日上之代开花结果。

展宏图，风鹏正举

人才，是一个国家创新活力的不竭源泉。如果说科技人才如同黄金一般珍贵，那么院士就好比钻石一样难得。放眼中国，能享誉"院士"这一头衔的至今也不足百人。因而，这次的讲座显得弥足珍贵，同时也让我受益匪浅。

一开始，龙乐豪院士耐心地为我们介绍了火箭的基本结构，用活泼幽默的语言讲解火箭的基本原理，引经据典地介绍我国火箭的理念与精神。当谈到新中国成立初期资源短缺、技术落后，又遭到苏联"抛弃"时，他显得十分激愤，痛恨自己才识浅薄，为不能为国家的事业贡献力量愧疚。其中，院士提到一个词让我印象深刻，那就是"发愤图强"，唯有愤怒，唯有愤恨，才能激发出深藏于内心的爱国之情，才能激发一个人的最大斗志。当时光划过半甲子，迈入改革开放新时代时，龙老紧锁的眉头终于舒展开来，他不厌其烦地提及祖国科学技术一次又一次的飞跃，眉宇间不时透露出强烈无比的自豪与骄傲。最后，他在给我们的寄语中说"立身以立学为先，立学以读书为重"。勉励我们珍惜春光，不负韶华，在中华民族伟大复兴之际贡献自己的力量。

这次讲座深深震撼到了我，特别是龙乐豪院士满腔爱国情，很难相信，在那个艰苦的时代，一个个航天人始终不渝的坚守自己的理想，将自己的青春奉献给国家。也正是这种力量，支撑苏醒的东方雄狮傲立世界之巅，吼出震惊世界的时代强音！！！

在脚下，逐梦远方

听过院士振奋人心的讲座，我在心中暗自立下自己的理想和追求。既然有了理想，就要大胆地去追逐、去挑战。为此，我们来到邱季端体育馆进行了一次别开生面的素质拓展——从 54 张普普通通的扑克牌开始，运用所有的智慧，去搭建最高的"通天塔"。

可一开始实践就出现了问题，又轻又薄的扑克牌根本不受控制。在经过一次次的尝试与摸索后，大家集思广益，确定了一个最行之有效的方案。即便如此，一座座纸牌塔的轰然倒塌，一次次不得已的从头再来，也在不时消磨着我们的耐心与信心。好在老师在一旁不停地宽慰和勉励，这才让我们完成了任务。身体酸痛无比，我不禁感慨，做一番事业是如此的不易，但当我看到那小巧玲珑的纸牌塔时，我觉得一切努力都是值得的。一张纸牌，加上全部心身的投入，累计团队力量；从一无所有起步，乘以一个个智慧的火花，搭建精巧纸牌塔；从无数次坍塌的废墟中爬起，平方每一次坦然与旷达，让"千金散尽还复来"。唯有不惧前路漫漫，携一颗赤子之心，方可成就不朽的事业！

曲终散，不忘初心

美好的时光总是如此短暂，历时七天的师大科学营圆满地画上了句号。我来时，不带一方尘土，不伴一滴雨露；我走时，只留一粒名曰科学的种子在心田发芽，只携一颗无论前路几何我亦无怨无悔的赤子之心上路。

缘尽处，十里长亭折柳送，

歌尽舞低恨转浓，

曲终人散还梦中。

科学点亮生命之光

郑州外国语学校　崔子健

七月，注定是一个火热的季节。在北师大古色古香的校园中，莘莘学子怀着燃烧一般的热情，用对科学的热爱将生命的光芒点亮。不禁感慨，当科学梦遇上青年梦、中国梦，碰撞出的火花竟如此炽热多彩。

听院士深入浅出　看中国航天铁路

院士们总是令人感到可敬。因为他们身上交织着难以磨灭的科学精神和深厚丰富的人生智慧，他们终其一生致力于用科学技术的发展推动人类社会的进步。两位中国工程院院士的讲座以朴实醇厚的风格分别将航天和铁路这两个值得每一个中国人为之骄傲的伟大事业展现在科学营营员们的面前。

犹记得，龙乐豪院士讲述中国航天进步征程。作为长征三号甲、乙、丙型运载火箭的总设计师和总指挥，他和他的同事们为中国航天科技的发展做出了至关重要的贡献。长征三号甲型运载火箭的发射次数独占中国发射总数的1/3，而97%的发射成功率也远超世界平均水平。当然，龙院士和他的团队也失败过，发射22秒时出现的故障如大山般压在他的心头，但他最终通过严谨的调查和分析迈向了成功。他教导我们说："失败是差一点的成功，成功是差一点的失败。"以此来警示我们认真严谨，也鼓励我们不畏艰难、勇于突破。

犹记得，傅志寰院士规划中国铁路发展蓝图。他曾是新中国第一台电力机车"韶山1型"的重要技术人员，现在担任复兴号的技术顾问；他曾任铁道部部长，是火车大提速的主要倡导者和推动者之一。可以说，他见证了中国铁路发展的点点滴滴。傅院士以小见大，用亲身经历讲述了中国铁路从受制于人到完全自主的转变过程，激发了营员们努力学习、与祖国共成长的志向，而他对各种精确数据的了然于胸，也令同学们惊叹不已。

物理脑科深感触　人工智能览宏图

自主研究性学习活动包括了一些大学课程，重在拓展和实践，而这正是科学的真谛。

我们在物理学系体验了偏振、干涉、全息影像和光谱四个科学实验,精密仪器、实验设计、自主动手、数据分析,涉及了科学研究的各个环节。就拿偏振实验来说,我们不仅了解了有关这一现象的科学名词和原理,更用偏振片检验了各种光源发出的光和反射光是否为偏振光,测量了偏振数据、思考了偏振现象的应用。

脑科学则学习了认知神经科学方面的内容,有研究方法、大脑结构、与大脑有关的数据等。大脑在人体中的重要性不言自明,而脑科学也在基础科学中占有一席之地,它的应用范围广泛,与医学、生理学等均有密切的联系。可以说,如果没有脑科学的发展,许多有关大脑的问题仍将是一团迷雾。

人工智能作为新兴的科技,为人类带来的方便几乎每个人都深有体会。而我们则分别学习了三个方面:构建虚拟世界、机器人和网络安全。以机器人课程为例,一个机器人小车,凝结着光学、框图、车辆工程等多领域的成果,简单奇妙的现象背后的多学科的复杂的配合。我也由此感到:学科之间都是相连相通的,只有学好每一个基础学科,全面发展,才能更好地为下游学科提供条件,为科学对于人类的应用做出贡献。

两馆探索科学奥秘　一朝体味异乡风情

两馆是什么?是中国科技馆和自然博物馆,是人们特别是青少年近距离体验科学的绝佳场所。在中国科技馆,我们用物理实验检验圆锥曲线的光学性质;在自然博物馆,化石、标本、模型应有尽有,我们通过一件小的物品就能捕捉到多年前的远方,一个大时代的影子。实验和展品虽然简单,但道理并不简单，其中丰富的科学奥秘深深地吸引着我们去一探究竟。无奈时间短暂，我们不能全面而深入地探索，也算是一点小小的遗憾。

各省营员的风采展示更是精彩纷呈。君不见，内蒙古分队高音唱响《呼伦贝尔大草原》；君不见，云南分队群起舞出《欢乐的纳西人》；君不见，北京营员讲述冬奥情缘；君不见，海南同学展示琼岛风姿……我们河南分队两位同学的相声，同样博得了阵阵掌声。不得不说，尽管地域不同、文化相异，但我们毫无羞涩之意，共同谱写了北师大科学营的欢乐乐章。

结语

让科学点亮生命之光，让纪念凸显理性力量。

在带队刘老师和志愿者姜老师的认真管理下，在十五名队员的共同配合下，在空气中弥散的欢声笑语中，我们结束了本次北师大科学营的旅程。

其实科学营的意义，不仅在于知识的学习，更是锻炼了我们动手实践和团队协作的能力，让我们学会用科学的视角观察生活、体验生活、享受生活。

临别之际，大家的心情复杂。对于那人、那事、那景、那情，难免有些不舍、有些留恋。就让我们把这次活动化作美好的记忆珍藏吧。

正是：
只言欢乐事，莫道离别情。
他日若有缘，科学中重逢。

幸逢师大　华章铸梦

郑州外国语学校　赵浩怡

始于期待,别于不舍,终于难忘。

——题记

半上午舟车劳顿,似乎在呼吸到北京空气的刹那间顿感值得。首都空气透着燥热,像极了那一瞬为着这刚起航的七天北师大之行蓬勃跳动的心——那里充盈着热血浇铸的梦想。

初识揭纱美人笑

我与北师大的牵手,当从遇见校史馆开始。初入目,是被岁月痕迹涂抹的金色"大学堂"牌匾,暖橙色灯光倾泻其上。我探着脑袋,跟在为我们讲解的学姐身后,仿佛正一层一层揭开一位美丽姑娘的朦胧面纱。

气势恢宏的,是巨型校园沙盘,精致描摹北师大校园发展史和校园全景带领我们叩开岁月中北师大的大门;底蕴深厚的,是玻璃框里一张张黑白照片,展现历史里北师大的身姿;星光闪耀的,是玻璃框里写下的一个个为人熟知而又令国人骄傲的名字——莫言、毕淑敏、余华……;震颤心灵的,是书桌前生动逼真的启功先生蜡像,先生上扬的嘴角,勾起深深浅浅的细纹;难以忘怀的,是点燃五四第一把火的瑞安青年匡互生和他身后五四青年坚定无畏的英姿……

在那个背包压得双肩酸疼不已、脚底血液循环似乎走进了死胡同的下午,我脑海中蒙着面纱的名为北师大的姑娘一点一点展现着她的美貌,周身拢上"期待"的光芒,令我心生神往。

旗飘灯舞征程启

风轻轻扬起北京的早晨,六七点的京城天空灰白一片,遮掩着即将迸发的光芒。

大巴颠簸,少年们身穿星空涂抹的白色衣衫赶往北京科技大学,在北科大恢宏的红褐色体育馆内,激动人心的"2019 年青少年高校科学营全国开营式暨北京营开营活动"正缓缓拉开帷幕。

转入体育馆入口长廊的刹那,耳畔骤然萦绕惊叹声,我也不禁讶然——不仅仅为那扑面而来的浸人的冷气,更为从长廊尽头蔓延而来的宛若演唱会现场般热烈欢呼与舞动的璀璨灯火。真正踏入会场的一瞬,恍若梦回南宋,眼前盛景比之辛弃疾所见的"东风夜放花千树"又有何不及呢?头顶上方一束断断续续闪烁着的或金或银的"丝线"仿佛缓缓流动着,多像牛郎织女相会的银河啊!

授旗仪式在雷鸣般的掌声中进行,北师大分营旗帜伴着我们洪亮喊响的北师大校训"学为人师,行为世范"在舞台上飘扬;钟登华副部长铿锵有力地宣布"开营!"昭示着我们正式踏入为期一周的科学之旅;二十多条分别代表着各分营的彩色条幅沿着"银河"从会场顶上一端滑翔延展至舞台上空的刹那,欢呼声震耳,我心潮澎湃。

心拧气息危塔立

在北师大的第二天,那个预报中的雨失约了的下午,我们的素质拓展暨破冰之旅如约而至。更加确切地来说,那是段与纸牌斗智斗勇的旅程。

结新队、选组长、命队名、定口号、发纸牌,准备工作很快就绪,初拿到扑克,我们大多束手无策,似乎不管怎样,那薄薄一张纸片都没办法稳定地立住。练习阶段,我们三五成组进行各种尝试——两张相搭成塔状,或三张成柱上加一顶,我们甚至反复用手摩挲纸牌两面试图找寻摩擦力更小的一面,我们也徒手在地上打磨企图使纸牌更加光滑……

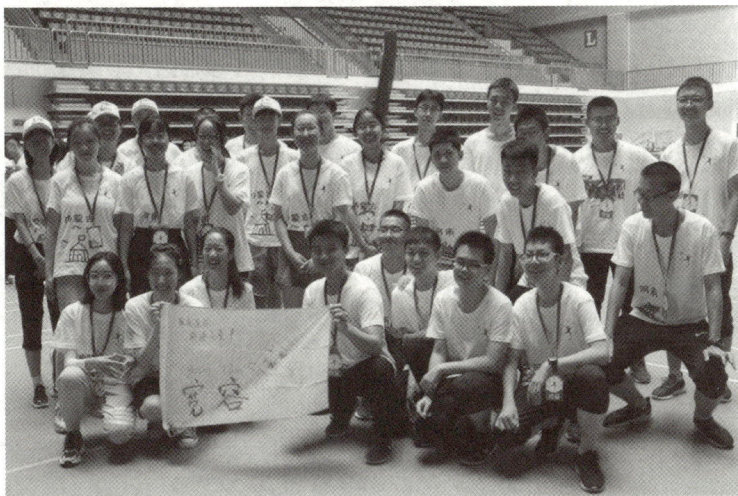

待到比赛正式开始，我们"兵分两路"搭建塔基，以 Plan B 为后盾。然而，我们没想到的是，长达一个小时的比赛时间远比练习时间漫长得多。一遍一遍地坍塌，一遍一遍地从头再来。也许缘于一次再轻微不过的手抖，也许只是有人路过连风都没带起，却摧毁了难得搭起的最高的五层塔，也许是一组坍塌，组员愤然捶地连带几组从头再来……一个小时里，想到的、想不到的各类状况层出不穷，哪怕只是一声咳嗽、一个喷嚏、一个挥手、一声大喊、一个人的起身都可能抹平十几分钟趴在地上的努力。

不辜负全组的努力，我们最终获得第二名。

我盯着被全组视若珍宝的"危塔"，受益颇丰。分神说笑而带来的坍塌教会我全神贯注的重要性；一层失败而跺地或长叹导致的基底倒塌教会我坦然接受失败，及时调整；三个人共同搭建一塔让我切身体味协作互助的团队精神……一个小时里，不管是期冀瞬间破碎的仰天长叹，还是互相打气从头再来，抑或是几近绝望时的不放弃，都在我心总共同筑成那个下午最高的宝塔。

漫步寰宇问苍穹

八十二岁高龄的龙乐豪院士是我国运载火箭技术研究院运载火箭系列总设计师、国家月球探测工程副总设计师。耄耋之年、白发苍苍，但他的身子骨仍健朗得很。在这里，我们听他娓娓道来——他与中国载人航天相伴而行的岁月，他从东方红一号讲到胖五发射，从迄今长征系列共计 307 次发射讲到我国将探索构建 SSPS 空间太阳能电站和进行无人深空探测，从我国首次实现月球背面软着陆讲到"航天圆国梦"震颤人心……

从龙乐豪院士的讲座中近距离学习到的航天知识固然令我兴奋不已，但当我反复回味那天的讲座，我始终觉得，没有丝毫回避与畏惧、坦然向我们讲述长征三号乙型失败的灰色历史的龙院士最为耀眼。

在 20 世纪 90 年代，中国好不容易取得一个国际卫星通信组织的发射服务合同，其重要性可想而知，然而，承担这次发射任务的 CZ-3B 却在面向全世界的直播中以失败落幕。龙乐豪院士是这次发射任务的总设计师兼总指挥。"如果不是有一颗强大的心脏，我恐怕在 CZ-3B 发射失败的时候就倒地不起了。"龙院士的话让我永远难以忘怀。他将自己面临重大失败时心脏强大的原因归结为两个词，就是责任和自信——对祖国航天事业的责任和对中国航天的自信。

后来，龙院士解释了那次发射失败的原因：两个不同的金属焊在一块，直径只有我们头发的几十分之一，起飞之前 3 秒已经有脱开迹象。"这根导线如果它延长 1 500 秒再坏,也就是 25 分钟左右,这一次发射绝对是非常漂亮、圆满、成功的。遗憾的是,它就差这么 1 500 秒左右。"院士说,"失败是差一点的成功,而成功又是差一点的失败。"这是从漫长坎坷岁月中穿行过的老人体悟到的挚诚箴言。

除此之外,他所说的"个人素质 =(知识+能力)×品德""人既要禁得住失败的考验,也要禁得住成功的考验"也使我一生受益。这位在台前坦然谈及过往失败的老人的身姿,也将和他的故事一起深深铸刻在我内心深处。

铁轨铮铮机车筑

在北师大的第四天,我们有幸走近了傅志寰院士与中国电力机车并肩作战的岁月——与一位"老战士"一同回忆他在铁轨上与电力机车携手走过的八十多年"战争岁月"。

这是一位怎样的老人啊!谈及电力机车的严肃认真令我肃然起敬,脱口而出的"81.3 岁"又让我忍俊不禁。他以自己的一生见证了中国铁路的现代化进程——少年怀梦造火车,中年投身大提速,花甲致力建高铁,古稀心献复兴号。但我想,中国铁路从年轻时的傅老院士与同伴面临苏联突然撤退人手时的惶惶然,到如今已自主克服热带、高原、重载、高速等重大问题,断然不是这短短两个小时能够讲述完全的。

从傅院士讲述的为了克服高原冻土而进行各种尝试中,我明白了面对困难要敢于尝试、学会选择;傅院士所讲的人才是创新的根基,中国机车人"在游泳中学习游泳"让我深刻领悟失败的教训之于成才的难能可贵,正所谓"不经一番寒彻骨,哪得梅花扑鼻香?""能力从来都不是买来的"更是令我顿悟!

亲历方照科学路

我们在科学的路上走着,时间与我们为伴。北师大为我们悉心安排的物理、脑认知神经科学、信息技术三场自主研究性学习堪称科学盛宴。

从光的偏振、光的干涉到全息照相、光纤光谱仪,从错误记忆到额叶、胼胝体,从 3D 到无线局域网,于我们而言陌生而新奇,我仿佛一个初来乍到、心怀憧憬的孩童,什么都想触碰,对什么都好奇。全新的科学实验于我而言是一次难得的体验,但它更像一个独自摸索的过程,科学的隧道于我而言尚未被全然照亮,灰暗之中有沟壑、有壁垒,我只有在不断地亲历体验中将一缕一缕的微光引入隧道,填壑避垒,才能真正体味科学带给我的愉悦感,找寻兴趣所在。

畅游两馆心徜徉

北师大科学营营队在科学营征程的最后两天走进了中国科学技术馆和自然博物馆。尽管参观时间总是无比仓促，但短暂的旅程也不乏欣喜与惊奇。

在中国科学技术馆，我们登上"航空管理塔台"，近距离观摩飞机起飞模拟控制系统；我们进入载人火箭亲自"控制"航天器对接，以对接失败告终的结局让我们遗憾不已；我们体验"金属小球计数"装置，探讨计数原理；我们参与生物答题，种下独属于我们的最高的树……

走进自然博物馆，我被自然生命的美妙深深打动。那个上午心灵的悸动，源于一整个展柜形态、花纹各异的蝴蝶标本带给我的"自然创造艺术"的震撼；源于画框中各色藻类标本不需任何点缀的或遮掩，或坦率，或折叠，或伸展的恣意而动人的姿态；源于红腹锦鸡身着彩虹般齐聚了赤橙黄绿青蓝紫的羽毛和细长的尾羽上人工无法复制的细密斑点……

在中科馆和自然博物馆的所见所闻决然无法——列举，但心灵在馆内徜徉的独特感受将永生难忘。没有人不为这迅速发展着的科技着迷，但我们又将多少时光与目光付诸发现我们在最初拥有的那个自然世界的魅力呢？我想，科技与自然应当是协同的。人类拉着科技从自然中走出，终究不能脱离自然。可喜的是，我们看到自然为科技提供灵感的同时，科技也为自然做出着贡献——克隆、粪便移植拯救濒危物种、"复活"已灭绝物种等正在被提及。科技与自然的和谐共处应当成为不变的命题。

再一次站在北师大校园门口，我们还是拖着行李的少年，但其中心境的改变恐怕唯有自己能够体味。以"科技梦·青春梦·中国梦"为主题的科学营已缓缓落下它的帷幕，它在我心中悄悄播下一颗"科学"的种子，日后，我定以沃土栽培，以琼浆玉液灌溉，以风刀霜剑磨砺，培育起科学的参天梧桐，而聚凤凰栖之上。

我坐上返程的大巴，透过窗子贪恋地再看一遍来时京城的路。窗外风清扬，枝头绿叶舞动，时光轮转间，炼得一首七天之长的歌舞。

这个夏天，与你们的邂逅

郑州外国语学校　王玥涵

嘹亮的蝉声，鸣了数次；手边的日历，翻了六页；熙熙攘攘的车站，过了三个；朝气蓬勃的校园，进了两所；我的心，因为与你们的相遇，漏了一拍……

我们的校训是：学为人师，行为世范

初入校园，觉得北师大是现代科技与书卷气息的碰撞：暗灰色的教学楼配上有些斑驳的墙面，有的甚至已经爬满了茂盛、碧绿的爬山虎，只留下略有些灰尘的小窗；砖红色的宿舍楼，掩映在粗壮的树间，隐约可见；道路不太宽，大都被葱茏枝叶的荫遮蔽着，有些是石板铺成；路边能不时碰到一条绕满藤条的长廊，一条蜿蜒曲折的小径，或是一座庄严的伟人塑像……除了这些古朴大气的景色，师大还有开阔的广场，挺拔的主楼，闪烁着古人智慧的日晷模型，我不由地感叹传统文化与尖端科技擦出的火花竟这般绚烂动人。

参观校史馆，诚觉北师大精神之坚强，责任之深重。师大的命运可谓一波三折：脱身于京师大学堂，经历了维新变法的初见曙光又惨遭封建势力的阻挠；承受了落后观念对女子学校的冲击，熬过了抗日战争时为保存火种的一迁再迁……可纵使命运多舛，北师大从未放弃探索真理，从未放下对家国信仰的坚守。五四第一勇士、刘和珍、李大钊……这些人，在北师大乃至中国的危难时刻义无反顾地挺起胸膛；余华、孙儒泳、毕淑敏……从师大走出，为和平的中国增添亮色。这些耳熟能详的名字，激励着一代又一代师大人朝着"学为人师，行为世范"的目标努力，也鞭策着一代又一代中国人顽强拼搏，创造奇迹。

与北大同源，与国人同心，与民族同行，北师大于挫折中崛起，于战火中涅槃，于今日大放异彩！

敬佩，挑着中国科技大梁的你们

聆听院士的讲座，是六天以来令我印象最深刻的体验。两位八十多岁的院士，分别在航天技术与铁路技术的领域引领中国科技建设。他们曾奋斗于一线，曾带领团队完成一个又一个攻坚克难的项目，曾创造不朽成绩，曾助力中国科学的腾飞。他们，让印着中国国旗的火箭呼啸飞天，让巨龙般绵延的高铁落地华夏。八十余岁的高龄对他们来说仿佛只是一个数字，他们仍能对自己专业领域的知识及曾经的研究数据记忆犹新、娓娓道来，仍能轻松明了地解释自己领域的发展史，仍能坚持站立两三个小时，为一群充满好奇的孩子们讲解科学的秘密。从他们身上，我能清晰地感受到，老一代科学家为祖国的科学事业奉献了太多，也感受到他们作为各自领域的佼佼者，自身经历赋予他们的严谨和稳重，更能感受到作为祖国接班人的我们，未来将要承担的使命的神圣与庄重。

犹记得，龙乐豪院士说，失败是差一点的成功，而成功是差一点的失败。是啊，我们都渴望成功，也都无一例外地希望远离失败。但事实上，成败不过毫厘之差。"祸兮福之所倚，福兮祸之所伏。"福祸如此，成败亦然。成功之中或许有失败的隐患，失败背后也隐藏着成功的转机，看透成败，看破得失，方可处变不惊，稳步向前。龙院士还回忆起他担任总设计师兼总指挥的CZ-5运载火箭在世界瞩目的发射时刻发生坠毁，这对他和整个团队来说，无疑是巨大的打击。但他说，因为责任，因为自信，他没有倒下，也没有理由倒下。他带领团队奋战三十多个日夜，终于查找出了那处微米级的差错，改正错误并最终使其成功发射，为中国航天正名。责任、自信，我们常常挂在嘴边的往往却最难做到，而院士之所以成为院士，那份担当，那份魄力，无一不让我们叹服。

犹记得，傅志寰院士谈创新能力。他说，创新能力是长期积淀的结果，不能靠短平快；创新能力来自于实验设施的支撑，根基在于人才；创新能力源自自强不息的传统，是内功，必经内生而成……而创新能力，恰恰是如今我们发展所必需而又缺少的东西。院士所讲，除了让我们了解国家目前的发展，在我看来，更重要的还是让我们在前人的基础上，大胆接过时代的接力棒，让中国在国际赛场上的脚步更加稳健有力。

踏着夕阳前进，那是前辈们披着荣光的背影；迎着晨曦奔跑，那是我们追逐梦想的身姿。未来的大旗，由我们接下，科学的工作台边，我们定不缺席！

看呀,那是智慧的火光在闪耀

自主研究性学习,拉近了我们与科学的距离:在物理实验中,揭开全息照相、液晶显示的秘密,体验光的干涉中微小操作引起的巨大变化;在认知神经科学的讲座中,透过一个个神奇的案例,了解脑的构造,发现人的认知、行为与脑活动千丝万缕微妙的联系;在信息课程中,探索虚拟世界千变万化的人与物,寻找无限可能。在丰富多彩的实验课程中,时间的流逝似乎被加上了快进效果,时间总是在不经意间转瞬即逝。

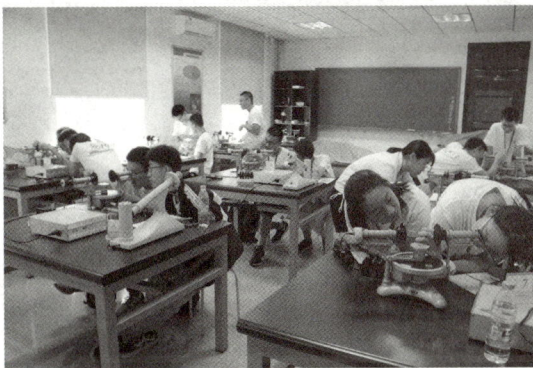

参观中国科技馆、自然博物馆,让本次北京科学之旅趣味倍增。运载火箭模型、对接试验、飞机发射台演示,让刚接触航空航天理论的我们对航空航天知识有了更加具体形象的了解;各式各样动物、植物、微生物标本与模型,让我们穿越时空,窥探千万年前地球的模样,甚至认识从未听说过的物种;滑道、磁体、齿轮、小球,组成精巧的装置,让人惊叹于机械之妙……难以计数的展品中,有的在生活中的运用俯拾皆是,而其中的道理却是初次了

解;有的则离生活较为遥远,但对于祖国发展至关重要。凡此种种,无不显示出日新月异的科技所蕴含的无穷无尽的能量,吸引着我们走向更高更远的前方。

无论是探究实验,抑或是参观学习,都是揭开科学神秘面纱的关键。永远保持好奇,永远热衷于问些为什么,永远有着活跃的头脑,相信下次,会找到答案!

有朋自远方来,不亦乐乎?

因为热爱科学,所以来到北师大;因为有着共同的对理想的追求,所以我们在师大相遇;因为这次相遇,这个夏天,更加动人。难忘的,是我们从刚见面的一言不发到活动中畅所欲言再到离别时的依依不舍;难忘的,是素质拓展中,大家起队名、拟口号时的建言献策;难忘的,是来回高铁上我们一起刷过的电影;难忘的,是搭纸牌塔时的屏气凝神;难忘的,是各省精彩的风采展示;难忘的,是老师每天晚上关切的询问;难忘每次合影时的蹲姿,难忘每次集合时集总被艾特的他,难忘抢过的红包,难忘轧过的马路……看着一张张喜笑颜开的合影,顿觉收获颇多,难忘颇多……

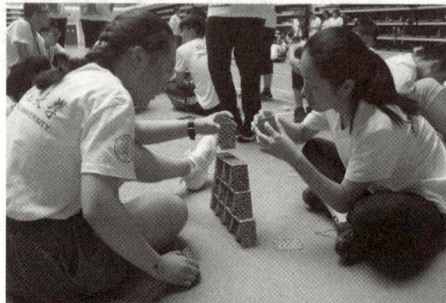

巍巍师大,兼济天下气如虹;巍巍师大,育人兴邦肩任重;
巍巍师大,治学修身乐为公;巍巍师大,薪火相传志恢宏。

午间,骄阳似火,我走进师大,
晨间,日光微醺,我与那里告别。
同样的地点,熟悉的风景,
我,却已不是原来的那个我。
感恩相遇,也接受离去。
师大,以及在这个夏天给我惊喜、给我感动的你们,
再会!

感受人工智能　共筑科技之梦

河南省实验中学　刘泽芃

怀揣着对清华大学的向往和对人工智能的好奇,我们河南 11 位同学踏上了前往北京的路途,炎热的骄阳让我们一次次的汗流浃背,预示着这趟北上的求学历程会被深深烙在我们的心上。

在班级里感受合作

科学营报到时,我们每班都被鼓励表演一个节目,同学们之间因为陌生都略显的沉默,通过大家一起出主意,提建议的热情而逐渐打破,为了展现青年的责任和担当,我们班一起朗诵了《少年中国说》。

到北京后的几天里,我们一起学习了有关声音调频、桥梁建筑、溶胶的知识,大家也是在团结中一起成为"最佳调音师",一起搭好一座座"长相奇异"的桥,一起制作各种口味的分子果汁球,吃起来有爆浆的感觉,这是一次前所未有的体验。在整个过程中,两位辅导员一直陪在我们身边,我们的带队老师张丹丹一直给我们记录拍照,在我们与老师们的齐心协力下,我们 11 班完成了各项制作,表演了精彩的节目《11 班留在紫操的歌》。这些成绩和收获都是大家一起努力,团结合作的结果,我为成为这个团队的一分子而骄傲,班级的团结和友爱我会一直被我铭记于心。

在 IA 中了解科学

IA,就是中科院自动化研究所。我们大部分时间都是在这里近距离接触人工智能。聆听了各位名师的讲座,我们对人工智能的含义、特点、应用都有了前所未有的了解。在郭传杰老师对人工智能的讲解中,我们知道了人工智能发展三起三落的曲折历史,老先生对人工智能在化学领域应用的阐述也让我们受益良多。在张森老师的讲座中,我们了解到人工智能的学科体系分为程序设计、机器人与智能系统与人工智能等多方面。同时,他对未来人工智能是否有可能取代人这一疑问的解答也是令我们赞叹不绝。之后,我们又看到了许多人工智能应用成果,如可以做到从站立到四肢朝地的智能机器人,能用笔临摹人写字的机械臂,等等。这些都让我们的眼界开阔了不少。

给我留下最深的印象的是对无人车的学习和动手制作。在学习了无人车结构中的红外传感器、舵机、电机、编码器等的作用后,我们开始安装。安装成功后,虽对车的舵机、车速进行多次调试,但车都没有走完整个轨道,经过反复检查一直修正,在最后的正式比赛中,我们的车成功了走完了整个轨道。通过这次经历,我深刻地体会到只要不怕失败,坚持就一定能成功。这样宝贵的经历,我会一直铭记于心。

在告别时坚定梦想

在回郑州的高铁上,我又回忆了这次经历的每个活动,不仅再次为人工智能方面的科技赞叹,也更加坚定了我对祖国科学事业做贡献的梦想。

最后的告别,有伤感,有不舍,但不应忘记的是:告别是为了再次出发。再见了 IA,再见了同学和老师,再见了留有我们回忆的紫荆操场,我在此经历中收获的温暖、知识、见闻将会长久的陪伴我左右,鼓励我继续向梦的方向前进。未来的我,必不辜负青年使命,为祖国建设添砖加瓦。

水木掩映藏学霸　清华深湛育英才

河南省实验中学　王奎赓

心驰神往,梦想成真

"景昃鸣禽集,水木湛清华",这美丽的诗句激起了莘莘学子对清华大学这所百年名校的憧憬。

我对清华大学最初的认识,来源于学长的描述和网络的传播。清华大学原名清华学堂,始建于 1911 年,1912 年更名为清华大学,在 1919 年的"五四运动"中起主导作用,抗战期间同北大、南大等学校组成西南联大迁往大后方。中华人民共和国成立后,清华大学转向发展为多科性工业大学,为新中国建设培养了大批实用型人才;改革开放后,又转向综合性研究型大学,为祖国科技事业的发展添砖加瓦。清华校训"自强不息、厚德载物"激励着一代代清华人追逐梦想,自强不息以奋斗,厚德载物而包容;"行胜于言"的校风让清华人时刻不忘争做行动上的巨人。清华坚持"中西融汇、古今贯通、文理渗透"的办学风格和"又红又专、全面发展"的培养特色,为中国输送了一批批博闻强识、思想先进、全面均衡发展的复合型人才。

满怀期待,清华,我来了!

荷塘月色,水木清华

千里奔赴北京城,六日行程待奎赓。星期一上午,我们抵达清华园。身处这物华天宝、人杰地灵的校园,一路的颠簸与疲惫都瞬间烟消云散。

下午是自由参观时间,我们几名男生坚定地踏上了清华校园的"长征之路"。

清华之所以谓之清华,缘于校园著名景点"水木清华"。水木清华尤指皇室园林建筑工字厅背后一方引人入胜的水景。小荷塘池水清清,叶碧花红,让人眼前一亮;工字厅红瓦飞檐,绿荫参天,令人庄严肃穆。时维七月,序属三伏,夏水蓄而池水清,云雾开而日光澈,实有"接天莲叶无穷碧,映日荷花别样红"之感。朱自清先生的雕像坐落在荷塘边上,神色依然清瘦忧郁,仿佛还在忧国忧民。满池荷花在离雕像不远处傲然盛放,像他的人格。能有荷花永世陪伴,先生之福也!

在近春园中,有一处景致别具一格,名扬四海,它就是"荷塘月色"。荷塘月色与水木清华的景色不分伯仲,但又各具风骚。池边的回廊亭阁雕梁画栋,荷塘月色亭中朱自清先生的真迹笔力遒劲。到了夜晚,昏黄的路灯下,一轮明月把光辉洒在荷花上,洒在莲叶上,积水空明,夏虫唧唧,我陶醉于其中,仿佛融入了这一片景致。

美哉清华园,爱你一万年!

去中科院,行中科路

人工智能专题营,助我圆梦中科院。从小励志进入中国科学院的我终于完成了梦想的第一步——走进中科院。

在前往中科院的那天清晨,淅淅沥沥的小雨冲走了暑气,取而代之的是氤氲的水汽与凉爽清新的空气。

中科院的第一站中科院院史馆。在这里,工作人员向我们详细介绍了自 1949 年以来中科院的发展历程,更加坚定了我科技报国的目标。在留言板上,我郑重写下了"为中华之崛起而读书"和自己的姓名。少年当立鸿鹄志,吾侪不可负青春!

给我留下印象最深的是郭传杰院士和张森教授为我们带来的讲座。在中科院自动化所,著名的郭传杰院士向我们介绍了中国及世界在人工智能领域的发展状况,而张森教授则系统的向我们传授了 AI 在无人驾驶领域尤其是无人飞行器的应用。他们满怀热情,对我们抱以殷切期望,希望我们拥有家国情怀与赤子之心,以科技梦成就青春梦,助推中国梦。

我,热血爱国青年,深有感触,赋诗一首:

少时立志做人杰,至今奋斗犹殷勤。

千年民族千年梦,万家灯火万家心。

当然,理论当然不如实践有趣,最激动人心的当然是制作无人车活动了。在听完中科院一位年轻研究员讲解无人驾驶的原理和组装要点后,我们便迫不及待地分为十四组开始动手了。对于一名物理竞赛选手和超强"机械手"来说，这点东西当然不算什么。虽然中间出了点小意外，我们仍然按时完成，而在连接电路时，我的物理基础得到了很好的发挥。尽管在比赛中发动机自身出了问题，我们小组依然获得了第四名。真不愧是"走进IA，体验AI"，组装无人车活动是本次科技营最棒的体验！

友谊不宜，地久天长

天涯海角逢缘来，五湖四海聚一堂。十一班的同学们分别来自河南、江西和甘肃，再加上两位来自四川的辅导员，几乎连成了中国版图的内接四边形，但地域的差异并未影响我们的默契。可爱的清华大学每晚都会安排优秀而可爱的学长带领我们进行一项趣味活动，而令我欣喜的是，在四项活动中有三项都与我所喜爱的物理有关。其中的一个项目是简易电子琴，我与一名甘肃学霸"主刀"，成为班级中第一个完成且所有音键都可用的小组，一名同学还即兴弹奏了一曲；另一个项目是由本班的科技辅导员组织的"奇趣桥"活动，要求我们用木板和木棍搭建一座承重超过一千克的桥，作为物理竞赛班的人，我主动承担了"总工程师"之职，进行了周全的设计和精密的计算，再由其余几名动手能力强的同学搭建，最终建成了最节省材料而承重又超过三千克的高架拱形桥，得到了同学们的掌声。

在这些活动中，没有一件不体现出朋友们的团结友爱。而在准备最后的演出时，集体主义更是被发扬的淋漓尽致，最终大获成功。

玩转科学，满载而归

逝者如斯夫，不舍昼夜。时间如白驹过隙，六天的行程很快就结束了。时光已逝，记忆永存。还记得辅导员奔波在烈日下为我们准备物资，还记得主唱为了练歌留下的道道汗水，还记得郭传杰院士铿锵有力的讲座，还记得无人车冲过终点线时伙伴们的欢呼，还记得舞台下热烈的掌声……这一切的一切都如此美好。

时光已逝，去不复返，唯有说一声：来日清华见！

科技梦，青春梦，中国梦。来自天南海北的我们，操着不同口音的我们，齐聚于此，只为一个目的——追梦。生命不息，追梦不止。

清华水木，浴火凤麟。进入清华的学霸们正是在一次次追梦失败中浴火涅槃，才谱写出属于青春和时代的华章！

有付出，青春才美丽，青春才值得回忆。而实现梦想有两种，一种是我实现了自己的梦想，另一种是梦想因我而得以实现！在这个需要奋斗的时代，我们更要严于律己，因为青春是用来奋斗的，幸福是奋斗出来的！乃颂曰：

夏雨淅沥鸡鸣时，水木清华酷暑迁。

今朝终能得所愿，翌日再临中科院。

传杰院士重登台，侃侃而谈英才前。

中科院史古稀久，人工智能路长远。

科研人员年虽轻，为展抱负显才华。

隋侯灵珠人人握，荆山宝玉家家传。

机器自学霓裳舞，镜头自识熟人面。

灵巧手臂习书法，3D 打印更新鲜。

忆昔童年言无忌，敢为祖国献一生。

少年当立鸿鹄志，吾侪不可负青春。

而今齐圆科技梦，他日共筑中国魂！

相约滨海　智能一夏

河南省实验中学　李邯婧

2019 年的夏天,烈日依旧那么绚烂,热浪如此的澎湃。在这再寻常不过的夏日,谁料竟与不寻常的你相遇。

趣味——科学小课堂

入住紫荆公寓后的第一堂课是动手实验课,是由刘钰欣姐姐指导的趣味课堂——"音乐中的科学奥秘"。小圆桌前的我们听说要亲自制作电子琴,早已按捺不住激动的小心脏。先是理论知识,接着我们就开始在面包板上安插电路元件。虽然早已听说电路板是何其令人烧脑,做好心理准备的我还是被密密麻麻的电阻吓了一跳,好在刘姐姐亲自下台解疑,了解到面板内部构造原理后,我们开始大胆的尝试。

剪电阻、插开关、接导线,我们逐渐找到了节奏,顺利完成了实物的连接,成功得弹奏出了简单却令人激动的曲子《小星星》。虽说我们组是女生阵容,但完成的速度和精确度丝毫不亚于男生,巾帼不让须眉呀!想起过去上课时电路图画得炉火纯青,现在看来可真是算得上纸上谈兵了。

有了第一堂课的经历,在接下来几天的手工木桥和自制果冻的课堂中,组员们合理分工,默契配合,且尝试了许多果冻新配方,我们尽情享受欢乐的动手时光。

挑战——组装机车

新的生活渐入佳境,而新的挑战也接踵而至。在第四天的行程安排下,我们参观了中科院自动化所,聆听了专家对人工智能的详细介绍,并尝试了机车的组装。第一次如此近距离地接触人工智能,多少还是有些紧张。

在一系列的理论指导后,机车关键部分传感器、编码器和单片机等经一系列导线链接后,我们小组的机车令人并不满意。忙活了大半天我们又回到了原点,着实令大家灰了心,也逐渐产生了放弃的心理,玩手机的玩手机、睡觉的睡觉。这不行!队长召集大家鼓起精神一定要坚持到底,有问题就解决问题。经过不懈努力,仔细地查找原因,原来是传感器距离地面过高导致机车的灵敏度低造成。几番讨论研究改进,机车测试终于成功! 看着我们的彩虹 6 号(车名)顺利跑完赛道,并在比赛中以稳取胜,获得第二名好成绩! 这是对全组队员互相协作、共同努力克服困难得到嘉奖!

诚如此事,使深刻认识到我们在高中的学习过程中,困难和疑问总是存在的,只有找到问题的根源所在,不断探索尝试新的方法,才能拓宽我们的思维,才能真正解决困难和问题。

难忘——留在紫操的歌

时光荏苒,从第一天的开营到第七日的闭营,这 168 个小时的时光,让我与尊敬的导员和可爱的营员们搭建了一座固若金汤的情谊之桥。灰灰和郭越导员是七天中陪伴我们时间最长的,也为我们操碎了心。灰哥每天要安排我们营员的各个活动,有的时候夜至凌晨两三点还未入睡;越姐白天上课,晚上要处理营中事务;同寝室女生感冒了,她毫不见外送来了自己的被褥。大家看着他们辛苦奔波却笑容常挂嘴角,都心疼不已。

七天的清华与中科院之旅进入尾声,闭营仪式的节目彩排为我们的欢聚创造时机。桑榆之时紫荆操场上,落日斜映着一张张尽兴开怀的面颊。开始大家羞涩而难以开口,渐渐地在两位导员和几位调皮的营员的带领下,大家便尽情欢唱。一段《青花瓷》唱出男生们心中深沉细腻的一面,一曲《夜空中最亮的星》道出了女生们对未来的渴望与追求,一首《平凡之路》展现了我们斗志昂扬下的朴实无华。

我们在大巴车上欢快地拉歌,在黑夜的紫荆操场上玩着杀人狼,在实践课上发表建议,相互协作克服困难,在清华园内骑车兜风,在中科院里了解前沿科技,在大礼堂前我们道别留念。

过去一直费解古人为何总是要临别设宴赠言,如今亲身体验才懂得那些情愫。大家来自天南海北,也会将各散天涯,偌大的疆土再想如此一聚恐怕是可望而不可即的。胜地不常,盛筵难再,愿我们清华再聚。人们常说:"前生的五百次回眸换来今生的擦肩而过。"在北京营,在滨海区,在紫荆操场上,与你们的点滴是我烙印不忘的回忆。

相约水木清华　畅想智能未来

河南省实验中学　任毅

七日时光,是那样短暂,却又是那样悠长。

清华大学,是那样的光彩夺目璀璨辉煌,却又是那样的宁静亲切,触手可及。

炎炎烈日挡不住我们兴奋的脚步,拥挤的街道阻不断我们内心的期盼。终于,在 7 月 15 日上午,随着我们踏上写有"清华大学"几个醒目字样的大巴,我们与清华的拥抱正式开始了。

游览学园篇

身居清华中,心感清华韵。进入清华校园,大巴上的我们立刻被四周的景观吸引住了。"看,那座建筑好雄伟啊!""这座雕像造型真别致呀!""哇,竟然还有游泳池!"在短短几分钟的时间里,大巴穿过校园,清华之大、清华之美、清华之趣,大量信息由视觉传入我们的大脑,令我们惊叹不已,目不暇接。

早就听说清华的食堂是其一大特色,我们的辅导员也对食堂大加赞赏,果真如此。校园内的食堂有十几个,饭菜种类丰富,好吃不贵,同学们给予了一致好评。

漫步于校园道路上,我顿时觉得一切都是那么高大,而我在其中显得十分渺小。仰视清华建筑群,既有古典之美又具现代气派,尽显庄严和典雅,路旁的树木直冲云霄,足够两人合抱,不由令人感慨清华历史之沧桑厚重,也得以被我浅尝。这枝繁叶茂的树木,不正是历史悠久而生机勃勃的清华的象征吗?校园之大,是我们用双腿去感受的。整个校园仿佛是一座城市,虽然我们的活动范围只占校园的一小部分,却令我们走得双腿发软。

友情篇

沧海自浅情自深,人生乐在相知心。这次科学营,集四海之友人为一堂。我们班的同学来自三个不同的省份,再加上两个辅导员,就是四个省了。我们四省之人聚在一堂,彼此毫无隔阂,仿佛一直都是一个班的同学。在班会上,大家做了自我介绍,真可谓是藏龙卧虎,个个身怀绝技。七日时光中,我们共同完成一个个任务,学习新知识,排演班级节目,创造了一个个美丽的回忆。还记得组装电路时,几个人苦苦寻找 20Ω 电阻时的认真;还记得建造木桥时,大家争相提出建议的热情;还记得大家制作凝胶球后相互分享品尝的温馨;还记得晚上十一点在操场上排练,与最后一天晚上在操场上玩到深夜两点钟的不舍与留恋。这一切我都记在心间。说起辅导员,他们都是比我们稍大一点的哥哥姐姐,自然是很快与我们打成一片,我们会相互开玩笑、玩游戏,他们是同学一样的存在,我不会忘记那句"清华再见,江湖再见"。

除了班级内的友情,我还结下了班级外的友谊。团队协作是交友的好方法。在组装自寻路小车时,我与来自香港的同学分到了一组,一起理解图纸,动手操作,询问老师,调试车辆,耗时一天半,共同完成了我们组的车。虽然最后我们组的车没能胜过其他小组的,但仅是我们合作的乐趣就足以让我感到超越胜利的喜悦。在球场上,我们与其他省份的同学,以及清华的学长一起打球,度过了一个个快乐充实的傍晚。

科技篇

科学营的主题自然是科技,在这七天的人工智能专题营中,我被科技的魅力深深折服。

在中科院里,我们参观了自动化所,了解了信息科学的发展历程,见到了许多原来只是听说过的旧物件。在中科院计算机网络中心和软件所,我有幸见到了超级计算机,并深入了解了它强大功能与广泛用途,以及与互联网有关的知识,懂得了"镜像"的含义。中科院的科研团队还向我们展示了他们的作品,有智能识别人脸的识别系统、有自主寻路的电动车、会模仿人类写字的机械臂,还有会打太极拳的机器人,会识别物体的机器爪,会判断人年龄的互动机器人。每一个成果都令我们大开眼界,更多地了解了人工智能应用的真谛。

在讲座上,我们学习了人工智能的前世今生,自动驾驶的发展,应用实际与难题以及智能无人机的应用。

最令人难忘的还是亲自动手操作的环节。每天晚上都有趣味实验课。在实验课上,我们学习了音乐的奥秘,现代通信的原理,桥梁中的力学知识以及凝胶的知识。我第一次使用面包板组装线路,第一次制作电磁波发射装置,第一次吃到亲手制作的可乐凝胶球。历时一天半的智能车组装尤为快乐,我们学会了用程序控制小车寻路。不论是组装还是调试,每一步都不简单,但最终我们把知识与理论转化成我们的动力,完成了我们的智能车,锻炼了动手能力。

离别篇

时光匆匆,七日转瞬即逝,仿佛就在昨天,在闭营仪式上,感觉七天是那么的短暂。闭营仪式上的表演很精彩,大家都拿出了压箱底的功夫,大家有说有笑,为台上的伙伴加油助威。欢声笑语的背后是离别的伤感,纪念照似乎多少张也留不住深深的眷恋。

别了,清华!

别了,亲爱的老师和同学们!

我们将携带在科学营的收获,再次踏上征程。

我们清华再见,我们江湖再见!

官员篇·重庆

环游重庆　寻梦重大

新乡市第一中学　孙乾程

研究学术,造就人才,佑起乡邦,振导社会。

——题记

夏日骄阳似火,似我们活力四射的青春。"和谐号"呼啸而过,似我们渴望求学的迫切。在这个热情似火的七月里,我们一群来自五湖四海的殷殷学子汇聚到了"火城"——重庆,开启了一段别开生面的重大之行。

宇宙中诞生的生命,人类历史上一抹别样的绿色

初到重庆大学我们便聆听了一场由谢更新教授主持的有关生命科学与航天航空的报告。谢教授用幽默风趣的语言讲述了他的团队如何用 3 年的时间研制出一种装置使得一粒小小的种子能够在太空中生根发芽并保证其也能够像在地球上一样茁壮成长。

教授温和的语气将我们带入了他的故事中,好似我们在亲身经历一般。我看到了谢教授与他的团队历尽千辛万苦终于将一粒小小的种子送上太空时兴高采烈、喜极而泣的场景;也看到了当他们面对巨大挑战无从下手、灰心丧气的场景。当谢教授谈及他与他的团队一度想要放弃这项科研项目时,我们心中不禁地感到一丝遗憾与焦躁。但当谢教授兴奋地说道种子已成功发射并在浩瀚的太空中生长出第一片绿叶时,我们心中又是欣喜万分。这一刻我才知道,原来生物科学可以如此有趣,航空航天可以如此奇妙。

在演讲的最后,谢教授对我们说道:"对生命探索的热情来自人心中所向往的明天,未来就在我们的手中。"在那个有着航空航天模拟基地的重大,在那个书香四溢、热情似火的重大,在那个有着三个国家重点实验室——传、电、计的重大。我将这句话深深印在我的心底,作为我砥砺前行的新动力。

在这个又"土"又"木"的学院遇见又"土"又"木"的你们

都知道重庆大学有四大专业,今天我们便来到其中之一的土木工程学院,开启一段新的体验。

在初到土木工程学院的第一天,徐车老师便进一步为我们扩展了有关地震的知识,使我们对于地震的了解不再仅仅停留于表面。接着我们又分组进行了模型搭建的制作,在制作的过程中,我们一群刚刚结识不过两天的同学难免存在分歧。有的提议采用蜂巢结构提高模型的稳定性,有的则提出采用三角形结构加固模型的框架。同学们的想法天马行空且富有创意。最后大家统一意见,分工明确,有的设计、有的搭建、有的上色,配合默契到完全看不出来我们才刚刚结识不过两天。

第二天,我们的模型都制作完毕并且都通过了地震台的测试。不仅如此,我们还难得地在地震台中体会了一把地震来临时的感觉。作为一个中原地区的人我到现在也没有体会过一次地震,没想到却在重大体会到了第一次。

下午,在土木工程学院的活动以接近了尾声。刘副院长送给了我们一人一本重庆大学专属的手账本并期望我们下一次不再是以营员的身份,而是以另一种身份再次重聚在这里。临走时,大家依依不舍并纷纷拿出刚刚收到的手账本向院长与老师索要签名。

土木工程学院远远不是我们想象中那样又土又木,它饱含了历史、人文与科学。试问没有铁塔谁还记得巴黎的浪漫、没有大本钟谁还记得英国的辉煌。可以不客气地说,土木工程专业是历史的见证者、人文的记录者、科学的实践者。不仅如此,在这里我还结识了一群和这所学院一样又"土"又"木"的一生挚友。

游重庆,感受火城沉稳与活力

第五天的清晨,我们乘车离开了校园,到校外领略重庆的风采。

首先我们到达了建川博物馆。"为了和平,收藏战争;为了未来,收藏教训;为了安宁,收藏灾难;为了传承,收藏民俗。"就像这所博物馆的主题一样。在这里,我们领略了抗战时期抗日士兵们的潇洒风姿与日军官兵的残忍无情;体会了20世纪的中国人简朴却不失温情的生活方式;参观了中国发展历程中所取得的丰厚成果。在参观的过程中,我既为中国的蓬勃发展感到赞叹、为我是一名中国人而感到自豪,也对日军的残忍杀戮与不幸遇难的士兵百姓感到愤慨与缅怀。

夜幕降临,重庆的夜生活也拉开了序幕。夜晚的重庆灯火辉煌。我们来到重庆大剧院观赏夜景。洪崖洞与解放碑在夜晚显露出真正的光辉,宽广的长江被来往船只的霓虹灯映射的五光十色,似神话中的五彩瑶池一般,梦幻无比。在大剧院的门口,我们大家三两为伴一起走在高台上互相留影为念、你追我赶、相互打趣,一时间高台被欢歌笑语渲染成嬉闹的海洋。

暂别重大,相聚未来

7月21日,离别的日子还是到来了。这时就算我们有万般不舍也不得不互相告别。

我还记得当记者问道:重大有什么是使你印象深刻的。我回答道:这里所有的一切!

从第一天的羞涩到最后一天的难舍难分;从第一天的懵懂到这一刻的熟知。在重大的七天里我收获了知识、结交了朋友、增长了见闻、提高了眼界。

七天时间是那么漫长又是那么短暂,我好想再一次一起进行破冰游戏、一起搭建模型、一起参观游玩、一起上台表演、一起互相在对方的营员服上签名留念。

在车上我与志愿者姐姐挥手道别,我为何眼眶噙满泪水?因为我对这土地爱得深沉。

高铁是一切的开始,也是一切的结尾。望着窗外逐渐逝去的重庆景色,我不禁暗暗下定决心,今日暂别重大,两年后的今天在重大相会!

重庆映像

新乡市第一中学　李若珩

时间如白驹过隙转瞬即逝,为期七天的重庆大学科学营如梦一般结束了,回首这紧张而充实的一周,感慨万千。

到达重庆已是夜晚,华灯初上时,灯火阑珊;小雨洋洋洒洒从空中落下,洒在美妙的重大梦中。天气因小雨而变得可爱起来,舒适又宜人。

以往知道的重大,它是一所 985 学校,到此才明白它作为 985 学校的自信与实力。

到达重大校园,校园中路灯初照,打在绿绿的树上,洒落一地斑驳的光影。重大梦由此开始。

重大的清晨是美的,青翠的树映满整个校园;重大的中午是美的,明亮的日光落满整片大地;重大的夜晚是美的,细碎的星辰缀满整块天空。在这梦一般的地方,我们开启了梦一般的学习生活。

第一天:认识重大　梦之开始

首先进行的是开营仪式,在绚丽的烟花下我们正式开始了重大生活。

谢更新教授关于在太空种出第一片绿叶的讲座让人印象深刻,无论是他们面对困难的不屈不挠还是面对质疑的坚持自我都让人感动,那片绿叶不仅仅是对整个重大团队最好的奖励,也是整个中国深空工程的希望。

下午一路走了重大五个富有科技文化氛围的实验室和图书馆,再次让我感受到了重大身为 985 学校的底蕴,机械传动、输配电、可信物理……重大在这些领域创造出的奇迹令人震撼。图书馆中整整齐齐的书架和桌子,明亮的台灯,以及安安静静读书的老师和学子们,让人由衷为重大书香之气而赞叹。虽然一路上走得很累,但在重大美丽的校园中漫步,累也成了一种享受。

晚餐后,第八组的志愿者领着我们到了第八组的教室,教室中时不时传来的笑声正是我们互相理解、互相帮助最好的证明。一天的行程很累,但满满的收获却更令人感到幸福。

第二天:感受科技　憧憬美好

早早出发赶往煤矿灾害与动力学国家重点实验室,我立刻感受到浓厚的科技氛围,四周的墙上挂满了实验室所取得的成就。

在深深地崇敬中,我们聆听了教授关于资源利用、煤炭开采等方面的讲座,从用二氧化碳置换煤中的甲烷来减少温室效应,到制作柱子来支撑煤层被挖空的岩层,不仅学习了书面知识,体会到创新发展的重要性,更是了解到如今中国多煤缺石油少气的严峻资源形势,认识到我国探煤、采煤等方面新资源利用技术的不足,在为中国实验室掌握可燃冰制作方法而骄傲喜悦的同时,深感我们肩上责任之重大。

下午的水刀实验、岩石抗压实验、岩石体检等更是让人大开眼界,龙老师对水刀的讲解鞭辟入里,入木三分,从各部分的作用到机器的原理,从影响水刀切割能力的五点因素—速度、磨料、压力、距离、材料,到实际操作每一处的讲解都清晰、透彻。牟老师的岩石抗压实验更让人大呼过瘾,在老师的讲解下,我了解到这并不仅仅是压石头那么简单,更是能用到盖房、建桥、防震等重大民生工程。最后一项是岩石体检,用 CT 扫描后的石头有一种无法言喻的美,让人惊叹石头内部不一样的美的同时,也会赞叹科技的魅力。

一天的体验下来,除了对科技的惊叹,更多的是对未来的向往,是对实现伟大中国梦做出自己贡献的希冀。

第三天:体验科技　畅想未来

一大早朝气满满地前往地质楼,滴滴答答的小雨让天气变得非常潮湿,不过在教授声情并茂的讲解下,再闷热的天气也变得可爱起来,教授的讲解认真而又简洁,不过接下来的显微镜观察岩石标本才是重头戏,原本平平无奇的石头在显微镜下变得精致,具有一种震撼人心的美!

到时间了,但同学们都沉浸于观察对石头中无法自拔,只能在老师的催促下恋恋不舍地赶往下一站。

下一站是 VR 体验,教授先对地下煤矿模型做了细致的讲解,然后就到了激动人心的体验时刻。第一次戴上 VR 眼镜的我刚开始还有些不适应,但很快就被 VR 中呈现的煤矿灾害所惊艳,真实的场景让人不禁发出一阵阵惊呼。

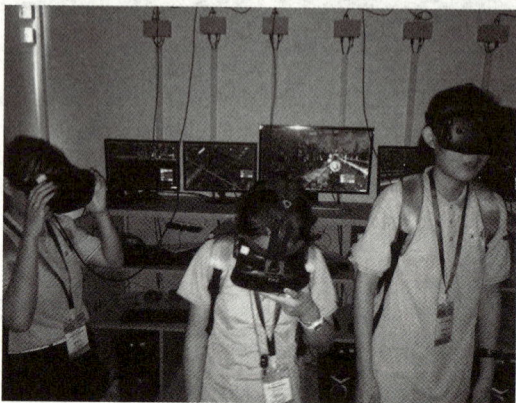

下午的可燃冰实验也同样让人感叹科技的魅力,点燃后的可燃冰依然冰冷刺骨,甚至可以拿在手上,实在神奇。

两天的科学体验,既充实又愉快,让我感触颇多。首先是觉得科技真的很有趣,VR 体验、显微镜观察让我"玩"得很过瘾,原来深不可测的科技并非那么遥不可及、令人畏惧,而是如此接地气;教授们都非常专业,严谨,认真,讲解非常清晰透彻,再深奥的专业名词他们也会用最容易理解的方式教授给我们,我不仅仅学到了很多知识,也学到了对待科学应有的态度。最后,近距离领会到很多我国的先进技术,让我倍感骄傲和自豪的同时,更加切身体会到习总书记说的"求真学问,练真本领"的殷切希望,坚定了我努力学习、报效祖国的信念。

如果说这次科研体验最大的收获,那一定是我将来要从事科研的愿望。

第四天:畅游虎溪 夜赏重庆

今天离开校园来到美丽的重庆市区,整个重庆都充满了绿色的生机。穿过市区,我们来到了建川博物馆。建川博物馆分为八个馆,分别为囍文化馆,民俗馆等馆中有许多一级文物,充满历史气息,为我们呈现出了一幅各个时代重庆人民的生活境况。

下午我们去参观了工程培训中心，看到了让我向往已久的 3D 打印，以往就对 3D 打印有所耳闻，今日一见，果真是未来最有前途的技术之一，便利又高效。接下来参观的是激光内刻、激光雕刻等，令人大开眼界，虽然激光用的都是肉眼不可见光，但威力巨大，更重要的是精准。我们还亲身体验了焊接，在路边常常见到的一项技术，刚开始看着很危险很害怕，但戴上手套自己去试了一下以后才知道其实非常安全，带上头罩，周围黑暗一片，却能看到溅出的火花，绿色的火花就如同这次在培训中心的体验一样绚丽。

离开培训中心，前往下一站——图书馆。昨天就知道要在图书馆里做游戏，我们每一个人都很期待，我们分为了两组，我们组先是数独，然后根据编号寻找书籍，再从书中获得线索，听起来很简单，但实际玩起来却并不容易。我再一次体验到了团队的力量，我们每个人都发挥自己的作用，每一个同学都竭尽全力寻找线索，虽然最终没能获得胜利，但大家都心满意足。

夜晚降临，迎来了压轴大戏——夜游重庆。来到长江二桥，遥望洪崖洞，背靠大剧院，在流光溢彩、五彩缤纷的灯光下，重庆像一个临河而立的少女，充满了青春活力，逐级而下，是嘉陵江与长江的交汇处，缀着五颜六色灯光的船在江上漫游，使原本平静的江中泛起斑斓又绚丽的波纹。重庆的美是外放的，不用去刻意寻找就会展现在你眼前，不断冲击着你的视觉。

第五天：团结一致　共创辉煌

相比前几天的学习，今天的活动要简单很多，也轻松很多。

上午各组进行视频展播和知识竞赛，看着每组剪出来的视频，既感动又充满感慨，从刚来时的不适应到与这群来自五湖四海的朋友们一同学习，已经过了五天，时间让我们消除尴尬，时间让我们熟悉彼此，看着我们在一起的点点滴滴，曾经再多的疲惫与不适都是值得的。

下午在日光下漫步于重大,眼前是习习微风、漫漫小路、叠叠树影;耳边是阵阵蝉鸣、滴滴雨声、潺潺水声。虽然已有九十年的历史,但重大依旧充满活力,让人印象最深的是校园随处可见苍苍绿树,更昭示了重大的生机勃勃。

晚上的晚会精彩纷呈,所有同学都使尽浑身解数为我们的重大梦添上精彩的一笔,这一笔写尽了我们这几天的学习与收获,写尽了我们的友谊与感情,写尽了我们的欢乐与感动。

重大梦醒,我收获的不仅仅是知识,更有友谊、有自信和对未来的憧憬……

智创科技,逐梦青春,重大再见,未来可期。

官员篇·湖北

不负遇见

平顶山市第二中学　李雯琪

从相遇到别离的距离，原来只有七天。会伤感，会不舍，但相信别离是为了更好的相遇。2019 年的夏天，我遇到了一群可爱的人，经历了一些难忘的事，共度了一段难忘的时光。

科学营的生活是充实的。每天我们都有详尽的日程安排，起床、早餐、活动、午餐……每一项都精确安排，一项与另一项紧凑相连，丝毫没有拖拉和等待。一项项、一天天，我们的收获超过了预期。

爱迪生曾说过："我生平从来没有做过一次偶然的发明，我的一切发明都是经历深思熟虑和严格试验的结果。"一走入华中科技大学的工程实训中心，我便深深体悟到了这句话的内涵。辗转于各个展厅，一台台带有科技和历史气息的机器冲击着我的眼球，锻造工艺、电火花加工技术、3D 打印技术、钳工与装配工艺、热处理工艺等技术的机械配置之精密深深震撼了我——若不是科技工作者们求真务实的精神，呕心沥血的拼搏和胸怀天下的国家情怀，又有谁能发明和驾驭这些科学与智慧的结晶呢？国家工匠精神，非实践不能体会，非尽心不能传承。

科学之光，薪火相传。培养大批青少年成为未来科技创新的接班人，是建设创新性国家乃至科技强国的一项基础性工程。党和国家历来重视青少年科技教育，对培养未来科技后备人才寄予厚望。习近平总书记指出："青年最富有朝气，最富有梦想，青年兴则国家兴，青年强则国家强。青年一代有理想、有担当，国家就有前途，民族就有希望。中华民族的伟大复兴终将在广大青年的接力奋斗中变为现实。"

通过此次高校科学营活动，同学们开阔了视野、增强了科学素养、收获了科技精神。科学营七天体验了大学生活，同学们认识到了大学不仅是研究和学习的殿堂，同时也有丰富多彩的活动，相比与中学的紧张学习，大学更多的是锻炼个人的实践能力，因此也激发了同学们的要全面提升个人素质的愿望，同学们通过本次活动收获了珍贵的友谊，同学们共同生活一同参加竞赛，一同面对挑战，共同收获胜利，建立了深深的友谊，领会了团结的力量。我也收获良多,科学是人类发展的动力,科技是国家兴盛之根本。发展科技事业,努力为国争光,应成为我们的共识。青年时代是蓬勃发展的时代,我们应把握机遇,抓紧时间,为将来投身于祖国的科学事业打下坚实的基础。

本次的高校科学营活动,使我们能够近距离接触科学,接触大学,点燃了我们对科学的热情,培养了我们的科学思维和创新意识。虽然只有短短的七天,我们通过科学营,收获知识、锻炼能力、收获友谊、分享感动,为未来的成长、成才奠定了基础。

启梦华中大

平顶山市第一高级中学　王晓雨

盼望着，盼望着，七月来了，科学营的脚步近了。一切都像梦刚醒的样子，欣欣然张开了眼。

我怀着对梦想的渴望，对科学的好奇，对大学校园生活的憧憬，踏上了为期六天的启梦之旅。

初识

一路颠簸的辛苦在看到华中科技大学（后简称华科）的那一刻瞬间消失。我知道，这将是我少年梦、科学梦、中国梦起航的地方。

来自全国各地，目前就读于华科的五十多名志愿者在这个炎炎夏日为我们的旅程排忧解难、保驾护航。真的很感谢他们的陪伴与帮助，我也正努力学着成为一个这样有担当的当代青年。

深知

听教授的讲座是旅程中不可或缺的一部分。时空与量子是多么高深的学问，在来这里之前我从没想过自己会接触到与之相关的知识，我总以为那些是遥不可及的。王顺老师的精彩讲座为我们普及了太多从未涉及的领域的知识。从前，我认为物理是令人头大的一门学科，因此，与之相关的内容我总是下意识地有抵触心理。通过专家这两、三个小时的耐心讲解，我再一次打开了物理世界的大门，决心迎难而上，努力去解决将要遇到的物理问题。

什么是生命？这个简单而又复杂的问题使我困惑。然而，在我所不知道的地方有着这样一群生命科学的探索者，他们正在为使人们能更好地了解生命而不懈奋斗着。刘笔锋老师通俗易懂的演讲将一幅幅生命图谱在我眼前平铺开来，令我对本就有着浓厚兴趣的生命科学研究更加坚定与执着。在这堂妙趣横生的课上，我震惊于中国在生命科学领域做出的突出贡献，深深感受到科学先辈们在中华大地上发光发热，让世界清楚中华民族的伟大力量的雄心。我渴望像他们一样去追寻、去探索生命科学的奥秘。

在静静聆听讲座、感受科学的魅力之余，科学营还为我们安排了自己动手的体验课程。在华科的工程实训中心，我们切身体验了许多技术。从栩栩如生的3D打印技术到梦幻绮丽的激光内雕，从简单易懂的激光雕刻到较为纷繁的激光打标，无一不显露着趣味。最吸引我的当属激光内雕了，要想在实心的水晶立方体内构图并使之显像可谓是难度不小。可当水晶立方体遇到激光内雕机，这个问题就迎刃而解了。在立方体内部，两条激光交汇的地方会被打穿，形成一个点，多个点汇聚即可构成目标图形。

在启明学院，我们跟随老师共同探寻了"LED显示屏的秘密"。原来，一块小小的显示屏竟隐含着那么多未知的秘密，日常生活中随处可见的LED灯，竟是需要编写程序才能得到的。看着自己耗时半天做出来的心仪的作品，我不禁满心欢喜。

欢喜

随着太阳余晖的隐去，夜幕悄悄降临。这样悠闲的晚上当然不能白白浪费，娱乐游戏是增进营员们感情的最有效办法。在数不胜数的游戏项目中，最令人放松的当属棋牌类游戏，在游戏的欢声笑语中，营员之间最初的尴尬荡然无存，取而代之的是彼此间浓厚的情谊。

在那个梦起航的地方我结识了来自五湖四海的朋友，四川、云南、安徽……随着对他们的深入了解，我习得了课本中学不到的中华民族传统地方习俗，和他们交流自己家乡的方言，顿悟虽然中国有56个民族，但这丝毫不影响我们团结和睦一家亲的氛围。在这短短的六天中，我切身领会了舌尖上的华科、学习中的华科。华科有着"森林大学"的美誉。闲暇时分，漫步在这林间静谧的校园路上，好不惬意！

这六天，短暂、炎热、劳累、丰富、生动、充实。

宏伟蓝图已经绘就，梦想实现的曙光就在眼前。也许现在的我们还没有"捐躯赴国难,视死忽如归"的气概,没有"人生自古谁无死?留取丹心照汗青"的胸怀,没有"举世皆浊我独清,众人皆醉我独醒"的睿智,但是我们心中有梦想、有勇气、有毅力,总有一天必能超越自己的极限,创造一切可能!

华科,我梦想起航的地方,怎能不令人神往?

豫见不负遇见

平顶山市第一高级中学　张淑芳

7月16日,我踏上了去往华科大的高铁,第一次背起行囊,走向另一个城市。

初识华科大

第一天来到华中科技大学(本文简称华科大),走下高铁,扑面而来的是阵阵热浪,但这滚滚热浪却比不上早早等待着我们的志愿者哥哥姐姐们满满的热情。傍晚,组长带我们来到了校大门,正式从校大门走入,我想,这,是梦起航的地方。

烈日烘烤下,我们走在启明的路上,前方是组长不停地叮嘱,身后依然是同学们的欢声笑语,我们仿佛出笼的鸟儿,对身边的一切都充满着好奇。

学无止境

从波动定理到量子物理,从激光雕刻到LED显示屏的秘密,从生命的本质到微流控芯片,从校史馆到国家脉冲强磁场科学中心。一周的时间,使身处一隅的我能够如此近距离地感受大学生活,使我感受到了更高层次的世界。

教授的科普讲座为我打开了新世界的大门,即使以前学过这门课,接触过时空,量子,黑洞等信息,但都只是浅浅的了解,现在愈发觉得自己知识的浅薄了,浩瀚的宇宙、辽阔的银河系、神秘的黑洞……一个个未知的世界都是那样深奥,方知自己是多么渺小,时空的无限让我更加觉得人生的短暂如同一只蜉蝣,朝生暮死,正如苏子所说:"逝者如斯,而未尝往也,盈虚者如彼,而卒莫消长也。"生命有限,学海无涯。

学长学姐的演讲更是让我感受颇深,尹浪学长的自述给予我很深的感触,我们要发现问题并解决问题,再提出自己的问题。我们对科学要有浓厚的兴趣,就如众师之师苏格拉底所说,我唯一知道的就是自己一无所知。我们要敢于质疑书本质疑老师,有坚持不懈的科研态度和持之以恒的精神。虽然不一定会取得成功,但一定会有所收获。谁的青春不迷茫,"当你迷茫的时候,你所做的一切改变都是正确的",学长的一句回答令我醍醐灌顶。

亲身实践的激光雕刻与 LED 显示屏的秘密让我真实感受到了科技的神奇与魅力。在来到华科大之前,我的理想就是好好学习,考上一个好大学,找一份工作,做一个平凡的人,但华科大之旅让我的人生目标变得更加有意义了,我要努力投身于国家科研事业,探索科学的奥妙。

归途

科学营在志愿者合唱的《小幸运》中落下了帷幕,我们来自四面八方,我们能够同聚一堂,这是何等的荣幸。四川的幺妹,云南的姐姐,我们来自五湖四海,我们操着不同的口音,但一周下来,我们已经在彼此的生命中留下了不可磨灭的痕迹。最后的晚宴上,我们举杯呐喊,我们约定再见,我们偷偷打听学长学姐的联系方式,激动地与他们合影留念。晚上,我们一组人和班长,组长以及两位医疗组的志愿者围坐在广场做最后的道别,我们畅想未来,我们定下一年之约,企图冲淡这离别的忧伤,可离别越来越近,带队老师坐在一旁看着我们,仿佛要将这一幕刻在心中。最终我们笑着起身,我们大喊明年再见。

走在绝望坡上,一起经历的一幕幕在眼前回放,我相信,我们定会再见。

勿问西东

曾经,我的青春一片迷茫,华科大之行为我照亮了前路,帅气幽默的顾哥,美丽端庄的袁姐姐,沉稳有魄力的纪佬,还有我们搞怪负责的彤彤组长,以及腹黑老乡冯叔,身为华科大的学子,他们向我们展示了不同的风采。

"星辰大海般的冒险,开始于尘埃",纵然我们会在黑暗中苦苦追寻,但我们要相信总有一个角落会为我们留一盏灯。没有人在年少时甘愿成为一个普通人,"用热情的态度去感染周围的人"带着期待,带着希望,勿忘初心,砥砺前行。正如《林间路》的寓意,殊途同归,都是为了发现和遇见更好的自己。

——后记

科技兴邦·青春起航·珞珈圆梦

漯河市高级中学　蔡一铭

高铁以每小时三百公里的速度飞驰,广播里终于传来乘务员那甜美的声音"武汉站到了"。我顿时心潮澎湃,为期七天的青少年高校科学营武汉大学专题营生活就要开始啦!

珞珈山上的好时光

从高铁站出来,我们坐上大巴车,窗外美景变换,如同放映电影般,我激动得找不着北。转眼工夫,到了武汉大学(本文后称武大)北门。

进入武大的那一刻,我无法预料武大会给我带来什么样的"惊喜":司机师傅的"R闪""瞬移"一通操作,弄得我有点晕。我对来接我们的志愿者师兄说"我怎么感觉我们在往山上跑啊!"志愿者师兄不以为奇,略略"自谦"地操着南方口音说:"武大可小啦,也就有个珞珈山,咱们就是在珞珈山上跑啊!"哇,原来武大校园里面有座山。

随后几天的参观学习,我更加深刻地明白了"山不在高,有神则名",武大人并不只因有座山而自豪,而是因为武大精神和百年文化底蕴而自豪。武大的前身是自强学堂,是清朝末年,湖广总督张之洞上奏光绪皇帝而设立。武大在珞珈山上建校,它历尽沧桑,见证了历史的变迁,即使在战火纷飞的年代,武大人依然自立图强、坚强刚毅、开拓创新、实事求是,这已然成了武大的魂。

自强、坚毅、创新、求是也正是珞珈精神,珞珈山不仅景美,人更美,很多伟大的人物在这里居住过……这里的名人故居和国家重点实验室,吸引着数以亿计的人们参观瞻仰。寻访了名人故居,如此零距离,不禁感慨"高山仰止,景行行止,虽不能至,然心向往之"。武大的厚重的文化底蕴和百年名校的魅力,让我为之震撼,从今天起武大精神将会伴随我一生。我被武大浓浓的学术氛围所感染,写了一首诗《珞珈》:

武大有山,其名珞珈,山不高,却内藏乾坤,自强、坚毅、创新、求是,武大精神蕴含其中,小小院落,内藏国之重器,助力民族复兴,珞珈山上有奇魄。

老图里的大家讲座

在武大，我们听了两场精彩的讲座，第一场是遥感测绘方面的。教授讲解了遥感测绘的区别和联系，展示了我国近些年在遥感测绘方面取得的一系列巨大成就，高分系列卫星升高，北斗组网，这些无不彰显着中国的实力。通过教授的讲解，我们认识到遥感是大规模测绘的唯一手段，教授抛出问题：什么可以用到测绘？然后又讲了很多好玩但又内蕴道理的答案，比如如何测地球、测庄稼收成等。台上教授风趣幽默，台下一片欢声笑语，加深了我们对遥感的认识，更增强了我们对遥感的兴趣。

植物园里的科研时光

在中科院植物园，我们听了两场报告，学习了如何运用科学思维进行论文检索，我们河南队做了"植物叶片希尔反应活性探究"的课题，在志愿者师兄的帮助下，我们完成了实验。由于我们河南队的通力合作，最终在论文答辩过程中获得了第三名。

归去，欢笑与泪水同在

高校营最后一个夜晚，举办了多彩的闭营仪式，我们小三班的魔术和小品赢得在场观众一阵阵的欢呼声，开心过后，就是分别。短短几天时间，来自不同省市的我们结下了深厚的友谊，我和来自湖北的尤同学相约，他到漯河喝我们当地的美食"胡辣汤"，我去湖北黄冈吃他们的美食"红烧肉"……此次分别，我们天各一方，忙于学习，不知何时才能再相见，但我们的友谊长存。

这短短七天，让我见识到了一个跨越三个时代，经历了百年沧桑的名校——武汉大学。如今它辉煌依旧，无时无刻不在向我们展示着自己的魅力。通过团队活动，让我结识了来自五湖四海的朋友，让我体会到团队协作的力量，让我感受到科学的神奇与奥妙……

感恩主办方，使我有机会走进武汉大学"行万里路"；感谢这七天，让我更加坚定了自己的志向。

满载着收获，踏上归途。心向着更远方，我更加笃定地向着自己的梦想之路，砥砺前行。

珞珈之行，始于足下

漯河市高级中学　　刘嘉宁

在武汉大学看一场樱花，是很多人的梦想。在武汉大学看一场人海，是每一朵樱花的梦想。虽说在这骄阳似火的七月没有樱花可以看，但这次去武汉大学也称得上不虚此行。

怀着激动与不安的心情，我和众多营员一起来到了中国科学营武汉大学分营。激动是因为未来的一周是未知的，是值得探索的；而不安是因为自己走出了原本的舒适圈，来到了一个陌生的环境，面对着许多陌生的面孔，但所幸志愿者和带队老师们的热心与亲切让我很快融入了这个集体。

还记得第一天刚到的那个晚上，我和同寝室的女孩怎么也放不出来热水。志愿者跑到我们的宿舍不厌其烦地帮助我们解决问题，还让我们先去她们寝室洗澡，因为时间已经不早了。这几天的生活注定是忙碌的，每天晚上回到寝室后打开手机总能收到来自志愿者的关心——晚上开空调温度不要太低，容易感冒；第二天还要去植物园大家记得穿长裤、带花露水防止蚊虫叮咬。这些小小的提醒总是让我不经意地感动，毕竟那种惊天动地的大事很少与我们接近，反而这些小事最能让人动容。

我呢，作为一个再普通不过的高中生本来也没想表现自己，当时老师提到什么竞选班委的事，我还在想这跟我有什么关系呢？这可能就是所谓的"事不关己，高高挂起"的态度了。可是志愿者鼓励我们说："这是一次很好的机会，到时候上了大学班委的工作才是真的重。现在是给你们锻炼的机会，不用承担后果，而且我们还会帮助你们。"这话说得我跃跃欲试，勇敢地举起了自己的手。

说实话，担任班委比我想象中的要难很多，作为一个文艺委员，我要负责我们科三班的联欢会表演节目。"非常不幸"，我们班抽到了操作系数最难的魔术和小品，但是这样的节目同时也是最具有舞台表演效果的。本来我是想着准备歌舞节目我还挺在行的，唉，果然当班委没有想得简单。我也为此做了不少的准备工作，收集了许多有趣的小品和容易操作的魔术，最艰难的过程还是排练。所幸，大家付出的努力都有回报，收获的是观众的欢笑与掌声。

对于武汉这个城市，其实印象不是很多，因为短短几天内大部分时间都是在武汉大学和植物园度过的，所能看到的只是武汉的一个角落。最让我留恋武汉的是这个城市的人，在植物园里有每天关心我们午餐问题的负责人。带队老师张老师曾感慨道："在这里，我们感受到了的最深切关怀。"还有带大家一起做实验探究科学的老师们也真的非常贴心，尽可能地在有限的时间内让我们更多地游览植物园感受大自然，在途中还会尽力解答我们稀奇古怪的疑问。三天植物园之行，受益匪浅。最后离开的时候，助教林老师的眼眶都红了，真的是舍不得大家。

最触动我的，是联欢会接近尾声时志愿者们合唱《平凡之路》。突然聚灯光暗掉，全场同学拿起打开手电筒的手机一起唱：我曾经跨过山和大海，也穿过人山人海。我曾经拥有着的一切，转眼都飘散如烟。这是最平凡的我们，也是最好的我们……

此行不虚。望山河有眉目，清澈明朗。愿心中有丘壑，一往无前。

求知在武大，成长在珞珈

漓河市高级中学　严宇

"清晨凭栏，遥见数千水鸟伴日升起飞磨山；深夜席地，卧看牵牛织女隔河相望在奥场。"素有"中国最美大学"之称的武大，一直是我心中魂牵梦萦的一所大学，怀着对知识的渴求、对美景的欣赏，我与漓河的朋友们齐聚一堂，共同踏上武大的探索之旅。

初到武大，热情满洋

刚下高铁，七月的熏风夹着武汉似火的热情扑面而来。检票口处，最亮眼的一幕便是武大的两名志愿者举着"武大高校营欢迎你"的牌子左右观望，我们在一众人惊奇、羡慕的眼光下与他们会合并拍照留念。之后又有志愿者为我们分发营服、被褥等，耐心为我们讲解疑惑。武大高校营的生活，就此开启。

遇见老图，心怀敬畏

未至武大，便对武大的老图书馆有所耳闻，尤其在听说开营仪式要在老图举行后开始兴奋不已。早晨集合，新来的同学犹如初见世面的雏鸟叽叽喳喳地表达自己的兴奋。热情劲儿一直进行到我们进入樱花大道，只一转，眼前出现一排中西合璧的宫殿式的建筑群，特别是樱花大道两旁的老斋舍，它宛如城墙一样厚重，安静又沉重。在一片此起彼伏的感叹声中，我们到了老图书馆的正楼下。抬眼向上，108级台阶，向上形成一条天梯一样的路，古朴庄重的图书馆就在这通天大道的顶端，当我拾级而上的时候，我就感到自己非常渺小，又有一丝丝的兴奋。当我刚刚跨入门口的时候，门窗精细的雕琢更加重了我对老图书馆的敬畏，我感到自己身处知识沉淀的殿堂，不敢有半分杂念，只有对学习的渴望。

铭记历史，奋发向前

轻轻踏入校史馆的大门，忽觉感情沉重，天阔云低。"新时代，新武大"

"坚守初心使命,续写百年辉煌"……还未参观,就被门口的"宣言"吸引了目光,读着石碑上镌刻着的铿锵有力的话语,我仿佛感受到了武大人的"初心"。

武大人最打动人心的美,就是家国情怀之美,这种情怀自武大建校之初,就伴随着每一个武大人。晚清末年,那个时候,拯救民族,文艺复兴,成为时代的主旋律,当时晚清重臣张之洞就明确提出了"中体西用,自强图存"的理念,正是基于这样一种理念,他在武汉建立了武汉大学的前身——自强学堂,几经变迁更名为国立武昌中山大学。后接大学院指令建设武汉大学,以"自强、弘毅、求是、拓新"为校训,意图武大学子"自强"于晚晴,"弘毅"于民国,"求是"于新中国,"拓新"于新时代。如今的武大人,必将栉风沐雨,借新时代之东风昂首向前!

植物探索,乐趣无穷

作为专题营的营员,我有幸参与了为期三天的植物园探索,刚到植物园,便得知领队老师与我们是老乡,顿时,一种亲切感油然而生。第一天参观植物园,伴着忽雨忽晴的天气,园内呈现一种朦胧的美感,讲解老师尽职尽责地解答我们的疑惑,为我们构建一个植物王国。万物之间互利互生,又各有特点。在这里,我们认识了独木成林的榕树、一生只开一次花的龙舌兰,真假难辨的假叶树、味似韭菜的韭菜花……有了第一天的熟悉环境,第二天要进行的课题研究就简单了许多,我们组抽中了"探究植物叶片的希尔反应",因此,需要收集大量叶片,我与小组的其他成员齐心协力,分工明确,最早完成了实验,遗憾的是,我们组的结果对比不是很明显,后来我和其他组的小伙伴分析原因,可能是我们组的采光不够好,而后将真实结果及原因记录在案。

最令我印象深刻的便是第三天的答辩了,一大早,同学们就开始互相翻阅资料,我被安排负责PPT的制作,可惜,在一众电脑高手的争相设计下,我只得从事打字工作。虽然没能使出自己的全部力气,但在实验室通过实验体会到了植物生长过程的奥秘及在现实生活中的应用,也激发了我对植物科学的兴趣。

联欢会上,肆意玩闹

联欢会排练之前,号称"最难演"的两个节目——魔术和小品,全被我们班抽中,在我们感叹班长"好"手气的同时,又暗自商量怎么个排法。小品好不容易确定了主题,又没人报名。就差旁白没人演,我脑头一热报了名。从此,斟酌、推敲每一句、每一处停顿,成了我每天最耗时的事情,一有疑问,就跑南向北地找人窜话。值得高兴的是,实际表演的那一天,我超常发挥,将我们班的主题完美的升华,获得同学们的一致赞扬。

分别在即,各自努力

联欢会的欢乐气氛暂掩了离别的愁绪,但伤感还是不可避免地来了。

听着舞台上每一位志愿者给即将离开的我们告别和忠告,有感动,更有不舍。伴着"德观贤者,身守良箴;长怀武大,永隽我心"的诗句,我轻轻地,同武大告别。

武大,我三十九度的风,风一样的梦!武大,我们别后再会!

初觅新知，望遇旧友

焦作市第十一中学　路晏

相伴七日之时，谁感想如今之分别。小桥流水，巍巍高楼，更思念，谁归去。武理之行，科学之旅，人心皆澎湃之。材料之科，土木之系，船舶之要，皆令人语而赞之。武理七日之行，在吾少年乃至人生中，皆谓不可多得之财富。故慨叹："邂逅武理，故解厚德博学之要义，追求卓越之事理，真乃向上之真理也！"

——谨以此述吾七日之感

梦寻武理

收卷，高铁，集合。一系列的场景还历历在目，还在想着武汉理工大学（后简称武理）到底是一个怎样的存在，环境是否美好，同学是否友善。归营，看见了将与我一起度过这几天的营员，心中满是欣喜。宾馆，住宿，休息，最终还是梦到武理。

喜鹊欢歌，杨柳曼舞，荷花绽放，何不美哉。优美风景，气质书法，华美画像，甚为优雅。高楼大厦，平湖小桥，树林荫翳，真可谓仙境也。

梦见这里，渴望着在图书馆的书海中遨游，在科技的天空中飞翔。在这里，与同志同向的好友共同进步，一起放飞自己的梦想，收获更美好的明天。

相见便是缘

一身身绿衣，顶着一顶顶白帽，在武理迎接着我们的到来，学长学姐们都对我们照顾有加。他们每天陪我们参观各种实验室，各种实验器材，听老师为我们讲解各种先进技术。逐渐我与这些志愿者们逐渐结为了好友。与他们无话不谈，这些大哥哥大姐姐们照顾着我们，不断刷新着我对大学生的认知。心中不免想到，以后我也要成为他们这样的无私奉献的人。

书海遨游

中午吃完饭后，我都要去大学的图书馆坐上一小时，感受这里美好的环境,优秀的学习氛围,在这里,读上一本书,对我来说就是一种享受。每位学长学姐在这里都静静地看着自己的书,研究着自己的论文,寻找着自己的课题。在这里,我感受到的学习的魅力、书海的浩大、知识的力量。在这安静的环境当中,我不禁思考起了自己的人生,想象着经过自己三年的努力,步入优秀的校园……

名师相教

教授开讲理想讲座,使我们这些高中生们对科技充满向往,对大学的科研过程、实验原理好奇不已。其间,老师为我们讲了科技对人们生活的影响、对国家发展的推动、对未来技术的铺垫,而大学正是探索科技重要组成部分。在提问环节,我问了这样一个问题:"在科技创新与研发的过程中,新技术到底是怎样被研发的呢?"老师这样回答:"新技术,有时,是国家需求,需要时,我们向这个方向探索,去研究。还有的时候,是我们在平时的实验过程中,发现了一些比较神奇的过程,而且无法解释,那么,我们就可以去研究这个问题。"由此我才知道,科学在平时的实验乃至生活中,都是十分巧妙的,也许在不经意间,一个新技术就会悄悄溜走。

高空护蛋

竹签,胶水,考验我们队员之间的默契程度、动手能力,一颗粉嫩的鸡蛋,则是对我们动手成果的最大信任。在学长学姐的指导与帮助之下,在经历了种种困难之后,我们最终还是完成了这个任务。队员之间的信任,朋友之间的默契,最后由一颗蛋来考验。

考验之际,心中甚是激动,渴望着成功的到来。最终,虽然蛋上稍有瑕疵,但是,我们还是十分欣慰,毕竟经我们共同的努力,其过程才是最宝贵的。

闭营之际,珍惜万千

最终还是到了分别之时,心中甚为难受,短短几天的时间,武理的生活环境深深地影响了我。在这样一个令人向往的学习环境之中,使我更暗下决心,努力拼搏。在武理所结识的一群志同道合的好友,望几年后我们可在武理相遇。

难忘武理之行

焦作市第一中学　郑泽栋

相聚的那一天,我们欢声笑语,满怀希望;分别的那一天,我们笑靥如花,收获颇丰。快乐的时光总是短暂的,在武理的六天里,时间如江水匆匆流逝,我们珍惜每一分钟,用心观察思考、尽情感受体会。

相遇·初望月

初达武汉理工大学(后简称武理)的新1-104教室,随风飘来的歌声吸引了我,放眼望去,原来电子屏幕上正在播放学长学姐改编的歌曲《武汉理工好想你》。如约而至的科学营伙伴们欣赏了几首悦耳的歌曲之后,主持人向我们介绍了武汉理工大学的历史沿革和基本情况,武理悠久的历史和深厚的文化底蕴深深地打动了我。

随后,便是当天的重点——分组见面会。

在新4-102教室,我们见到了来自山东的同学们。在大家紧张又兴奋的自我介绍后,我们相识了。看着一张张青春面庞,听着一阵阵和谐笑语,陌生与尴尬随之消逝。就是这样一群初识的人,在那晚摩拳擦掌,相互激励,立下豪言壮语,誓要争第一。

漫步校园,城市的喧嚣消融在整齐的校舍和修直的道路间。江城的月静静地挂在天上,仿佛夜的眼睛,注视着校园的一草一木,武理的一切显得如此的神秘。归寝的路上,我们趁着月色,欣赏武理的夜景。不时有人从身旁健步而过,昏黄的灯光下有人在展示车技,宽阔的球场上还有人在享受篮球的乐趣……

哦!充满青青气息的武理,充满生机活力的武理!我对您无限向往!

开营·学新知

随着主持人宣布开营,全场响起热烈的掌声,接下来的国歌大合唱,更是给这幅场景增添了几分庄严。随后,武理党委副书记赵经上台致辞,他所提到的钱学森先生的一封信,给我留下深刻的印象;他对科学精神深入浅出的阐释,令我对科学和科学家的敬畏之情油然而生。

院士报告会和"理·想"报告会,让我开阔了眼界,学习了新知。傅正义院士对陶瓷的解说,刷新了陶瓷在我心中的印象,让我懂得它不仅是一种生活用品,是一个艺术符号,还是一门应用广泛的科学技术;吴卫国教授对我国航海历史和船舶演变的细致介绍,使我对蓝色的海洋无限向往;黄妙华教授对能源利用及其发展方向的分析,以及对新能源汽车的详细讲解,让我对这方面知识产生了浓厚的兴趣;徐林教授对微观世界及我国微观技术发展的透彻解读,为我们揭示了微观世界的奥秘,展示了科学的力量。

上阵·亲动手

上午,一场小雨悄然来临,武汉一扫往日的炎热,第一次向我们展露出她的清凉,烟雨中的武理南湖校区别有一番景致。

带着一份兴奋与好奇,我们走进了南湖大学生创业园电工实验室,开始关于家庭电路的实验。正所谓"看花容易绣花难"。虽说看起来是一些简单的装置,但一到动手就有些手忙脚乱。经过不懈地尝试,我们最终按时完成了实验。当通过老师的检查验收后,我和队友开心地笑了。

下午,我们又开始制作音乐播放器的实验。在给定的电路板、二极管、三极管、导线、开关等配件中,我们寻寻觅觅、挑挑拣拣,运用所学的物理电学知识,认真思考,反复尝试,终于成功制作了一个播放器。其间我的手虽然被电烙铁烫伤,但当我们自制的播放器接通电源、传出宛转动听的音乐时,我的内心充满了骄傲和自豪。

合作·心相连

令我印象最深的是高空护蛋实验竞赛。

这个实验,要求参赛人员用一天时间制作一个装置,保护从高空掉下的鸡蛋,使之不破碎。可用的材料只有两种:竹签和胶水。

实验竞赛引起我们所有科学营营员的兴趣,大家摩拳擦掌、跃跃欲试。我们寝室四名同学为一组。

刚开始,望着几包竹签和几瓶502胶水,我们一筹莫展,不知从何处着手。随后,我们展开讨论,你说你的想法,他说他的意见,各执一词,莫衷一是。眼看时间过去了半天,大家都心急如焚。

于是,我们都冷静下来,认真回顾学过的物理知识,结合指导老师的提示,再次展开讨论,最终达成共识:运用动量定理,减小坠落速度与碰撞力度,采取旋转、大底盘、长缓冲的设计构想。

　　思想统一后,我们迅速展开合作,经过大家的共同努力,我们用胶水和竹签成功制作了护蛋装置。

　　当我们制作的护蛋装置载着鸡蛋从五楼落下,像直升机一样缓缓着地而鸡蛋安然无恙时,一阵热烈的掌声随之响起,我和队友们激动得紧紧拥抱在一起。

离别·复望月

　　时光如白驹过隙,六天时间转瞬即逝。我清晰记得那夜的弦月,月如钩,牢牢地钩住了我的记忆。

　　分别的前夜,我们互留电话,以便保持联系;分别时刻,我们互道珍重,依依不舍。再见,朋友们! 今年暑期我们相聚在武理,明年高考季我们武理再相聚!

忘不掉的一场邂逅

温县第一高级中学　李孟芳

长江之滨，南湖之畔，就在这一所钟灵毓秀、底蕴深厚的大学，我们相聚一堂，开启了梦想与科学之旅。还记得我们列车上期待的脸庞，和到达武汉时那炽热的阳光。那时的我还未曾想到，这将是我点亮梦想的地方。一校一景，每一处都鲜亮着人文之美、生态之美；每一天都彰显着和谐之美、文明之美。我心中暗自畅想接下来要体验的大学生活。

恨相知晚

还记得初识时分组见面会上腼腆的介绍，到后来的日夜相伴，也记得在晚上我们玩"狼人杀"来联络友谊，欢快的笑声是我们曾遇见的最美丽的见证。人生最宝贵的是生命，最重要的是友谊，我珍惜生命中每一个与我有缘的朋友，"他是可遇而不可求的"，因为相遇不一定相识、相识不一定相知。

真心感谢这次科学营活动让我能够结识来自五湖四海的友人，朝同一个方向前进的友人。这里，景美，人更美。志愿者无微不至的照顾与陪伴让我难以忘怀，他们一丝不苟的态度甚为可爱，他们用行动告诉我们什么是"厚德博学，追求卓越"的大学精神。此旅收获了友谊，留下了回忆。

同时武汉理工大学(后简称理工大)之行给了我源泉，让原来干瘪的种子开始生根发芽，也给了我难得的机会，让我牢牢抓住，拉近了我与梦想原本遥远的距离，重拾了对梦想，对未来的信心。我想，如果可以，下一年，理工大等我！

听名师科普　享实践活动

听学术讲座本是枯燥无味的，可教授、院士讲得偏偏如此富有激情，吸引着我、带领着我。航海史、硅酸盐材料等新知识，无一不使我钦佩中国之崛起、科技之进步。回首过去，看郑和七下西洋，独占鳌头；眺丝绸之路，发展经济；端青花瓷器，扬名海外。展望未来，纳米时代到来，便利人类；新能源汽车应用，清洁地球；新材料的开发，造福社会。理工大把最好的呈现给我们,让我们能够近距离地参观国家重点实验室,聆听讲解员耐心回答。院士教授们精彩的讲座,指引我们前进的方向,使未来不再迷茫。并且我们还有机会一览图书馆藏书之丰富,艺术馆作品之精致。图书馆是科学的殿堂,知识的海洋,人格的熔炉。在这里我们能徜徉在自己所向往的世界。在这里我找到了兴趣和价值的所在,真是叹为观止。武汉理工大学,我爱你认真的模样。

陆游曾说"纸上得来终觉浅,绝知此事要躬行"。第三天,我们进行了有趣又充实难忘的电工电子作品制作。老师讲的似乎很简单,只是连接一下电路而已,可是实际操作时问题却层出不穷,不断求助学长,学长也感到心累。通过这次实验,我提高了实践能力,了解到许多平时接触不到的知识,还可以把自己制作的音乐盒带回家,真是很大的福利。科学并不都是纸上谈兵,它需要很多很多的实践操作,要成为一个优秀的人,为国家做出贡献的人,我们要不断提高动手能力,实践长才干。一个意义非凡又充满趣味的活动"高空护蛋"让我体会了合作之重要。同时,作为团队中的一员,一定要互相信任彼此。

惜别理工大　有缘再见

科学营对我而言,仿佛阳光下的丰收味道,是一场大雨后的青草香。年少模样的我们,相互追逐在路上,来到了一座美丽的城市,遇见了一群可爱的志愿者,意气风发走进了理工大,从此义无反顾地爱上了这座百年名校。理工大,带给我们的不仅是文化的默化,还有对大学的体验,理工大人为理想追求努力,为梦想拼搏奋斗,不服输,不气馁,积极进取,勇于开拓,无私奉献的宝贵精神。虽然我只是科学营的普通一员,但这积极强大的精神也深深地感染着我,驱散我前方的黑暗,照亮我前方的路。

短短一周
我们从初见到再见
即使相隔千里
我们之间的真情
也永远如初见那般炽烈
离别太伤
对理工大的情太浓

"地大"物博　"质"为相遇

南阳市第一高级中学　卢奕昊

不是在人生中最美的时光遇到了你，而是遇到你的时光成了我人生中最美好的时光。

——题记

2019 年夏，我怀揣着大学梦、青春梦、科学梦，走进了著名的中国地质大学（后简称地大）。在这神秘的科学圣地遇到了最美的你和你们。我们一同沐浴科技的风，聆听教授们深入浅出的讲座，拼搏于将近 10 公里的定向越野拉练，徜徉于热闹的文艺会演，短暂而丰富的七天行，见证了科技的杰出、比赛的竞争、演出的精彩、友谊的建立，开启了我对科学探索的学习之旅。

恰逢青春　在地大相约

我们一行二百多人来自祖国各地，大江南北。远途跋涉的辛劳累不倒我们强健的身躯，一路的骄阳抹杀不了对青少年高校营的美好向往。初到校园，志愿者哥哥姐姐们迎着我们下车，一场绝美的视听盛宴拉开了帷幕。他们以地大的热情欢迎我们，在之后的七天里，我也体验到了地大的包容。"什么是地质？"会上，激情澎湃的刘老师的提问，激发了同学们的好奇。

参观国一国二两个重点实验室，我们还有幸近距离看到可分析头发般粗细的物体的激光显微镜，也聆听了博学的科研者们仔细的讲解，让我受益匪浅。在提问环节，我提出了"电镜的准确度"的问题，宋教授耐心讲解。虽然是初步的知识普及，我却更加明白"认真思考，注重思考，享受成果"的意义。接着，我们观赏了华中地区唯一异地保存的化石林。老师结合地大学科特色，融观赏、科普于一体，让人过目难忘。凡是参观过的人，都会被地球生命演化力量深深震撼。这些从中外各地汇聚而来的化石树，似乎在奔赴一场地质的聚会，每一颗化石树都在讲述亿万年前的故事。四个石制牌匾围成"四重门"，分别镌刻着北京地质学院、湖北地质学院、武汉地质学院、中国地质大学，代表地大历史发展的四个不同阶段，记录着学校的每一次华丽转身。这不仅提醒着学生地大的"前世今生"，也是地大巍峨于大地的代表。

地大之锤　凿大地之光

七天的校园生活，让我深切感受到了地大人的朴素好客，也领略到了他们的博学多才。王华校长掷地有声的校史报告，至今在我脑海里回荡。自动化人班的独特活动——制作流水灯更是让我难忘。四个自动化大佬娓娓道来，在同学们上手制作时更是细心指导。别看是工科男，也有温馨的一面！经过不懈的努力，同学们接二连三地亮起了灯，一面感叹于自动化的巧妙，一面朝科技志愿者们投去感激的眼神。

高中生涯规划的报告来自程旬老师，她以一个知心人的身份带着我们看向未来，几个成功的案例让同学们心服口服——中国著名地质学家李四光，在一次野外考察中发现了第四冰川遗迹，经过多年不懈努力，最终确定了中国存在第四纪冰川，刚正不阿、勤勤恳恳、不屈不挠地献身于科学事业，成为新中国成立后第一批杰出的科学家和为新中国地质发展做出卓越贡献的元勋；地大校友温家宝总理在地质学院 8 年的学习积淀，学到了地质学的基本知识和理论，掌握了野外地质考察的技术和方法，终成为党和国家卓越领导人，成为大人的骄傲。他的朴素，他的求职好学，他的兢兢业业，真的教会了我很多很多。根据李四光先生生平编排的话剧《大地之光》在全国受到好评。程老师介绍，该剧组的大学生完全没有演艺经验。我想，正是这种地大人精神的本色出演，才会感动那么多的观众。

文武双全　显男儿本色

青春似光，在这个美丽的盛夏，就应该挥洒汗水、玩出激情。定向越野，是专属于地大科学营的。听到这个活动，我们组的男生已经跃跃欲试。全体营员，来到任务地点，三人一组，勇敢前行。团结就是力量，开始的哨声吹响，我们如火箭般极速地冲出去。在漆黑的隧道中，多少次想要停止前进的步伐；在陡峭的上坡中，多少次弯腰前行；在找路打卡的过程中，多少次撸起衣襟擦拭脸颊。不抛弃，不放弃！！！衣服湿透何妨？腰酸背疼何妨？再来一千次又何妨？我望着一个个辛苦而坚韧的身影，心里满满的都是感动。青春就应是这样，累过，快乐过。

经过重重考核和选拔，我当选为 2019 年地大分营科学营文艺晚会的主

持人。无数次磨炼,一个一个字发音,我感到自己的水平得到了很大提升。在后台,看到既博学又多艺的同学们精彩表演,我不禁真心赞叹"江山代有才人出,各领风骚数百年。"勤劳的志愿者和带队老师,他们给了我们无微不至的关爱和照顾。他们只比我们大两三岁,却个个帅气风骚、漂亮善良。我和他们结下了深厚的友谊。文艺会演,虽说不上专业到位,却也是效果极好,令人动容。"南望之夜"——2019年青少年高校科学营地大分营文艺会演,永远成为我心中一道最美丽的风景线。

最终,我获得了全国青少年高校科学营(地大分营)定向越野挑战赛优胜奖。我主持的文艺会演得到了老师和同学们的一致好评。我被青少年高校科学营湖北营省级活动管理办公室授予"优秀营员"称号。

艰苦朴素,求真务实。全国青少年高校科学营(地大科学营活动)增进了我对地球科学的了解和热爱,培养了我对地球科学的浓厚兴趣,并树立了不怕困难、勤奋刻苦、求知上进、永攀科学高峰的信念。更关键的是,我拥有了更多真挚的友谊。地大之行,不虚此行!

地大七日不虚行　求真务实记心间

镇平县第一高级中学　司长庚

江风轻拂，水天一色，七月我来到了东湖之滨、南望山下，来到了美丽的中国地质大学(后简称地大)。回首一周"科学营"生活，是多么快乐、充实而又令人难忘！

历史底蕴撼人心

地大是迷人的。这次科学营我们以地大西校区作为"主基地"。西区是一个有历史、有故事的校区，岁月的积淀带给她更多的是古韵古香。绿树成荫，夏虫唧唧，一棵棵古木或巍然屹立，或婀娜弯曲，树干上的斑驳痕迹记录着这所大学的风雨历程。我想，我已深深爱上了它。

丰富活动引人心

科学营的生活是充实丰富的。每天我们都有详尽周密的日程安排：起床、早餐、活动、午餐……每一项都有条不紊，活动间紧凑相连，没有丝毫拖沓和延宕。每一天都有超值的收获，每一天都有不同的惊喜。

第一天，班级见面会，大家互相认识，彼此交流、沟通，大家心很近，情很浓！第二天我们开营了，上午东区参观。四重门让我了解了地大的前世今生，化石林让我第一次见到几十几百万年前的珍稀树木。两个国家重点实验室令我眼界大开;研究生们的精细讲解令人受益匪浅;教授科学家们的研究探索,使人心驰神往。王华副校长的校史报告,让我从地大人的身上真切感受到了"艰苦朴素,求真务实"这八个字的真谛。刘振焘教授的人工智能讲座,引领世界的高压智能检修机器人,震撼人心,让我们看到了科学的神奇。徐士球馆长的《趣话地球》报告,让我更深刻地了解了我们的地球母亲,并指引我们关爱地球母亲,敬畏自然。第三天……第四天……文艺会演上同学们精彩的表演,让我感受到新青年的朝气、激情和才艺! 总之,这短短一周的活动令我大开眼界,收获颇丰! 多么美好难忘的一周!

亲手实践动人心

给我留下印象最深的是流水灯的制作。这个实验我们从未接触过,看似简单的焊接做起来并非是那么容易。排图案,排线,焊接,每个环节都是那么讲究! 在学长哥哥们悉心指导下,在一天的坚守中反复实践,我们最终成功了! 流水灯闪烁的那一刻,汗水混杂着泪水轻轻流过脸颊……

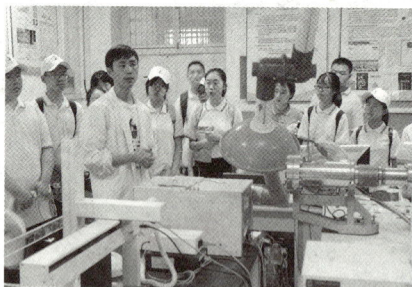

后记

这次地大科学营之行真是一次非凡之行,她带给了我与不同省份、不同民族之间同学交流合作的机会,给了我与地质大学近距离接触的机会,催我奋进,促我成长! 她洗掉了我的脆弱和惰性,给了我追梦的信念与勇气,让我明白了责任和担当。我深深明白,青春是用来奋斗的! 努力是年轻人应有的姿态! 自己未来的模样,就藏在现在的努力里;我的诗和远方,定是今日的不负芳华! 在未来的日子里,为了圆我的地大之梦,我定当选择坚守,紧紧守护,等待她的春暖花开!

我,爱地大!

我,热爱科学!

我,不虚此行!

科学光辉照亮我心

南阳市第二中学　王锦翘

　　2019 年暑假,怀着对科学知识的热爱和对大学生活的憧憬,我报名参加了青少年高校科学营活动,到中国地质大学(下简称地大)实地学习。怀揣着激动而忐忑的心情,我踏上了开往武汉的列车,开始了令我久久难以忘怀的一段科学之旅。

　　简约而热烈的开营仪式,拉开了我们地大之行的序幕。王焰新校长用慷慨激昂的演讲诠释了地球科学的奥妙,加深了我们对未来七天生活的憧憬。他还介绍了几位杰出的"地大人",像平易近人、深受群众敬仰爱戴的国务院前总理温家宝,被誉为"嫦娥之父"的欧阳自远院士,以及鸟巢建筑总工程师李久林等。在他们身上,我深深感受到"艰苦朴素,求真务实"的地大精神魅力。开营仪式末尾,王校长亲自将班旗授予每班的志愿者代表,并宣布2019 年青少年高校科学营地大分营正式开营。

　　"趣味地球",这是地大图书馆徐士球馆长的科普讲座主题。徐馆长用风趣幽默的语言向我们讲述了地球的七大"幸运",即存在生命的七大原因——太阳位置、地日距离、磁场、大气、月球、黄赤交角、土壤等——让我们了解到生命的起源与发展,引导我们要保护地球、敬畏自然、善待环境,与大自然和谐相处。讲座的最后,徐馆长说"如果地球四十六亿年的历史等于一天,那么中华民族上下五千年的历史仅仅相当于 0.09 秒,而人活 100 岁,只相当于 1/600 秒",这组数字让我直观感到人类在地球母亲面前的渺小,心情久久难以平静。"寄蜉蝣于天地,渺沧海之一粟",即使将来人均寿命随着科技进步、生活水平提高而增加,但在宇宙和历史的大尺度面前,依旧转瞬即逝,必须珍惜时间、用心生活,活出价值和意义。

　　在本次科学营的活动中,让我印象最深刻的就是第 4 天的定向越野比赛。三个素不相识的营员被随机分到一组,三人一张地图、一个指北针、一个打卡器,一起合作确定行进路线。一路气喘吁吁、全身大汗淋漓,三个小伙伴始终没有停下。最终,我们获得了定向越野大赛二等奖。这次比赛让我认识到团队协作的力量是无穷的,优秀的团队方能引领队员走向成功;人生就像是一场定向越野比赛，我们需要朝着目标不断奔跑，途中也许会走岔路或迷失方向，但只要及时回头，再朝着正确方向前进，最终也一定能到达成功的终点。

主要由地大自动化学院承办，我参与了和自动化有关的小实验"流水灯"。第一天听学长解说制作流程及原理时感觉挺简单，而当第二天亲手制作时，却发现它的困难。当一只手拿焊锡、一只手拿电烙铁在万用板上连电路时，手却止不住地颤抖，一上午时间只掌握了基本的焊连方式；下午进入到锡线连排针流程，由于灯多时间紧，连着连着我就失去了耐心，再加上其他人的灯一个接一个地亮起，几乎就要放弃，最终在热心学长帮助下，才终于在限定时间把灯点亮。这次活动让我深刻理解到科研工作者想要有所成就，不仅要有扎实的理论知识，更要有对科学的执着、实践品格与充足的耐心。

时间犹如白驹过隙，七天的科学营很快过去。这几天中，我学习到了不少科学知识，深深领会到科学、理性的真理力量，在实践中提高了分工协作能力、收获了友谊。

火车驶过江汉平原到达南襄盆地，回到我的家乡，"科圣"张衡故里——南阳，我感到一粒科学的种子正在理性光辉的照耀下破土而出。

科学营之地大行

方城县第五高级中学　王雅琳

　　时光如流水般转瞬即逝，为期6天的夏令营活动就要结束了，唯一剩下的是满满的回忆。6天的时间很短很短，短到我们屈指就能数完，6天又很长很长，长到我们值得一生去回味……

　　7月14日，经过两个小时的高铁，我们来到了武汉。武汉，又称江城，取自李白诗句"黄鹤楼中吹玉笛，江城五月落梅花"。一下高铁，我们就感受到了武汉对我们深深的热情——天，真的好热呀！不愧为它中国四大火炉之一的称号。又经过40分钟的车程，我们来到了此次夏令营的目的地–中国地质大学，初见地大，我便被它宏伟的校园景观所震撼了。校园大门的正上方镌刻着中国地质大学六个大字，旁边刻着校训——艰苦朴素，求真务实。接车的志愿者告诉我们校训是由地大1968届的校友，国务院前总理温家宝题词的。参加志愿者的小哥哥小姐姐们都很热情，事无巨细为我们考虑到了方方面面，像老母亲一样为我们操碎了心，每位小哥哥小姐姐也都很帅气、美丽。中午我们在地大一食堂吃了午饭，不得不说，大学的饭菜好好吃哦！可能大叔做饭时手抖了，一不小心抖多了盐，在这6天里，饭真的好咸哦！下午，我们参加了开营仪式，很荣幸被分到了自动化班，初步认识了班级同学，为以后的活动打下了基础。

　　在后几天的活动中，我们参观了四重门，见证了地大的变迁；参观了化石林，领悟了校友的真情；参观了院士长廊，体会到了地大的优秀……其中印象最深的莫过于参观两个国家重点实验室和自己动手做流水灯了。

　　参观两个国家级重点实验室让我亲眼见到和触摸到高尖端的科学仪器设备，对仪器的认识由冰冷的图片转为真正的实物。听闻两个实验室要搬往新校区，听说夏令营同学们要参观，特意为我们留下了仪器供我们参观。我认识了从前没有听说过的仪器，也了解到了更多的学科知识。动手制作流水灯真的是让我又爱又恨！可能由于教育水平的差异，我从来没有进过实验室，更别说自己动手制作了，这次科学营真的让我弥补了人生一大遗憾。自动化学院的学长们怕我们不会做，特意抽出时间为我们做了PPT，用最简单的语言讲解，又邀请了他们的导师为我们科普了有关智能机器人的知识，我们还有幸见到了一个机器人呢！基础知识讲完，便来到了实战环节——做灯。别看学长讲起来很简单，但做起来你才会发现如此绝望，曾经有很多瞬间，想要把灯砸了……在实验室待了一天后，我的灯做好了，然而尴尬的是：它不会亮！！！本来我还想垂死挣扎下，可由于行程原因，技术指导的小哥哥答应我他会把我的灯焊好。就这样，我一步三回头的对我的灯挥了挥爪子，期待它发光。虽然这是一次不太成功的动手操作，但它点燃了我对科学的渴望，锻炼了我的实践能力，成功勾起了我的兴趣，让空有高中电路基础理论知识的我们了解了一切的本源，这一切的一切都是地大与国家赋予我们的幸运！

宇宙，包含着数不清的星球，月球是，地球也是，是多少光年也诉说不清的遥远。在这几天里，我们听了很多著名教授的讲座，每个讲座都让我们受益匪浅。生物起源的奥秘带领我们探索了生命，了解生命进程的不易；趣话地球，让我了解到这个蔚蓝星球的辛酸和苦楚；学业生涯规划，让我对未来生活有了方向和目标……讲座中一系列趣味小活动让我们对科学的兴趣更加浓厚，也提前了解了大学生活。地大是颗星，它的光是未来模糊不真切的科学之光，沉重内敛，默默照亮天空，贡献自己的私技力量。

定向越野活动是最有意思的一个活动。3 人一组，抽签决定，按顺序把藏在校内 13 个点找到并打卡，用时最短获胜。这对于跑 800 米后躺地上半小时的我是个噩梦，内心充满了恐惧。所幸另两名队友是男生，对我很包容，也不介意我跑得慢，往往他们两个找，我在后面慢跑，虽说是慢跑，但地大真是太大了，我还是累的全身湿透。在最后所有点找完返回起点时我真的是跑不动了，但队友们都在鼓励我，我咬了咬牙，冲过了最后 20 米。虽然最终并没有得奖，但我还是很开心，因为我懂得了坚持的意义、懂得了队友的意义。以后不论风雨如何，我都会义无反顾向上冲，冲过高考，冲过青春，冲出我的姿态。

不知如何找寻你，春天已经在这里。不知如何形容你，春风十里不如你。短短 6 天，一眨而过，谢谢你，地大，让我领悟科学，让我成长；谢谢你们，学长和学姐，烈日炎炎，陪我们走过。

愿：时光不老，我们不散！地大，我们再会！

情系地大　放眼未来

南阳市第一中学　王洁琳

三个小时,你能走多远呢?可以乘坐飞机跨越半个中国。而我们的三个小时,是从郑州到武汉,510公里。一行人就这样来到了这座即将与我们发生许多故事的城市。一落地,便感受到了七月的武汉热情如火。

在这几天的时间里,我们参观了中国地质大学(后简称地大)的国家重点实验室,及地大独有的特色化石林、四重门、院士长廊、逸夫博物馆。精妙的仪器和各种科学知识都令同学们都赞叹不已,意犹未尽。有趣生动的探寻生物大灭绝的奥秘、"天眼"看地球、趣话地球的科学讲座,同学们随之进入科学的奇妙世界,了解科学也是有魅力、有温度的。

最有趣的还是我们自动化学院的班级主题科技活动——制作流水灯。听过讲解的同学们都跃跃欲试,终于亲自制作的时候,可谓是大展身手,都低着头认真制作,请教志愿者哥哥,忙得连饭都顾不上吃。选出的优秀作品在闭营仪式优秀科研项目展演中展示,大家心里都是满满的骄傲。

定向越野活动令我们又爱又恨。那天的天气很好,依旧是高温和大太阳,穿着营服的同学们在地大的各个角落来回穿梭。又累又渴,在这中间有好几次我们都想要放弃,可当看到奋力奔跑的其他同学时,我们相视一眼,鼓起勇气,燃起斗志,三个女孩互相鼓励,互相帮助,最终我们还是坚持跑完了全程,在终点大口大口地喝水,一个二个都是满头大汗。虽然没有取得好成绩,但我相信我们一定都有许多收获:要坚持不懈,永不言弃,有始有终。

印象最深刻的,一定是文艺晚会。从收到通知的第一天起,我们便开始筹备。从剧本到流程到细节,我们每一处都细心讨论,用心准备。在活动的闲暇时间,我们一遍一遍地彩排,抠细节,每个人都为了节目而努力。烈日当头,汗水染湿了衣服,可每个人都没有放弃,都努力想做到最好。最后,当观众的笑声和掌声响起时,我们心里都感到很充实,那是我们的付出得到了收获,我们的努力得到了肯定。而我们也在这个过程中体会到了团结协作的重要性,团队的力量是少一个都不行的,团队是相互成就。更知道了要抓住每一个摆在你面前的展示自我的机会,不要畏惧,不要退缩。

被称为"四大火炉之一"的武汉,真是没有辜负它的这个称号,接连几天的高温使我们个个都叫苦连天,但却在文艺晚会的那天晚上下起了瓢泼大雨,雨水冲刷着大地,发出欢快的音律像是在为我们的表演欢呼鼓掌一般。

最后一天晚上,我们观看了话剧《大地之光》。它讲述了李四光先生及他的学生们在寻找科学的道路上不停探寻,为了科学事业奉献自己的一生。或许女生总是比较感性,在故事讲到感人的情节时,我的鼻子酸酸的,余光看见我们的带队老师摸了摸脸颊。我自己也不知这份感动是为李四光先生,还是他的精神,或是他的形象背后千千万万的科技工作者们。他们默默无私地为我们祖国的发展贡献了自己宝贵的一生。

在地大,我们收获了友谊、体会了大学生活、学习了科技知识,也对偌大的世界有了更加深刻的见解,拥有了一个与众不同的,难忘的暑假生活。多了一分对科学的向往,少了一分懵懂;多了一分对地大的憧憬,少了一分迷茫;多了一分特别的经历,少了一分时光。自此,我们所有人都一定对地大有了一份独特的情感。接触到了来自全国各地的中学生,而丰富多彩的大学生活也给我们这群中学生带来了许多收获。

忘不了我们流下的汗水和收获的知识,忘不了我们结交的朋友和志愿者哥哥姐姐们,忘不了美丽的地大,忘不了难忘的七天之行。

时光飞逝,短短七天,却让我们十几人从陌生到熟悉,从客气到亲近。大家都舍不得离开地大,更舍不得可爱的志愿者哥哥姐姐和老师们。

再多文字再多言语,也难以表达心中的复杂情感。

凌晨五点半,站在地大的门口,细细回味这几天快乐充实的生活,我们的欢声笑语仿佛就在眼前。

离别是为了更好的重逢。即使心中万般不舍,也只能在心底轻轻说一声——再见,地大!

相逢地大　感受真知

宜阳县第二实验高级中学　乔茜

适逢青春　初始地大

遇见是一种神奇的安排,它是一切的开始。我们来自天南海北,我们来自全国各地,向着自由与广阔,向着神秘与未知,向着追求和理想,我们来到了武汉。到了武汉,还未来得及感受到它的风度,就先感受到它的温度。火城带给我们的不仅是热情的志愿者,还有扑面而来的滚滚热浪,怀着对科技向往的我们,到了一个远方的城市开启了一个为期七天的短暂而又快乐的大学生活。

博学资深　名人教授

听学术讲座本就是枯燥无味的,几场讲座却恰恰相反,教授用趣味的图片、视频、语言、让我深入其中,也看出教授的细心体贴。我们听了宋海军教授的"探寻生物大灭绝的奥秘",是他让我明白,生物的起源、演化的历程、灭绝的经过,据教授所提供的数据我们知道,生物在每隔几百年会灭绝一次,让我看到了自然界的渺小和伟大。之后是听程旬姐姐为我们进行的高中生涯规划,她对我们现在的处境以及未来的发展进行了详细的讲解与规划,使我们明白现在处于高中阶段应该做什么,首要任务是什么,怎样做好这个任务,让我清楚地知道自己到底想要什么,对于我起着指路人的作用。

团结协作　汗洒地大

青春似火,在这个夏天,就应挥洒汗水,玩出激情,定向越野,我们将向你发出挑战。团结就是力量,不错的,开始的号角一吹响,尽管我们是最后一个出发的,但我们仍如火箭般极速冲向终点,耳边"一二一"的口号声将我们的步伐整齐划一,抵达终点后,累并未让我们停下脚步,而是奋力奔跑,朝下一个任务地点前进,前往终点的途中,迷失方向,意见不同,这些分歧可能使最后的结果不是很完美,但我们还是取得了不错的成就。其中有个画面让我颇为感动,我们还需完成一个任务才算结束,在我们都精疲力竭的时候,突然有个胖胖的女生把我背起,我们蒙着眼睛,听着队友的指导找到方向,青春大概就是这样,累过、快乐过。

青春无悔　有缘再见

都说别离是月下诗人独酌的不甘,氤氲着愁苦的情叙,我说,昙花一现,虽刹那间摄人心魂却惊艳四座。初识时的我们都很腼腆的场景还历历在目,如今的我们便要奔赴一场离别的盛宴了,佛说是因为有了前世五百次的回眸,才有今生的一次转瞬,所有相遇都是久别重逢,那么就让我们诗酒趁年华,共赴这一场仲夏夜之梦。

7天以来一帧帧的记忆片段都不会随着风远去而是飘落在某个角落里,等到记忆润色,等待岁月收藏。

7天可以改变一个人,这看似转瞬即逝的时光却已倾注了我对这所校园,对地大的太多不舍。离别是志愿者哥哥深夜弹吉他送别时眼眸中的一丝微凉,是同学深夜不忍离去的一分坚定,是临上列车最后一次挥手,是现在我想对你说的再见。

悄悄是别离的笙箫,沉默是今晚的康桥。远方,静待花开!

官员篇·湖南

千年岳麓　感悟湖大

三门峡市外国语高级中学　贺竞哲

"七八月的天就像娃娃的脸,说变就变。"用这句俗语来形容我在湖南大学时的天气一点都不过分,但即使天气多变,人心却不会变,这就是我参加科学营最大的收获。

经历了一晚上的路途颠簸,疲惫地到达了长沙,但志愿者的笑脸一下子就让我感动了,我这才意识到,我已经开始了我的科学营生活了啊。

岳麓书院不愧是中国历史上赫赫有名的书院,其带给我的震撼让我难以忘怀,刚一进门那种古风古味的感觉,像是跨越了千年,回到古代,与陶侃论诗书,与马燧共建"道林精舍",观宋真宗亲书"岳麓书院",听张栻滔滔不绝地讲书声。同时其宏伟又不失精妙的建筑设计更让我如痴如醉。令人惊喜的是,不久我便参加了岳麓书院首席顾问专家以及湖南大学建筑系教授柳肃的演讲,他所讲的并不是泛泛而谈,而是十分有针对性,让我们这些连建筑都没有接触过的"门外汉"也可以领略到建筑的伟大,同时也为我们补充了许多关于岳麓书院的知识,让我受益匪浅,也激发了我对建筑的兴趣。

雷锋纪念馆和党史陈列馆无疑为我们的旅行画上了浓墨重彩的一笔，丰富了我们有关过去革命的知识，也为我们树立了精神榜样，培养了我们的爱国情怀。长沙市博物馆也要重点一说，先不说里面的文物，就装饰来说都显得十分宏大，这里收藏各类文物近 5 万件。其中商周青铜器、楚汉文物、长沙窑瓷器为国内外所瞩目。更有商代青铜大铙、青铜编铙、错金银龙凤纹铜盒、蜻蜓眼琉璃珠、带鞘铜剑、曹㯢玛瑙印被誉为稀世之珍。

科学营当然少不了我们自己来准备活动了，所以为了最后的联欢会，我们也精心准备了一个节目，从大家刚开始的讨论商量节目，到一起排练节目，互相帮助，我们所经历的磨难、所流过的汗水，都造就了舞台上最亮丽的我们，这就是所谓的"台上一分钟，台下十年功"吧！确实，让我们男生跳舞真的很难，但最后我们男生没有一个放弃的，都认认真真地把我们最好的舞蹈奉献给大家了呢！这种男生跳舞的经历可以作为非常重要的回忆留在心里呢。

临走时大家一起合影留念，志愿者哥哥和姐姐也为我们献上小龙虾这道完美的夜宵，志愿者们在这次活动中扮演的角色是无可替代的，他们为了我们无私奉献，牺牲了他们自己的时间，真的非常感谢他们。

现在在书桌前，眼睛不经意地瞅到了一瓶紫色的液体，那是我们在科学营中亲手制作的"天气瓶"，每每看到这瓶紫色的液体，科学营美妙的回忆以及大家的笑脸总能浮现在我的心里，这次科学营的活动不仅收获了知识，为自己的未来树立了目标，而且也收获了友谊，获得了奋斗的动力。

营员篇·江苏

百年东大　永书华章

驻马店高级中学　任明阳

　　盼望着,期待着,来到了东南大学(后简称东大)科学营,便深浸于东大之美。百年风雨,历史渊源。学府圣地,人才辈出。钟灵毓秀,东南学府第一流,定将书写绝世华章。

唯我东大,历史渊源

　　自东南大学 1902 年建校以来,几经风雨,几番离合,几度兴衰。从三江、两江师范学堂、南京高等师范学校,到 20 世纪 20 年代的东南大学、第四中山大学、江苏大学、国立中央大学,再到新中国成立后的国立南京大学、南京工学院,后又于 1988 年再度更名为东南大学。校史馆内陈列的百年历史,印证了东大百年的风风雨雨;学子风采,英才蔚然,科学与技术融合,技术与人文相通,风雨兼程,继往开来,东南一方,止于至善,桃李天下,英雄辈出。百年风雨积累的不仅仅是历史的长度,更是厚重的文化沉淀,如此文化积淀怎能不使东大闻名于世界?

唯我东大,人才辈出

　　中国预警机空警 2000 总设计师,中国工程院院士陆军便出于东南大学,在单方撕约的情形下,他毫无迟疑从王小谟手中接过空警 2000 总设计师的重任,不畏艰险,毅然决然,实现了从无到有的伟大突破,他还常常身先士卒、抢着试飞,多次身临危险处境而不退缩,甚至经历了生与死的考验,最终实现了中国预警机事业的世界领先。一个国家空军的标志性装备就是预警机,陆军院士为国防事业做出了不可磨灭的卓越奉献,可谓中国的脊梁,陆军院士在讲座

中说了这样一句话"不要问中国为你做了什么,要问你为中国做了什么",东大正是有了陆军院士这样卓越的校友才能成为东南学府第一流,中国正是有了这样的"脊梁"才有辉煌的今天,他们或埋头苦干,或拼命硬干,或为民请命,或舍身求法,无论遭遇什么,无论时代如何变迁,也无法磨灭他们的光辉。

唯我东大,人文丰富

在来到东大听到的第一场讲座便是胡汉辉教授的"梦起东南"。胡汉辉慷慨激昂的话语为令我们无数高中生心潮澎湃,就如同在我们心中播下了一颗梦想的种子,在未来的某天便会生根发芽,茁壮成长。胡汉辉教授的讲座令我深有感触,创新创意精神确实是我们所缺乏的,在应试教育下的我们,多少都有

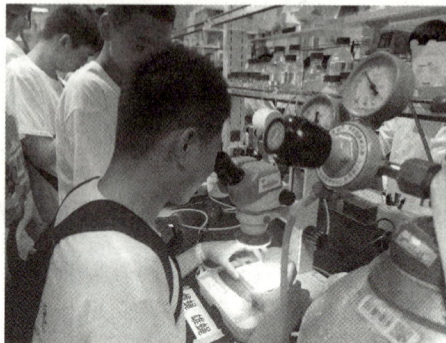

些思维定式化、学习功利化,所以培养创新精神,实践动手能力至关重要,无论将来的我们从事哪一行业,纵使投身科研为国献身,纵使衷心国防报效国家,纵使创新创业勇于进取,创新精神都是必不可少的品质。全面提高自己的能力,不能只做一个学习上傲视群雄的"书呆子",全面发展培养家国情怀、创新精神,才能如胡汉辉教授所说那样超越栋梁,成为领袖。

唯我东大,精神不朽

国有国之意志,民族有民族之魂。每所高校同样有其传承百年历久不衰的精神支持。东大的文化底蕴令人震撼。六朝松,主干笔挺,外皮斑驳,如同一个饱经沧桑,饱经忧患的老者,同时却又苍葱滴翠,更像一个傲骨峥嵘的年轻勇士。无头却活了千年,纵然身体中只剩下石子水泥,也要活出自己的青翠与生机。残缺的树干,印记着东大的源远流长;一抹的青翠,标志着东大顽强奋斗的精神。在胡汉辉教授讲座中提到的胡潇然学长,胡步潇然走天下,只为东大能成为一所在世界上真正闻名的综合性大学;周全的裸眼3D技术在第三届中国"互联网+"大学生创新创业大赛全国总决赛中喜获季军;公益达人胡熠卿学长,热心公益,奉献自我,服务社会民生,以自己的一举一动,弘扬这东大精神,宣扬着东大名片;京剧大师黄孝慈因身为东大人而骄傲,心怀东大,每次校庆活动都回到东大指导东大学子,分享人生与

艺术的感悟。在身患癌症,刚结束二次化疗后仍怀着对东大的情怀回到东大,完成最后的演出,并将这份情怀、这份对艺术人文的追求在东大永远传承下去。一代代东大人走出东大,一位位卓越的东大学长走向世界,肩负的是责任与使命,承载的是东大不朽的顽强精神,为国争光,为东大争光。

我又想起 7 月 11 日上午隆重开营的仪式,虽不算长,却蕴含着主办方的意味深长。一舞春芽,点燃少年探索科学的热情;一曲责任,彰显中华儿女保家卫国之壮志。舞姿犹美,容颜甚美,舞中的意味深长更是值得细细品味。是雄鹰便应翱翔蓝天,展翅高飞;是人才就应积极进取,报效国家。即使不能如张岱所说的那样"为天地立心,为生民立命,为往圣继绝学,为万世开太平",但也要铭记,作为一个新时代青年,学习是我们的责任,是我们改造世界的必经之路,需要我们为了民族去承担这个责任,为国家的繁荣富强去承担这份责任。尼采曾言:"每一个不曾起舞的日子,都是对生命的辜负。"决定我们十年以后生活的,不是你我们十年以后做什么,而是我们现在做什么,碌碌无为,沉溺于享乐与诱惑之中,当我们回首往事时,定会遗憾终生而无可挽回。

东揽钟山紫气,北拥扬子银涛。随着闭营晚会的结束,为期六天的科学营已经画上了一个圆满的句号。东大的一草一木、一花一树在我的脑海中已经留下了不可磨灭的印象,东大众位杰出精英学子风采也为我的未来点亮了一盏明灯。科学与梦想的种子已在心中播下,日后的辛勤灌溉,精心呵护定能令其枝繁叶茂。来到东大,我才意识到梦想的重要。我才意识到坚持自己的热爱的重要,止于至善,追求卓越,超越栋梁,成为领袖——这是东大教给我的一课,这便是我今后毕生的追求。

梦起东南　逐鹿中原

驻马店高级中学　吕牧垠

鲁迅有言："不满足是向上的车轮。"《礼记》曾说："大学之道,在明明德,在亲民,在止于至善。知止而后有定,定而后能静,静而后能安,安而后能虑,虑而后能得。物有本末,事有终始。知所先后,则近道矣。"或许这里便是我"近道"之所,或许这里便是我生梦的地方,又或许,这里能成为让我实现梦想的地方!

七月十日　初识

经历了一路奔波,终于来到了东南大学(后简称东大),天气虽阴,但是我们的心情仍是怀满期待。或许在不久的将来这里就会是我实现自己梦想的地方!

下了高铁,帅气的富裕哥就举牌欢迎我们的到来。在学校安顿完毕,我们便来到了焦廷标馆,在这里我们一起举行了盛大的破冰行动。在老师们的带领下,我迅速地认识了来自云南的女孩子,同时也和来自江西的同学迅速建立了友谊。虽然我们说着不同的方言,但是这影响不了我们彼此之间的交流。

在老师们的带领下,我们建立了队名与口号,立下了鲲鹏展翅的豪言!翻牌小游戏的进行,同学们齐心协力,在寻找答案的时候也迅速认识并了解了东南大学曾经的历史与丰厚的文化底蕴。随后在教官的带领下我们又一起学习了杯子舞。一开始,看着电视上一群老外在那里玩得不亦乐乎,两只手迅速翻飞,杯子就在他们的手中有规律的地飞起来,并有节奏地发出与桌子碰撞的声音看起来非常炫酷也极具有挑战性。在教官的几次展示后,我就跃跃欲试,可是面对这样高难度的挑战我也无从下手。还好有教官的悉心指导,我迅速掌握了要点,最后,在音乐的节拍中,我们有节奏地进行着杯子舞,笑容洋溢在我们的脸上。

通过这次的破冰行动,我们彼此之间收获了友谊,欢乐,并对东南大学丰厚的文化底蕴有了进一步的了解,同时 get 到不少新技能。同时通过各种各样的集体活动或游戏,我们也进一步增强了凝聚力,强化了一个集体意识。这次的破冰行动我认为十分有意义。

七月十一日　不负韶华，奋发有为

科学营开始的第一天，我们一大早就来到了南京航空航天大学，在这里我们举办了科学营江苏分营的开营仪式。来自南航大的学兄学姐们在台上倾情演绎，给予我们无尽的希冀与祝福。

最开始的舞蹈《春芽》，数位演员在台上模拟春天到来，展示了一株小芽是怎样克服外界阻力从地里顶开岩石破土而出，又是怎样茁壮成长的，就像那首《腐草为萤》的歌里唱的那样：

纤弱的淤泥中妖冶
颓废在季夏第三月
最幼嫩的新叶
连凋零都不屑
何必生离死别

这个舞蹈给予我无尽的力量，去学习这春芽精神，从去勇于面对困难，战胜对手，实现自己的破土重生！

随后我们又观看了来自南航大的学长做了一场生动的讲座，表演舞蹈以及歌曲《我的未来不是梦》，他们鼓舞了我不断向前。在这次开营仪式上，不只是由来自南航的学生，也有全南京的多位院士、专家给我们不同的寄语。其中东南大学的程泰宁院士给我们的"不负韶华，奋发有为"的寄语令我印象深刻。我们现在正处于青春年华，是一生中最重要的几年，在这宝贵年华中，我们不应荒度，应学习那破土重生的春芽，心怀梦想，报效祖国，改变社会，让世界因我而美丽，让世界因我而精彩！

在活动的最后，郭万林教授又为我们做了一场生动的讲座，为我们简要概括了现代科技的发展方向，以及如今新能源的开发与利用。郭教授还为我们提出了十分新颖的水伏效应，结合着大家普遍了解得比较深入的光伏效应做对比，用浅显的语言给我们讲述着在当今能源紧缺的时代，怎样才能更好地利用地球上最丰富的资源——水资源。其中郭教授更是详细介绍了他所提出的利用水伏效应，利用海洋中波浪的机械能，水挥发所吸收的热能等将其转化为电能，为新能源开发提出了新的思路。

听完了郭院士的讲座，我们乘着大巴车来到了东南大学九龙湖校区。走入了古色古香的大门，我仿佛步入了民国时代。

现代的柏油路旁是参天的梧桐，绿荫掩映中是百年以上的民国建筑。这里是著名学者钱学森，吴健雄的报告的母校，也是全国第二个高等学府；这里不仅是如今现代自动化技术、机器人、现代建筑学的实验室所在地，也是具有丰厚历史底蕴的学习天堂；这里是历史与现实的交织，古风与高科技在这里谱写着一代又一代的东大梦！

真正走入东大映入眼帘的便是"喷泉"，它真正的名字叫作"涌泉"，是为了提醒东大学子"滴水之恩，当涌泉相报"，我想这便是东大精神，这便是东大屹立百年的原因！

涌泉之后就是著名的大礼堂，在这里不仅举行过国民党一大，共青团二次会议，更是出现在《人民的名义》等多部影视作品中。

但是这些与六朝松相比，什么都不算。东大有言："没见过六朝松，就别说你来过东大。"这个屹立一千五百多年而不倒的柏树，虽被雷击中两次，树干也已被掏空，却依旧没有倒下，我想这也是东大精神的体现，它就像一个图腾，告诫着无数东大人——面对再大的挫折，也依旧要坚持下去，肉体可被摧残，但精神应犹存。它矗立在梅庵南侧，被两层铁栅栏"保护"着，两侧架着粗粗的铁杆，远远望去像一位拄着拐杖的倔强老人。走近一看，还有两根小钢管和三个铁环共同支撑着它，钢管直插入树干，露出黑漆漆的树洞，让人不禁心惊。站在栅栏边探身细看，发现古树的树皮已经裂开，中间是灰白的颜色。古树的树干内部已经死去，完全靠外面的树皮传输养分，为了支撑树干，古树的内部被掏空后浇注了砂石。这株古树看上去非常老，整个身体都被换扶着，外皮斑驳，长势衰落，但令人称奇的是，古树的树冠竟仍然枝叶葱翠，显示出一股神奇的生命力。它的树冠尽管低垂着，却一律伸向前方，仿佛不愿意失去斗志。

除去这些让我感到震撼的东大精神，那里的机器人实验室，自动化实验室等都仿佛给我开启了一扇新的大门。而那里的生物实验室也让我见识了许多只在书中听说过的仪器等等。

正所谓"读万卷书，不如行万里路"，这次东大一行令我不仅近距离接触了许多高科技知识，还让我对课本上的知识有了切身体会。

东大科学营，我不虚此行。

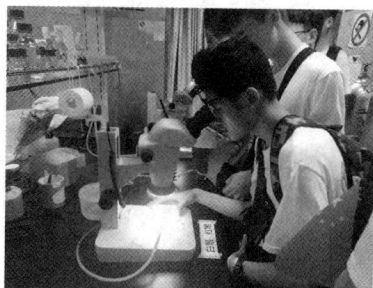

七月十二日　相约南博,感受历史

上午聆听了著名的陆军院士有关信息方面的讲座,令我获益匪浅。

下午便是南博的游览。众多文物齐列展厅让我眼花缭乱,南京作为六朝古都果然是拥有丰厚的历史遗迹。

短短的几天时间我便收获到丰富的人文知识并接触到大量的科技前沿问题。感谢这次科学营给予的机会! 在接下来的几天中,我一定会更加珍惜这次机会,更好地了解南京、了解东南大学!

日新臻化境,四海领风骚!

七月十三日　零星记忆,后会有期

今天我们来到了南京未来网络小镇,在这里我们共同参观了3D打印技术和激光微刻技术,但非常可惜的是,为了我们的健康,我们没有看到它的演示方式。

下午我们在东大聆听了东大精英学子的报告会,有关于方程式赛车的,有范洁大学霸给我们讲有关她学习的经历等等,这些都是难得听到的经历,为我打开了新世界的大门。

除了这些讲座,东大为我们准备的其他活动也很有意思。比如科学嘉年华,在那里我们进行了许多活动,让我难以忘怀;又如文化评弹周红与徐惠新先生为我们带来的另一种艺术表现形式,他们绘声绘色地为我们讲述了一堂故事,用不同的声调惹得我们哄堂大笑。

这次科学营,无论是文化还是科学方面我们都收获好多,感谢科学营,感谢东大。

东大,明年再见!

漫长的黑暗中　你是我的光

驻马店高级中学　张宇骋

古人云:"一旦远游学,如舟涉江湖。游学博闻,盖谓其因游学所以能博闻也。"今日,诸位学子共聚一堂,来到了钟灵毓秀的东南大学。满怀激动与梦想,我们来到了这里,不仅是为了今日的友谊,更是为了未来的梦想。魏源曰:"志士惜年,贤人惜日,圣人惜时。"希望在接下来的几天能够同心协力,共同进步。

物有甘苦,尝之者识;道有夷险,履之者知

不参与活动,不主动结交新的朋友,又怎能体会到其中的快乐。七月十日晚,我们就集体参加了整个团队的破冰活动。不得不说,原本认为仅是自我介绍,可这次活动却让我在激动与喜悦中感受到团队团结合作的魅力与力量。在教练的指导下,我们与来自全国的其他学生握手、拥抱、互相赞美,原本陌生的同学变得亲切。我们整个团队亦创造队名、队标、队形,"大鹏一日同风起,扶摇直上九万里",展现我们的朝气蓬勃与拼搏精神。最令人难忘的是用杯子打击节奏,对于从未接触过这种游戏的我来说,这是一项艰巨的任务,开始观看视频时认为这在短时间内根本学不会,可在不断的练习之下,生疏的动作逐渐熟练。在考核中,同学们的动作整齐划一,节奏整齐,配

合着音乐,终于演奏了完美的乐章。李大钊在《晨钟报》创刊号中写道:"国家不可一日无青年,青年不可一日无觉醒。"努力之下,必有收获。

百年磨一剑,霜刃未曾试

七月十一日亦是充实而快乐的一天,一大清早就驱车来到了南京航空航天大学,参加江苏营分营仪式。看到诸多优秀的学子从四海八方汇聚于此,心中不免充满这激动与喜悦。来到礼堂,参加了分营仪式,一曲《歌唱祖国》让心中的爱国之情油然而生。诸多的活动令人精神抖擞,最令人激动的是郭万林教授的讲解。其中,水伏电池、纳米材料水发电,这是我前所未闻的。第一次知道了水的蒸发、水的流动都能够成为电能的供应源,为今后新能源的利用打下良好基础。他的讲座,让我们明白了科学进步的重要意义,所谓科技的发展,就是为了让我们沿马斯洛需求阶层一级级向上爬,让我们有更优的条件、更多的时间去追求科学的发展与思想哲学思想上的进步。科技的进步,不仅是中华民族实现伟大复兴的必由之路,亦是中国与世界共同进步实现大同天下的坚实基础。回味中走着,走着,便到了四牌楼校区。古朴,厚重的面纱中透露着青春蓬勃的朝气。中央大道,法国梧桐守护着这梦想的发源地;大礼堂用自己深邃的目光见证了中国百年历史;吴健雄纪念馆,用心去弘扬东南大学乃至中国科学研究的风采;古老的建筑还有很多很多,坚定的东南情蕴藏其中。骄傲东南学子迎面走来,面带自信;各国学生,展露国际风范;民国建筑,承载悠久历史;现代科技,展现大国风采,鸿鹄之志!

创新不一道,崛起不法古

盼望着,盼望着,终于听到了陆军院士的讲座,对于他在预警机方面的成绩早有耳闻。关于信息与系统方面,他用通俗易懂的语言让我们在欢声笑语与提问中获得了知识,感受到信息工程的魅力。何为知识的力量?这就是!在欢乐与兴趣之中,思维的进行与记忆的生成,形成这宇宙之中唯一的系统。"万物于我而唯一",在思考之中感受科学的魅力,我心中的东南之情更加深厚。活动结束时,更是有幸与陆军教授亲切交谈,他儒雅的气质中伴随着理性的光芒,让人如沐春风。古希腊先哲曾言:"人是一棵会思考的苇草。"正是思考让我们在基础科学的海洋中遨游,在探索世界本质的远征中砥砺前行!

下午参观南京博物院——中国最早的博物院,气势雄伟,傲然屹立在南京。还未到达,便感受到庄严古老的气息。历史的厚重在时间长河的洗刷下熠熠生辉,散发着理性与智慧的光芒。金缕玉衣,用片片玉块、条条金丝,体现着古代制衣技艺的高超;釉里红岁寒三友纹梅瓶,梅、竹、松 交相辉映,岁虽寒,仍傲立风雪之中;古生物化石,让人感受时间的力量与历史的厚重。"光天之下,至于海隅苍生",至大无外的胸怀和东南大学一样,包容万象。博物院承载着南京乃至中国的历史,而东南大学则承接着培养领袖的责任。以历史文化为载体,以科技进步为动力,一起奏出壮哉我华夏盛歌!

科技与文化共发展,理性与文艺共舞

民族军工企业的参观让我们感受到中国科技的腾飞;3D 打印技术的突破让中国各大精细领域也出现质的飞跃。中国制造不再是粗制滥造,而已成为世界顶尖的标准。下午东南大学精英学子分享会,各大学长争相亮相,展现各自风采,令人心向往之。在提问环节,同学争相提问,学长学姐详细回答,再一次让我们感受到了东大学子的热情,令人宾至如归。徐慧新与周红老师的评谈让我们感到传统文化的魅力所在,再次坚定了我对东南大学的向往之情。

上下同欲者胜,风雨同舟者兴

最后一天,我们隐忍着内心的伤感,准备闭营仪式的节目。对于五音不全的我们来说,在几个小时内排练合唱确实有些吃力,"靡不有初,鲜克有终",我们选择勇敢地突破自我,一起和班主任和志愿者努力练歌,一起歌唱我们的祖国!

蓦然间,东南之旅已过,虽然时间短暂,但却学到了在学校很难学到的东西——团结、拼搏、自信、求知若渴。这不仅仅是我体会到与学到的,这更是东南大学精神之所在。正因为东南大学的精神所在,才会有诸多全国闻名的院士与教授,这更加坚定了我的目标。心中有向往,每天便是充满惊喜与力量的一天。

科技是国之利器,中国赖之以强,人民生活赖之以好。德国诗人海涅说过:"每一个时代都有它的重大课题,解决了它,就把人类社会推进了一步。"而东南大学正是以至大无外的胸怀与抱负,努力建设中国乃至世界一流大学。"呕心沥血,国之脊梁;先生之风,山高水长。"我们曾经多么专注的设计自己的未来,我们是如何细致的描绘多彩的前途,然而,到了东南,我们才真正抓住自己的未来。山脊分流是因为高耸,山谷蓄水则缘于深沉。愿同学们谦虚谨慎,梦起东南,不负韶华!

征程万里风正劲,重任千钧再奋蹄。
勺水渐积成沧海,拳石频移作泰山。

回首仙林岸　依依向北方

郑州市第九中学　袁天昊

《天才在左,疯子在右》中提到过一个故事:有个人在体会远离文明社会的生活七天后,他的感官开始变得敏感而细致,一个苹果都能带给他从未有过的感受。虽然目前只过了短短三天,但南京一行却让我有了书中那宛如久旱逢甘露一般的感受,在忙碌的学习中重新找到了奋斗的意义。七天的旅行,将使我终身受益难忘。

破冰前行,怀印留心

于我而言,这次活动不免让我有点担心,倒不是活动的内容,而是与同队人的相处,平日我属于那种不善交际的人,更何况我在南京人生地不熟,不善交友更是雪上加霜。然而在来的路上情况就出乎我的意料,同队的人出奇地亲切,不过归根结底还是一句话:在学生中间,没有什么友谊是零食解决不了的,如果有,那就用游戏。再加上晚上的破冰活动,友谊即便不是牢不可破,也算得上是真挚而深沉。在接下来的参观过程中,最让我称奇的不是校园周边美丽的风景,而是校园中四仰八叉、毫无畏惧的猫,有的窝在草丛中,任由游人经过围观也不动分毫;有的卧在阶梯上任由来往行人抚摸;更有甚者直接以一个非常销魂的睡姿躺在博士宿舍楼中间。漫步在校园中的林荫小道,欣赏着梦川河上的点点风光。南京大学用他独特的方式在我心中留下了难以磨灭的光景。

下忆国父,上睨星空

第二天主场的是南航,开营仪式别开生面,舞蹈合唱赏心悦目。开营仪式结束后更是有在结构力学等方面成就非凡的郭万林教授为我们授课。从信息化到智能化,从大气层到外太空,21世纪的主旋律正激然奏响,古有微米为度来深入细微,现有纳米为梁去丈量无限。科技的发展为半个世纪推波助澜,社会的进步随着科技的发展,人类的生存面临环境的挑战,新能源的开发固然令人欣慰,利用率的低下又让人黯然神伤,纳米技术带来明日的希望,水伏技术映射未来的曙光,研究人员为事业倾其所有,希望的接力棒将代代传承。说回下午的旅行,绿林青山守候着白玉的灵柩,傲立的石碑称颂国父的功德,绵长的阶梯是对他庄严的祭拜,堂前的静默是对他神圣的尊重,站在最高处一览山川美景,纵享今日盛世之繁华,民权,民族,民生。壮阔山河装不满心中野望,浩渺宇宙方为心之目标,古人之智慧尽显于方寸之上,规尺之间丈量世界的纵横,上天赐以之物不过一仗黑石,内部方显上帝的鬼斧神工。夜黑时分,晚月寂寥,晓月可见,木卫绕翔。

地色土香,学识浩荡

来时已过三日,这次的主题就非常贴近大地了,目的地是土壤研究所。要了解的主要内容是土壤的重要性,土壤污染的来源、危害和防治。课上的每个点都能切中当今在土壤用地等方面的要点,参观土壤样本时则更为惊艳,平日根本看不出区别土样一经对比,方寸之间差异尽显,试想一下,在世界各地游历只为寻找一种土壤,这又是怎样的一种辛劳。随着沥沥的小雨,大巴又回到了南京大学的校园,这次则是扑面而来的书香,不同的书籍井井有条,陈列在书架的边角一方,有的书籍落满灰尘,年代感十足,中、日、英等不同的文化在这里交融,组成文化的大家庭。

三天两夜转瞬即逝,过往经历在脑海中不曾散去,今夜梦醒,爱你依旧,南京大学……

南大燃灯　金陵载梦

郑州市第九中学　毕筱培

窗外的风景不断更替,北方一望无际的旱地逐渐变成富有南方气息的水田。走出火车站,南京特有的充满活力的阳光就为我们洗去了旅途的疲劳。这座历史悠久却富有现代气息的六朝古都,向我们打开了它的大门。

岁月失语,唯石能言

提到南京,那便不能不提它悠久的历史。从秦始皇沉金人名金陵以巩固封建专制,到孙权立建业为国都形成三足鼎立于乱世中见证英雄本色,再到雪夜湖心亭中张岱一句如梦似幻般的"是金陵人,客此",引发亡国的无限惆怅。孙总理合上双眼,南京见证了一段历史的结束和另一段历史的开始;解放军吹起冲锋的号角,它见证了外争内斗的烽火与人民的意志。这一切一切,最终都变成了南京独特的文化底蕴,融化成为古城南京的记忆。

这便体现了文化的韧性吧——历史悠久却能历久弥新,备受磨难却焕发更加绚烂的光彩。枪林弹雨没有磨去文明的傲骨,二维的数据流却可以暗淡了刀光剑影和鼓角铮鸣。呜呼哀哉!

千般荒凉,以此为梦;万里蹀躞,以此为归。我们从文化中窥见自己的模样,便应答谢文化以传承千古,回报文明以使其亘古长流。

无知行始,能行知终

科学是人类历史皇冠上的明珠,始终散发着摄人心魂的光彩,引领无数人于黑暗中毅然踏上科学的长征。郭万林院士的讲座,令我知道了科学的发展是无数科学家共同推动的结果,更令我了解到科学的传承是多么的神圣;浑仪,经纬仪,天文望远镜,向宇宙发出来自中国从古到今的问候;仰望星空,陨石是宇宙送给人类的礼物;脚踏大地,土壤是地球送给人类的礼物。以金陵之音呼唤人工智能,让新生的 AI 听到中国的声音。自然科学犹如无边无际的海洋,美丽而神秘,有丰富的宝藏却又藏有潜在的危险。人们过度利用它来发展,它便反作用于人类以惩罚。

如果可以,我希望能够探索宇宙,探索人类未知的领域;观察晶体,看那规则又不规则的边际,宛若出自于神之手的棱角;了解生命,解析生命的规则从而获得生而为人的自豪。

如果可以,我希望能够终生在科学的海滩上捡贝壳——那一定是一件非常有趣的工作吧。

红日初升,其道大光

我们带着各地区的不同气息,用着不同的方言,来到南京大学共同参与夏令营。定向越野中,我们相互较量;机器人大战中,我们斗智斗勇。对其他地区的人的陌生感逐渐淡化,因为他们同我一样,都怀揣着梦想,仰望同一片天空;也会同我一样,为了比赛的成败而暗中难过,却最终为胜者送上衷心的掌声。同一片天空,同一个祖国,同一个时代,我们代表着同一代的青年人,共同承担着不久之后祖国的未来。

羡子年少正得路,有如扶桑正日升。青年的未来是祖国的未来,青年的梦想是祖国的梦想。蓬勃的朝气感染了金陵的阳光,连太阳也变回了初升的模样。

浮舟沧海,立马昆仑。南大燃灯,金陵载梦。为期一周的南京大学夏令营即将结束,但文化的韧性带给我的震撼不会结束,科学之美会在我的记忆中留下厚重的一笔,青年人的责任也会永存我心。

立足于时代洪流的岔路口,接过前人世代传递的文明、科学与青春的接力棒,勇掌时代之舵与机遇之帆,航星辰大海!

南航之光　照耀四方

许昌高级中学　孙留阳

　　离开南京航空航天大学(后简称南航)已有些时日,南航之旅的美像是一坛陈年老酒,醇厚的香气令我久久难以忘怀。

　　我还记得,南航人是很热心的。初次见面,我们便收到了一份特殊的礼物:营员证、入营通知书、矿泉水、夹着笔的本子、清凉油和南航人满满的热情、家一般的温暖。我们的班主任霍海鑫老师是一个开朗活泼的男人,他对我们的关心如同春雨,千丝万缕而绵绵不断。

　　我还记得第一次破冰活动中,在我们的老霍的组织下,来自不同地区、不同学校、不同班级的我们很快成为无话不谈的知己。我们的寝室在同一栋楼,这更增进了我们之间的友谊。

　　我还记得,在夏令营开幕典礼上,一位位学术界的权威为我们致上开幕贺词。同时,他们的谆谆教诲又令我受益匪浅。之后,一位位多才多艺的学长学姐又为我们呈现他们准备已久的节目,让我们消去了来时路途的疲惫和来后的紧张。

　　我还记得,这七天,我们去了南京博物院,悠久的文化传承使得它显得格外有魅力——它是江苏文化的载体。这七天,我们进行了科创比赛,这个比赛让我们更加团结。毕竟,这不是我们个人的王者,而是团队的荣耀,在我们小组的努力下,我们也取得了二等奖的佳绩。

　　我还记得,在营员联欢会上,我所在的8班进行了一次声情并茂的朗诵。台上一分钟,台下十年功,我们在台上一鸣惊人。台上的精彩表演离不开我们亲爱的老霍、张琪、王璐瑶老师。

　　最难忘的是在闭营仪式中我的朗诵。我与其他7位拥有天籁之音的营员搭档,在闭幕式上为我们的南航之旅进行总结性的朗诵。起初彩排时,站在台上,面对着空旷的大厅,我的内心生出了紧张感,而我们的指导老师在旁边再三教导,我一开始什么也不懂,但最终却在朗诵中取得了成功。

　　快乐的时光总是短暂的,不知不觉中,南航之旅已滑向了末声。闭营仪式上,学长们温馨地记录了这七天我们的点点滴滴,是快乐、是难忘、是不舍、是我们的深厚友谊。大厅的大屏幕上，出现了我们熟悉的班主任。他们或泪光闪闪，或笑意盈盈，或依依不舍，以朋友的身份对我们进行了最后的鼓励和告别。

南航之旅使我受益匪浅。在这次夏令营中我收获了友谊，多了千金不换的挚友；我明白了团结的力量，众人齐心，其利断金；我增长了见识，学会了一项项新技能。

感谢南航，再见南航。再相见，俱已是栋梁！

南航之游

许昌高级中学　邹岚涛

离别是为了更好的相逢。

——题记

七月盛夏,炎炎烈日,就在这个聒噪的夏天,我邂逅了南航。——诞生于抗美援朝的南航,拥有着独特意义的南航。

初识

高中生活的第一个暑假,我便踏上了前往南航的征程。在开营仪式上,我了解了南航的历史,更是钦佩于南航人的执着追求。这里不仅是民族军工的摇篮,更是中国近代航空工业始发地之一。初识南航,让我沉寂的心有了一丝悸动,有股说不清的情愫涌上心头,我称它为憧憬。

梦起

尽管在南航只有短短的七天,每天都十分忙碌,但过得很充实、很有意义。来之前的我内心迷茫,说真的我不知道我想干些什么,但来到这里后,我看到不管哪个学姐学长,他们真的很耀眼,每一个都是元气满满,因为他们热爱他们的学校、珍惜着自己的一分一秒,我被这些震撼着。我有些醒悟了,虽然对前方还是很迷茫,但是想起学长告诉我们的:"当你不知道想哪里走时,那就先把基础打好,学好所学。"我就对未来充满憧憬,就像召回了我的动力和之前的信念。感谢南航,让我的梦想就在这里回归并起航。

铭记

在南航,我学到了很多。3D 打印将越来越广泛应用于大型工厂;示波器可通过达到物体固有频率来实现共振,从而测出超声波;还有康老师有关微小卫星的介绍和研究,以及在此过程中发生的种种困难……感谢教授和院士,是他们用通俗易懂又风趣幽默的语言为我们清晰深刻的讲述了各种航天知识,这使我很感动。更有趣的是"科技实验",第一回做"铅笔飞机",第一回磨机翼……这让我不仅体验了科学的魅力,更是锻炼了我的动手能力与毅力。我仿佛爱上了这种感觉——徜徉于科技海洋中无法自拔。

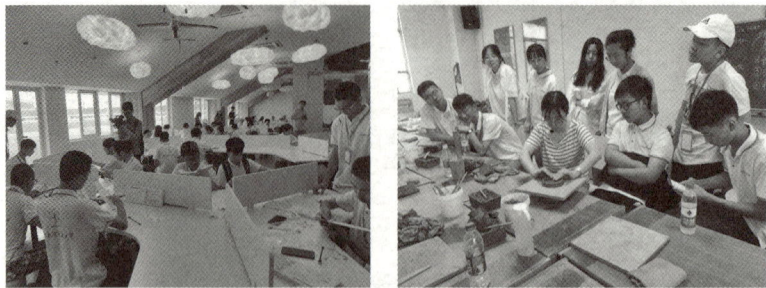

再见

即将告别南航,回到属于我的地方,离开这个并不属于我的地方,心里有些怅然,但是天下没有不散的筵席,对我而言也许南航就是我的开始吧。我不清楚我将何时与它再见,也许会见也许不见,但我很明白是南航开启了我的向往,把我从黑暗引向光明。闭营时令我印象最深刻的一句话是"南航人一定拥有航空报国精神",虽然我不是南航人,但是我也会因为这句话而感动,而自豪。我想,南航的学子一定会因为他们身为南航人而感到自豪和骄傲吧!看着南航的美景,听着班主任的寄语,静静地品味着这里的一切,也记着这里的一切。内心也因此泛起了波澜,波澜过后留下的更多的是坚定,坚持。期待着我们下次的相遇,可能相遇,可能不遇。再见,南航!轻声的低喃随着我的离去一同消散在空中,如同释然一般。

没有任何付出是没有收获的,待我毕业后,更希望的是一个更好的我,和你,和南航再次相遇,开启我们新的历程。

诗酒趁年华梦想也要如期开花。

——后记

念念回首处,即是南航

许昌高级中学　陈熙

初见

夏天,容易起风的季节,似乎比任何一个季节都渴望飞翔。我们就在这热情的七月,来到了六朝古都,踏入了南航校园,怀揣着对航空航天的好奇,对科学的向往,开启了属于我们的科学营时光。

在正式的开营仪式前,我们去到了属于我们的 10108 教室,在这里,还有 16 位来自重庆的同学和老师,缘分让我们在亿万人中被选择又被组合在一起。在志愿者哥哥姐姐的组织下,开始了属于我们八班的"破冰行动"。开始还很害羞与拘谨的大家,在掌声与欢笑声中,慢慢熟悉,热情与欢乐洋溢在我们的 10108 中,直到大家恋恋不舍地回到宿舍中。

智周万物,道济天下

7 月 11 日上午,我们在明故宫的校区举办开营仪式。"一次科学营,一生科学情"飞天的科技梦想,和冲出屏幕的 C919 模型一起起航,开启我们在 NUAA 的奇妙时光!

仪式结束后,我们聆听了郭万林院士的报告。郭万林院士向我们讲述了他的经历,向我们讲解了许多学术知识,让每位营员都受益匪浅。之后,我们相继聆听了许多教授、博导的报告。其中,有康国华老师的报告。他报告的主题是《微小卫星——太空精灵》。卫星,对于我来说,一直是非常神秘的存在,不仅仅是因为它要探索的太空是很神秘的,而且它本身就包含太多高深的知识,它是遥不可及的、庞大的、神秘的……但是,康国华老师告诉我们,并不是所有卫星都很庞大,最早的卫星也不是高端到遥不可及,在合适的时间和地点,它是我们用肉眼就能看到的。最后,康国华老师说的一句话让我记忆犹新——往往,渺小处能发现伟大。

不仅仅是参加报告会,"一站到底"百科知识竞赛让我们领略到了来自五湖四海的同学们的风采,虽然我们八班没有夺得冠军,但不论是在台上的选手,还是台下的智囊团,我们都收获了一段激烈又有意义的知识竞赛;与身为科创精英的学长们交流,让我猛然想到"人生自是有情痴,此恨不关风与月"在我看来,他们对自己领域的认真与奉献,已经近乎"痴"的程度了,他们的态度、毅力让我敬佩;参观国家重点实验室,让我备感荣幸,不仅仅是因为其中的许多实验室是平时别人看不到的,更是因为我们可以聆听实验室的人员的讲解,与他们交流,并真实地感觉到我们的国家在一步一步前进,在变得更强大!

绝知要躬行

除了学习之外,我们也有了机会自己动手。在爱飞客航空中心制作航模,进行模拟飞行体验,动力龙舟、让铅笔飞、报纸承重、筷子搭桥的比赛,我们参与其中,也沉浸其中。在参加"让铅笔飞"的比赛中,机翼与机身的比例应是多少?机翼多大才合适?倾斜多少飞得更远?……一个一个问题扑面而来,让人不知所措。但是,这一次,我们有一个团队,我们画图纸、用美工刀刻机翼、用砂纸磨、用热熔胶黏合……团结进取、密切配合、永不认输、永不放弃,这是我最大的感受,也最让我感动。

少年当此,无悔相遇

初见时陌生的脸庞终于熟悉,可是我们却要分别了。

眼中是南航那火箭般的教学楼,是志愿者哥哥姐姐橙色的身影,是联欢会上整齐的朗诵,是台下挥舞的闪光灯,是我们在雨中奔跑的身影;心底是海鑫老班那句"我与你们同在",是初次见面时的"你好,我们来自重庆"。一周的时间,短到我们不愿分别,也长到我们了解彼此。

在临别的时刻,我们又回到了 10108,在这里,我们再次做了自我介绍;在这里,我们记下这段时光;在这里,我们说出了再见。

再见,南航,后会有期!

愿你们万事胜意,我们高处见。

——后记

起　航

许昌高级中学　郭昊昱

未曾驰骋疆场，便以为世界一向太平；未曾翱翔蓝天，便以为那从不可能。

——题记

身处中原，千万里的平原，一望无际的蓝天，曾想世界不过如此。一次偶然，乘风而来，北有北京，南为南京，六朝故都，到了。

恰逢青春，你好南航

初至南京，刚下高铁，烈日当空，四大火炉之一，果然果然。刚到校内，先是报到，过程十分通畅，每个人都领到了一个手提袋，小小一个袋子，里面是饭票、矿泉水、影院手册……还有一瓶清凉油，细心至此，令人感动。寝室中驱蚊器，驱蚊贴，纸巾，让这炎炎夏日倍感清凉。开营仪式，老师们的演讲没有那些空洞无味的内容，取而代之的是关乎学生们吃住起居，没有空谈的形式是最令我印象深刻的一点。破冰仪式形式新颖，让存在于我们间的距离仿佛拉近不少。食堂中的饭菜，也足见负责与细心。南航，你好！

含苞待放,梦起南航

南航作为理科高校,科学与研究自然走在前端。在江苏开营仪式上,郭万林院士的演讲将科学的种子种在我们心田,继而生根发芽。科技实践赛三个项目,调动了大家动手的欲望。一站到底的激烈PK,让我们在知识的海洋中尽情遨游,在国家物理重点实验室中,让我们接触到了现代创新的步骤与条件,了解到国家对此的大力投入,3D打印、全息照相、飞行控制,每一个都令人目不暇接,惊叹不已。而作为一所航空航天大学,这里不仅仅有各种飞机的模型,还有各种各样的曾翱翔天际,捍卫国家领土的战机,它们虽已破败,但那红色的星星依旧发光发亮!曾经的勇士啊,总会有人记得你呀!有一个梦啊,它起于南航!

这边正好,风景南航

南航的校园没有有些校园的宏大豪华,它有的是耐人寻味的风景,我还记得,带队老师戏称为"光棍桥""发射塔"般的主教学楼、绿树与高楼相伴,鸟鸣与清风同行,两架飞机位于两校门前,仿佛是镇守疆边的将军一般,他从不离去,只是一如既往的矗立,告诫每一届南航学子,这里是中国航空航天的起源,你们是中国航空航天的希望。在这七天之中,曾有一天雨天,无休止地下了一天,在雨水的映衬下,南航更添一层朦胧。南航呀,这边风景正好。

南航之旅已经结束,但前进的脚步从未停住。正如口号中所说的,一周科学营,一生科学情,飞天的梦想,从这里起航。我们正值青春,何不绑紧鞋带奔向前方,如今乾坤未定,未来可期。

相遇南航　点亮梦想

许昌高级中学　宗翰颖

你们挥舞着双手,对我们告别,脸上是如花的笑意,眼底是深藏的落寞与不舍。那个热闹的神秘的大学此刻也沉寂着,默默为我们送行。再见了,重庆的小伙伴们。再见了,南京航空航天大学(后简称南航)。

手里拎着沉甸甸的行李包,面前是来来往往的嘈杂的人群,我站在大厅等候,思绪回到了七日前。

初识只觉惊艳

南航人是热情的。学校为我们准备了宿舍以及枕头薄被,为我们准备了足量的美食;学长学姐们常为我们排忧解难、与我们促膝长谈。

再顾更觉惊人

南航是充满了科学气息的圣地。学长在展厅里向我们展示了南航的辉煌,许多获得过国家奖项的作品及奖杯陈列在我们面前,让我们感受到其中的复杂与留有余热的汗水。

明故宫校区的航天馆里,学长向我们介绍了几种主要飞机的发展和功能,这是我第一次近距离观察如此大的飞机模型,不禁被它们的气势磅礴所折服! 一架架形式各异、颜色丰富的飞机,折射出历史的辉煌和科技的进步。在学长的带领下,我们还参观了国家重点实验室,体会到了科研人员的辛苦与科学技术的先进。石墨烯材料的发展历程、3D 打印技术的高端操作、传感器的神奇功效、涡轮等飞行器零件精炼与复杂……专注科研的学长们耐心为我们介绍这些技术的关键点与重要性,热情地为我们解答疑惑,鼓励我们思考和创新。他们在路上,中国科技在路上,我们也在路上,为祖国航天事业做出贡献是我们的使命。

南京爱飞客科普教育基地，让我们更加了解航天航空。我们亲手组拼了飞机航模，并亲手将它放飞，飞机飞翔在天空时，我体会到了努力的喜悦与科学的奥妙；大姐姐对有关航天航空的职业规划详细的介绍，如一盏明灯为我们的科学梦指引了方向。

似是故人归来

科学营活动精彩绝伦。"破冰"活动使我与一群素不相识的重庆小伙伴们初步认识；科技创新作品活动，让大家纷纷忙碌起来，专心做自己的项目。我们组是"让铅笔飞"活动，只有简简单单的原料和五个对此领域毫不熟悉的高中生。我们通过网络搜索，来寻找适合的机翼尾翼形状，经过了一番商讨和斟酌，我们开始了行动，其中的过程无疑是艰辛的，但我们五人齐心协力、分工明确，经过了几天的努力，终于制出了这个"德才兼备"的"小飞机"。在激烈的比赛中，我们虽未取得卓越的成绩，只得到了铜奖和创意奖，但过程中的乐趣与对科创燃起的热情，是无法言喻的快乐，我们的友谊也更加的牢固，像是多年未见远来重逢的故人。

科学的神奇，使我们眼花缭乱；科学的魅力，让我们心驰神往！

七天，很快，如白驹过隙，转瞬即逝；七天，很长，点亮梦想收获友谊。

要走了，眼前依然是嘈杂的人群，背后是灯火通明的南京。我拎着沉甸甸的行李，熟悉的场景，同来时一样，但不同于来时的是：心中满载沉甸甸的梦想，我知道我要踏上新的征程了！

相约南京　情定南航

许昌高级中学　王禧霖

遥望千年飞天梦,群星璀璨,薪火相传;
展望时代航空梦,勇立潮头,属我南航。

——题记

　　七月的南京,太阳火辣辣的炙烤着大地,但滚滚的热浪阻挡不了探寻真理的热情;七月的南航,修桥补路的噪声不绝于耳,但遮盖不住营员们的欢声笑语。在志愿者的引领下,我们走进南京航空航天大学(文中他处简称南航)校园。湛蓝天空下,悠悠白云底,我们开始了科学营的生活。

与君相遇,犹似故人逢

　　智周万物,道济天下。

　　首次踏入大学校门,激动的心情难以掩饰。大学生科技制作展让我感受到了青年一代独有的创新激情,使我感受到了当代青年之风华正茂。而我们也一定会像他们一样,怀着探索的激情,去谱写属于我们的青春赞歌。第二天的开营仪式,来自五湖四海全国各地的同学齐聚一堂,共同感悟南航的氛围。后面郭万林院士的报告也令我们对21世纪的航空航天有了更深的了解。这激发了我对航空航天方面的兴趣,使我受益匪浅。

江山代有才人出

是金子,总会发光的。

怀着激动的心情,我们在一周的时间内进行了"让铅笔飞"的制作。一周之内,有失败,有迷惑,有争执,有想要放弃,但最终都坚持了下来。最终,我们以银奖的优异成绩为我们的制作画下了圆满的句号。这让我们明白,坚持总有收获,是金子,总会发光的。在"百科知识一站到底"的比赛中,重庆的小伙伴势不可挡,最终以第三名的好成绩为我们八班赢得了荣誉。我们也建立了深厚的友谊,培养了团队精神。

点亮航空梦,放飞科学情

来到南航,最令人印象深刻的莫过于它在航空航天方面的巨大成就和强大实力。在校史馆中,我们见证了与中国航空航天事业相伴而生的南航所拥有的文化底蕴,见到了南航自制的"天巡一号"卫星。在航空航天馆,我们见到了中国从第一代到第四代的歼击机、靶机,看到了在抗震救灾过程中发挥了巨大作用的各类直升机,开阔了视野,增长了见识。在爱飞客航模基地,我们了解到了世界飞机的发展史,也亲自动手制作了航模,"放飞"了航空梦想。而郑祥明、康国华教授的报告,也让我们了解了中国航空发展的历程以及现代微小卫星的发展前景,令我受益匪浅。

品六朝历史底蕴

南京,是座历史悠久的古城。

在南京博物院中,无数珍宝被尘封在玻璃罩中,从巨大的猛犸象到民国街道的风情,历史的车轮徐徐而行。在历史馆、数字馆、民国馆中,我们重走历史过往,重看南京文化。六朝古都的独特魅力在这里一一呈现,历史的神韵让我们难以忘怀。

相见时难别亦难

天下没有不散的筵席。

无论多么不舍,最终都会分离。各自走各自的路,各自过各自的人生。短暂的道别过后,我们彼此分离。也许相逢就是为了别离,也许在人生路上,这七天只是白驹过隙,但留下的,确是美好的回忆。

这个夏天我们一起穿过了南京潮湿的风,那,会不会有下一个夏天呢?

一周科学营,一生科学情,飞天的梦想从这里起航。

再见,南航! 再见,南京!

燃情军工梦　青春南理行

济源市第一中学　李凯馨

"燃情军工梦,青春南理行!"第一次喊响这个口号,带着初识的紧张和期待,一起开启一场,这个夏天,最美好的遇见。

破冰·语言碰撞

到达南京理工大学(后简称南理)的第一天,简单整理,和可爱的肖月学姐一起了解学校,穿上班服,到达我们的班级进行破冰游戏。

来自辽宁、湖南、广西、河南的我们汇聚在同一个教室,一起做游戏。传声筒游戏更是让我都体会到语言的魅力,第二个传的我还是比较有优势,当我清楚的传递完绕口令一样的句子,自信满满,然后湖南的同学开始复述,刚说完的句子变得越来越有趣,一遍又一遍地理解,"小梁"和"小羊"终于有所区分。这样的过程不止我们组,有的小组甚至把三句话编成了故事,很欢乐。语言的差异使我们了解不同地区,也拉近我们之间的距离。

水火箭·互帮互助

在南航的开营仪式后,校园中的飞机,专家的讲座开启了我们的航天梦。下午我们就要亲手制作水火箭,让他带着我们的梦想飞上蓝天。

利用废水瓶制作水火箭,因为我们人很多,材料不是很充足,刚开始我们就剪坏了一个水瓶,水瓶也是个稀缺资源啊,一时不知怎么办。终于鼓起勇气向学长借,学长匆忙把水喝完,把瓶子借给我们。大家满教室借胶带剪刀,我们都来自不同的城市,也都互不相识,但是我们都很团结,互帮互助。水火箭的制作也很顺利,发射时出了些问题,两次都自己飞了出去,很吓人,心中不免会想:下午的努力不会白费吧? 在坚持不懈的一次次仔细检查和学姐的帮助下,终于发射成功,并且有了不错的成绩。

竞技比赛·收获友情

期待了很久的团队活动,在惊喜的指压板中开启。

躲避球中,大家积极部署,灵活的身影躲过一个个飞来的小球;光盘行动中,滑稽中透露出的努力,夹杂着大家的欢呼,给比赛增添一丝光彩。最后的团队游戏中,有人指导、有人在为比赛努力、有人加油助威,一切在温馨中结束。

难忘我们十人的四班三组,难忘早上团灭对方的自豪与喜悦,每一次欢呼,每一次胜利,都载着我们的回忆去往更美好的明天。

时间过得太快,一下反应不过来。见面的时候腼腆地说了声"嗨",离别的时候谁也不愿说拜拜。所有的离别都是为了更好的相遇,这里并不是结束,而是梦开始的地方,未来可期,愿我们一起努力!

再见,南京理工大学

济源市第一中学　马子昂

回忆南京理工大学(后简称南理)之行,心中仿佛还身在南理,南理之行让我学到了很多,终于还是到了分别的日子,南京理工大学,我们一定还会再会!

南理之行,最忆是人情

回想当时,懵懂无知的我们踏入了崭新的学校,学哥学姐们不辞辛苦,每天带着我们四处奔走,一句抱怨的话都没有,是你们带我走进了南京理工大学,并向我诠释了南京理工大学的真谛,这里不是书呆子的聚集地,而是一群群热血飞扬的赤子,你们的身影将会永久在我的脑海中保存。记忆,永远抹不去。当我们有困难的时候,学哥学姐们总是抢着向我们帮助,感动而又感谢。从"破冰"仪式时害羞又紧张的我们,到后来打成一片的我们,这中间经历了小摩擦,在这磨合过程中,便和好多人又都交了朋友,刚熟络起来,就把我们分开,真的很难受,回忆当时心中无限的话语汇集成一句话——再会了,朋友! 再会了,南京理工大学! 再会了,学长学姐们!

南理之行,难忘是热血

燃情军工梦,青春南理行。多么响亮的口号啊。青春之路上,有你们陪伴,李千目教授,紧扣当代热门话题5G技术的发展,给我们带来了精彩的讲座,令我记忆犹新,在合影集体照的时候,天空中下起了小雨,小雨淅淅沥沥,但挡不住我们的热情,留下了珍贵的集体合影照,难忘的是辛苦制作一下午的水火箭;难忘的是中山陵的美景;难忘的是博物馆和校史馆,让我们见证了学校的一步步发展,知道了美好的来之不易,南京理工大学,一方育人成材的沃土,令我心神向往,短短七天,转瞬即逝,难忘,充实而又美好……

南理之行,追梦在今朝

来自不同地方,有着不同习俗、操着不同口音的我们相聚在一起,但我们有一个共同的目的:追梦。青春之路上,我们要向着科技梦,青春梦,中国梦而奋斗,而努力! 生命不息,学习不止。每一个南理人都有着自己的梦想,此时不追梦,更待何时! 追梦路上,困难与挫折不断,但是,我们要怀着一颗永不放弃的心灵去克服困难,去迎接挑战,"当你开始着手解决问题的时候,这个问题便变得容易了"。真正的对手不是别人,而是自己! 相信自己,在青春追梦的路途中,有你有我有他! 追梦在今朝! 再会了,南京理工大学!

时间在一点一点流逝,终于,我们还是不得不挥泪离别,待有重逢之时,我们定当相会! 遇见,是为了更好的再见!

最好的青春遇见南理

济源市第一中学　杨玥冉

这个十六岁，因为一些人，一些事，变得不再寻常，这个七月，因为你们，如此美好。

——题记

迎着正午的阳光，我们相聚于南理工的校园，我们的故事，也就是从那一刻开始。

初见，便是幸运

一间宽敞的教室，汇聚了来自不同地区的少年，我们有着不同的口音，但同属一个班级。学长学姐搞怪的自我介绍，让我们感到亲切，他们紧张时的小动作，和我们紧张时一样。这间教室里坐着的我们，穿着一样的红色营服，有着一样的四班归属感，"破冰"游戏消融了陌生感，在月光下的我们笑容灿烂。济源话的现场教学，逗得大家哈哈大笑；击鼓传花的紧张刺激，使每个鼓点都像一下又一下的心跳。在南理的第一个夜晚，有学姐的查寝，贴心的提醒我们注意事项以及活动安排；有活跃的室友，即使之前未曾谋面，但那时就已快速熟稔；有整洁温馨的寝室，带给我们安心的感觉。

相识，便是缘分

一起到南航参加开营仪式，一起制作水火箭，一起听李千目教授的讲座，一起冒雨参观兵博、双创基地科技展厅、机器人工作室，一起游览中山陵，一起走进南京博物院，一起组装无人机，一起制作飞机模型……最难忘的，是ECO之梦：搞怪的弹幕，队友们的挥汗如雨，随便队的大满贯，获胜时发自内心的鼓掌，为了彼此拼尽全力。每一帧画面都让人忍不住去回忆，每一次成功时的开怀大笑、每一次获胜时的自豪、每一次的加油呐喊、每一次为彼此鼓掌，都让我们心潮澎湃。或许是躲避球时险险地擦肩，或许是光盘行动时用力地甩腰，或许是迷雾森林时的打空气，又或许是推铁环的飞奔，指压板上跳绳奔跑的疼，在我们心中烙下印记。走出中心体育馆的那一刻，最后的一缕阳光照在每个人的脸上，额上的汗水折射出彩色的光，那是青春年少的活力，温暖又活跃，一如那缕阳光，明亮如常。

离开，便是永恒

美好的时光总是短暂，一周的时间悄然溜走，快得抓不住它的影子。闭营晚会现场，我们随着音乐一起挥舞着手中的荧光棒，学长学姐的舞蹈燃爆全场，营员们的尖叫应援将晚会推向高潮。结束时，四个班级分别合影留念，终于，我们走出艺文馆，融进漆黑的夜，最后的夜晚有些凉，充满离别的伤感。提笔写下感想，竟不知该从何处写起，好像放电影一样，脑中掠过一张张或搞怪或开怀的脸。对很多人来说普通的夜晚，在那时不一样，最后一次在求真园里安睡，最后一次收拾书桌，最后一次对彼此道一声晚安……离开的早晨阳光依旧刺眼，走进留园，吃完在南理的最后一次的早餐，我们便坐上车，离开了这座校园。在南京南站，助理学姐送我们到进站口，一个个拥抱后，目送着我们离去，直到彼此看不见挥动的手。和谐号列车飞速往前，将南京留在了身后，打开我们的毕业照，那场雨中的笑脸，那句二百多人齐喊"燃情军工梦，青春南理行"的声音，好像仍在耳边回荡……

时间总是一往无前，这个盛夏与青春的碰撞，被我埋在心底，我们的故事到此只是逗号，并未结束，依旧未完待续，若日后相见，希望一如我们当时的模样。忘不了在南理的一切，哪怕只是一声"你好"，一声"再见"。

营员篇·辽宁

凌风少年　瀚海扬帆

焦作市第一中学　张昕岩

盛夏七月，浪打骄阳。
鹏自远方，振翅远航。

　　远远地就看到接机口处挥舞的蓝色小旗，前来接机的是青少年高校科学营大连海事大学分营营地的志愿者们和摄像师们，他们脸上洋溢的笑容将我们旅途的风尘和疲惫一扫而空。我们这些小营员们整齐地排好队伍，响亮地喊出我们的口号："有鹏来，扬帆海上丝绸之路，海大，我们来了。"

向海而生　无问西东

　　素闻大连海事大学享有"航海家的摇篮"的美誉，在开营仪式上我深刻地感受到了海大学子们的风采，更有幸聆听到了2009年感动中国十大人物之一、单人无动力帆船环球航行中国第一人翟墨先生的专题讲座。翟墨老师说:"其实我这一生找到帆船这条路,已经挺晚了。我从来没有想过不会活着回来,我也没有打算过把生命交给海洋。这世上的任何事,把生存放在底线,别想太多,准备好了,就出门。"我们的人生才刚刚开始,在踏上每一条道路之前,想一想,会不会还有别的路。但是,只要决定好了,做好充分细致的准备,抱着"一条路走到黑"的底气和勇气,用智慧避开灾难,用定力熬过寂寞,用信心打倒困难,用坚毅直击风浪,无畏艰险,随心而行。

以实践作桨　御理论之风

　　在大连化学物理实验室的经历让我真切地看到了科研的一角。虽不得窥得全貌,但在听研究员的讲座、观看科学小短剧、与研究员交流、亲自进实验室操作实验等活动中,我学到的不仅仅只有科学理论知识,而是真正感受到了科研工作者对安全的再三强调和重视、对理论大胆而合理的应用、对实践的严谨认真态度以及对科研事业的付出和热爱。当我们穿上实验服,戴上护目镜、口罩和手套,我突然明白了"纯粹"的含义。

　　其实科研是最接近学生时代的一片"领地",你在学生时代甚至是每时每刻学到的、看到的都可能在科学研究的沃土上不断更新、不断上演。当我们面对着一道道高考题目时,我们可曾想过,那些看似"高深复杂"的实验情景和实际应用的背后隐藏的一个个化学方程式,它们其实远比试卷上的四五分来的更有意义。科研人员每天在过着这样的人生,做实验、写报告、进行学术研究交流、继续做实验……然而就是距离我们现在的生活很遥远的他们制作出的科技成果在不断地改变着我们现在的甚至是未来的生活。一部小小的手机,一块小小的电池,承载了无数位科研人员多少个日日夜夜的付出。我们不知道他们的名字,但是我们可以成为他们,用手中的笔,用心中的梦,用简单的祝福,用实际的付出,用大大小小对国家、社会的贡献,成为他们,也成为自己,成为那个你想要成为的样子。

　　在七月盛夏,参加了历时七天的高校科学营活动,我走出我所生活的小圈子,来到了美丽的海滨城市——大连。大连海事大学带给我太多,拙笔无法将我的见闻和心情生动描绘,谨以此文献给我所经历的这段时光。努力吧,凌风少年。无愧于这世上的所有的昨天,更无愧于属于我们自己的明天。

星辰大海　脚踏实地

焦作市第十一中学　王若冰

　　焦作的七月炎热干燥，令人久久不能平静下来，从焦作乘车到郑州，再经过两个小时的飞行，终于到了我心中期待已久的地方——大连。来接机的是大连海事大学的小哥哥小姐姐们，他们身穿干净整洁的制服，在阳光的照耀下更显得英姿飒爽，到了校园，放下行李，我们开启了一星期的科学探索之旅。

向海而行，无问西东

　　既然来到了大连，就免不了联想到海上丝绸之路，"一带一路"连接着东西和古今，是我国从古至今商业发展的见证，是东方交流的纽带，作为高中生的我们，可能还不能充分理解其中的含义，通过翟墨先生对自己环球航行经历的讲述，我们也更加真切地领悟到了航海之美。在翟墨先生眼中，航海就是蓝色鸦片。一个人，一条船，这看上去不可思议的行程，到底经历了多少苦难和艰辛，只有他自己知道。翟墨先生之前是画家，为了实现自己的梦想，不惜卖掉自己的作品，没有太充足的准备，但有的是不可一世的一腔热血。当有位同学询问他是否要准备太多储备的时候，他坚定地回答："想做什么，出门再说！"的确，出门之前想得太周全，背的太多，反而会限制自己的即兴发挥。与其拖着沉重的行李慢慢挪过去，还不如放下行囊，快速奔跑，到了目的地再置办自己应该需要的东西。

补能捉源，论能道远

　　中国是世界上最大的发展中国家，能源利用、工业水平直接反映中国的科技实力。元朝之前，我国的综合国力稳居世界前列，但随着统治者闭关锁国政策的实施，我们已逐渐被超越，21新世纪，随着大数据时代的到来，中国有一次走向世界前列。科学技术是国家发展的动力，能源的合理利用是可持续发展的重中之重。

　　衣食住行，生活的每时每刻都离不开能源，化石燃料的需求量越来越大,可储存量却是有限的,这时就体现出了清洁能源的重要性,风能和太阳能是新能源的首选,可是要受到天气的严格限制,我们暂时还不能驾驭。我相信,在不久后的某天,这都将成为现实。

在大连化物所三天的学习生活中,我了解了全钒液流电池的原理和制作步骤,并自己动手参与了制膜和组装电池两个关键环节。在实验讲解的过程中,学长学姐们耐心给予我们一些学习建议,或许有失败,有挫折我国最前沿的科技。无论结果如何,整个过程令我永生难忘,感谢可爱的小哥哥小姐姐们耐心的回答问题和认真地介绍。希望我们可以有机会从事相关的工作,我会为之努力的!

送君千里,终须一别

最后一天的科学营生活,每位营员都显得格外珍惜,出门的第一站,便是同学们期待已久的育鲲轮。

北冥有鱼,其名为鲲。鲲之大,不知其几千里也。育鲲轮是由我国自主研发的,其名"育鲲",不仅代表了新时代层出不穷的青年才俊,更寓意着国家的崛起,国力的增强。

美食当然要配美景,吹着微凉的海风,吃着美味的午餐,棒棰岛的美景尽收眼底,经过六天的相识,相知,营员之间的关系也越来越密切,我们一起在海边嬉闹,抛下一切烦恼,享受最后一天的科学营生活。

与海大　共前行

温县第一高级中学　成蓓

学汇百川,德济四海。

——题记

百年风雨悠悠,征程如歌漫漫。下午三点,我们一行 14 人终于在闫沛兴学长和钱恩超学姐的带领下,迈进了 110 岁的大连海事大学的怀抱。

向海而生,无问西东

自古以来,蓝色基因便镌刻于我们的细胞,根植于我们的心田。常言道——天下交而万物通;志合者,不以山河为远。正因为我们这 255 人都志于科技,梦于海,所以我们才有幸,从四面八方齐聚在大连海事,齐聚在这航海家的摇篮里。

在教授为我们做了详细有趣的海上丝绸之路历史解读后,我们了解到:海大依海而生,凭海而兴,也承载着海上丝绸之路的部分剪影。而海上丝绸之路作为我国古代与世界交流的窗口,对中国乃至世界的发展有着重要的作用。

之后,我们又有幸听到单人帆船航海家——翟墨先生对他早年航海经历的讲述,使我心之向往。我问翟墨先生:"汪国真在《我喜欢出发》一文中曾经说过,看海和出海是两种不同的人生境界,看海是把眼睛给了海;而出海,是把生命给了海,而作为一名航海家,也作为一名艺术家,当你把生命给了海的时候,你内心最深刻的感受是什么呢? 可以用一句话或一个词语来形容一下吗?"翟墨先生则这样回答了我:他说,他从来没有想过把生命给海,他认为,航海是生命的一种旅途,只有活着才会有无限的可能。是啊! 向海而行,本应无问西东,本应轻装上任,不带任何负担出海。当行囊备多了的时候,它不仅不是一种帮助,还是更多的负担。所以我们应该学习翟墨先生这种勇敢无畏的精神,轻装上任,这才是一位航海家真正的精神。

古今一卷，领略东方文化的韵致

华灯初上，当点点灯光代替太阳的光辉时，我们由带队老师以及志愿者学长，带领着去会议室，体验陶瓷艺术。先是由一位陶瓷老师向我们简单讲述了陶瓷艺术的来源：陶和瓷是两种东西，陶是陶，瓷是瓷。陶起源于一万年前的新石器时代，它有颜色，底部无釉，比较容易渗水。而瓷起源于商朝，在汉代得到发展盛于元明清。老师还讲到陶瓷之路也是丝绸之路的重要组成部分，瓷器的英文单词 china 也是中国的"英文名字"。在古时，欧洲人称东方一个国家叫作瓷国，因为这个国家善于做精美的瓷器，这个国家就是我们中国。

还有一个《陶罐和铁罐》的故事，想讲给大家听：在国王的御膳房里有两个罐子，一个陶罐一个铁罐，骄傲的铁罐看不起陶罐，经常奚落它，后来王朝覆灭了，两个罐子遗落在荒凉的场地山，海水覆盖厚厚的尘土，许多年过去人们发现了陶罐，把它擦洗干净，陶罐就成了一件价值不菲的艺术品，当陶罐让人帮忙找铁罐时，人们翻来覆去连铁罐的影子都没有见到。这则故事告诉我们，没有什么物件能比陶瓷寿命更长。而今天，我们所要体验的陶瓷工艺不仅是古代丝绸之路的重要剪影部分，也代表着是一种符合现代发展的工匠精神，以及坚定、严谨、勤奋、开拓的海大精神。

在之后的体验中，都能看见我们身边的科技营员们，在用心去完成一件件精美创新的小陶瓷。能看到，从那一件件小小的作品中体现的是我们每一位同学自己独特的构思与想象，创造。我想，没有什么东西能够比得上陶瓷那种年代给予他的厚重感，科学技术也应该以这样厚重的东西来作为载体。

驾驭风和太阳光，能源专题营

从古至今，都是科技的星星之火，燃起燎原，创造奇迹，改变世界。非常荣幸自己能在科学营 255 人中抽取的近百名人员中，并来到中国科学院大连化学物理研究所参加能源专题营。在这里有胡学增学长、姜广学长，以及鞠婧学姐带领我们一行 11 人参观学习燃料电池清洁能源。在这为期三天的能源专项活

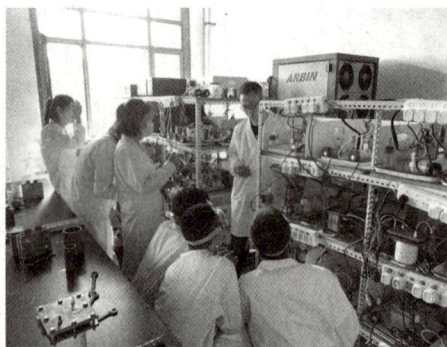

动中,我们不仅了解了一些实验室里需要注意的安全知识以及国内顶尖技术的知识理论,还了解了一些目前最常用的储能技术。比如说电化学储能,这种储能技术相对于其他储能技术而言,它具有能量密度高、灵活、可规模化等优势,成为储能领域强有力的竞争者。胡学长和江学长还带领我们小组参观了部分实验室,并详细为我们讲解了一些顶尖技术:质子交换膜、低铂氧化还原催化剂、质子交换膜燃料电池膜电极、固体聚合物水电解、西青反应和西洋反应电催化剂、碱性阴离子交换膜燃料料电池,等等。这些技术可以应用于固体聚合物水电解系统。这些知识理论以及顶尖的实验技术很大的引起了我们的兴趣,使我们对科学研究产生了强烈的热爱。就对我个人来说吧,这为期三天的能源营活动,重新激发了我对科研实验的兴趣,并让我重新找到了我真正热爱的东西,希望以后我也能来到这所实验室工作,能够为国家科研尽自己的力量。

志合者,不以山河为远;科研之路,不以漫漫为弃。愿,科研像世代绵延的青山永驻我心。

总的来说,无论是航海技术,抑或是陶瓷工艺,还是科研精神,以及科研本身所代表的意义,都是我们这个年龄阶段应该去努力追求的一种内在含义。现在的我们,正高三,正在等着迈过那条门槛去迈向新的征程,去迈近航海,迈近丝绸之路,迈近科研之路。在这里,不仅为我们自己加油,也为110岁的海大加油。百十载风雨悠悠,愿大连物化繁荣发展,愿大连海工繁荣昌盛,愿中国科研骄傲地屹立于世界之巅。

魂萦海滨　梦在大连

河南大学附属中学　李明锦

"此生不会相思，一如相思，便害相思。"大连，这座美丽的海滨之都，海上的一颗璀璨明珠，让我深刻理解了这句话。这次科学营的新颖活动令我耳目一新，各位院士、专家的谆谆教诲时时在我耳边回荡，他们对我们的殷切希望会一直激励我奋勇向前，为祖国的宏伟建设贡献力量。

曾记否，那日我们在登机口神采奕奕，炯目明眸，都期望着接近并触摸这美丽的海滨城市，都期盼着一次充满科学精神的历程，都渴望着能感触科学，甚至陶醉其中。飞机落地那一刻，我的心却落不下去，因为即将来临的是那梦转千回的大连。

志愿者哥哥姐姐热情接待了我们，并提前带我们领略了大连理工大学（后简称大工）依山傍水的校园环境，而空气中仍弥漫着大工70周年校庆的热情和狂欢后的余热。

翌日早晨，天渐露湛蓝，云慵懒地舒卷着。由与会嘉宾、带队老师、志愿者和营员们组成的312人团队共同拼凑成青少年高校科学营LOGO，为开营仪式蓄势！无人机一点点把镜头拉远，LOGO轮廓越来越清晰，大家热情洋溢地冲着无人机招手，微笑，共同喊起"科技梦　青春梦　中国梦"的口号，表达了对本次科学营顺利开营的信心和期待！

营仪式慢慢拉开了它的帷幕，伴随着的是五湖四海的营员朋友们雷鸣般的掌声。启动仪式利用3D投影，让大家身临其境，共同乘坐开往未来的飞机，去完成那未知的任务。最令人动容的是钟万勰老先生85岁高龄仍坚持现场为我们讲解辛数学。我们全体起立为这位令人敬佩的院士鼓掌，在讲述过程中明知身体不适仍坚持为我们讲完，我永远都忘不了那一句铿锵有力的话——别熊，要给中国数学争一席之地，提提气！是啊，我们虽为高中生，但怎能熊呢？不仅要给中国数学争得一席之地，还要朝着更高的目标跃进。下午，我们在带队志愿者的引领下参观了大工的图书馆，图书馆中浓厚的学习氛围抚平了我们这些好奇宝宝躁动的心。我们不觉已噤声，慢慢游览在书海中。随后进入了船舶实验室，欣赏完那些船模、桥模才真切地感受到大工对社会的巨大贡献。而在校史馆,我们更是对大工的成就赞叹不已,被屈伯川先生的艰苦奋斗的精神深深感染。晚上的"破冰之旅"令我真真切切地明白何谓"破冰",尤其是当全部营员一起手拉着手围成一个圆的时候,我感觉到那五湖四海的距离缩短成了这指掌间的距离。而在这期间我结识了一位来自香港的朋友。一天的收获满满,也让我初步了解了大学生活。

11日,我们专注地坐在座位上聆听着历经风风雨雨如今屹立于中国造船业的顶端的大连船舶重工集团有限公司(简称大船集团)的历史,深入了解了大船集团如何一步步从看似绝境中创新,为新中国的军工实力提升立下赫赫功绩。同时对其企业宗旨有了更深刻的体会。下午,在暖阳的看护下,微风拂面,我们带着好奇和求知的眼睛参观了一工厂的实验室。实验室不大却承载着一个又一个智慧的结晶,为造船技术的更高层次的发展提供了可能。负责讲解的各位工作人员为我们提供了一种新的科学的打开方式,让我们知道原来科学可以这样玩、可以这样贴近生活。不得不说,这很难不提起我们对科学的兴趣。晚上又为我们提供了一堂大工优秀学子经验分享课,我们在聆听学长学姐那成功的经历和赠予我们的宝贵经验时,又惊艳于他们的高颜值。这也鼓动着我们成为真正的大工学子的心。其中那位学辩论的学姐可谓是两者结合的完美体。自然,她的成功也并非一蹴而就,而是在一次次失败中吸取教训才实现的。令人难感乏味的是提问环节,在这位学姐的提问环节中,一位男同学提出了"如何能在和女生发生口角时胜利"和"如何与家长和老师正确沟通。"学姐非常犀利地回答了第一个问题——"一切礼让女生"。至于第二个,学姐则纠正了我们一个常识性问题,就是辩论并非是和别人吵架、沟通,而是通过逻辑辩护自己的论题,继而一步战胜对方。

翌日早晨,我们又重聚在报告厅。听着关于船舶知识的介绍,心中又不觉增添了一份对船舶的求知欲。紧接着是在安全体验中心体验那令人"陶醉"的低压电,6个人齐心协力形成闭合回路,电流慢慢驶过,手心中不只有温暖,似乎多了一点过电的清爽。而我们8人小队在黑屋中的逃火可谓是噼里啪啦,溃不成军,各奔东西,闹了不小的笑话。更令人捧腹的是抢救那位危急关头的"人",成功救死了。不过在这个过程中学到了很多关于急救知识和面对危机情况的应对策略。最后终于来到了生产现场,看到了真真切切的船,很难想象这样的巨轮是由一块一块钢板焊接成的,但早上刚了解到的知识告诉我——确实是这样。轮船在蔚蓝的海上,阳光的照耀下熠熠生辉。在一工场的科技大楼,我们彻底畅游在有关船舶的科学知识的海洋里,在浓厚的科学氛围中,对科学的兴趣在一点点增长,对科学的理解也一点点变得深刻。虽然在探寻科学的道路上有疑惑、有苦恼,但更多的是乐趣。在大连又怎能少了海洋的陪伴?我们在海滨城中进一步接触海洋生物,在欣赏之余又促进了对海洋生命科学的热爱。

在科学营闭幕仪式中,游走的是狂欢的热情与青春的激情,还有志愿者哥哥姐姐的真情告白和生日的诚挚祝愿。那天的夜色很迷人,使人留恋这可爱的志愿者们、令人陶醉的大工和充满笑语的科学氛围,离别的悲伤潜伏在夜色中,慢慢吞噬我们的欢声。离别之际,天下起了雨,雨划过的痕迹片刻便无,但有关大工的回忆却永远无法抹去。

此次科学营的活动令我领略了大工的风采,理解了"海纳百川、自强不息、厚德笃学、知行合一"的校训。同时增强了我的社会责任感,为中华之富强而努力学习。今年七月的科学营也提升了我创新方面的意识和对科学的兴趣。盛夏七月,我们相聚大连,魂萦海滨,梦在大连。

梦起大工

河南大学附属中学　刘咨汛

大连理工大学(后简称大工)本只是我一个憧憬的目标,但 2019 年青少年高校科学营给了我一个充分接触大工的机会,也让我领略到了大工的魅力。在这里我不仅收获了知识,拓宽了视野,增长了见识,还交往了许多新朋友。大工成为我梦起的地方。

初识

7 月 9 日,我来到了大连理工大学,顿时就被它无与伦比的大学风情所吸引。第二天我们在志愿者的带领下,对大工有了全新的认识同时,科学营也开启了充满知识和乐趣的旅程。

上午,我们举行了开营仪式,大连理工大学的表演震撼了我的心灵。开营仪式结束后,钟万勰教授给我们做了有关辛数学的报告,我在学习知识的过程中,也感觉到了大连理工大学的魅力。

下午,我们随着志愿者的脚步参观了大工。化学实验室为我们揭开了各种物质的神秘面纱;桥隧实验室让我们领略了大国工程的风采;令希图书馆让我们受到了知识的熏陶;校史馆带我们穿越了大工的辉煌。还有刘长春体育馆、连理石,这些都为我们展示了大工的不可思议的历史厚度以及学术深度。而这些,无一不让我感到大工给予我的激情与幸运。

破冰

7 月 10 日晚,我们在体育场进行了"破冰"游戏。在那条大家手搭肩构成的长龙中,我认识了来自五湖四海的朋友。有香港的、四川的、天津的,还有许多其他地方的同学。我们分成了多个小组一起游戏,各种各样游戏点燃了大家的热情,也使我们不再拘谨。在游戏中,我们不仅收获了快乐,也收获了友谊。

大船

来到这里就不得不使人想起"辽宁"号。盼来盼去终于盼来了与大船相会的时刻。在技术人员与我们的交流报告中,我们领略了什么叫做工匠精神,什么是科技强国。在他们与我们的交流中我们也对大船上的知识有了初步的了解,无论是钻井平台还是 VLCC 都引起了我们对船舶的无限兴趣。设计院则给了我们一个全新的角度去认识大船。还有钢厂和船坞让我们有了近距离接近船舶制造的机会。这些都是在日常生活中所不曾有过的学习机会。

7 月 13 日,我们进行了趣味比赛。在经过着装、同声翻译、步调一致等趣味游戏后,我们组最终取得了第一名的成绩。但是我们都知道,名次并不能代表什么,重要的是我们在游戏中学会了团队合作和永不言弃的精神。我相信这将会是我们一生的宝藏。

告别

天下没有不散的筵席,但在我们离别前的宴席的确成了一次狂欢,一次七天友谊酝酿而成的美酒。在离别的前一天,我们参观了美丽的滨城,无论是圣亚海洋馆,还是威尼斯般的建筑群都带给了我们数不清的欢乐。晚上我们举行了闭营仪式暨营员联欢会,每位营员都拿出了自己最擅长的节目,组成了一台心灵的盛宴。

就像《祝福》中所唱的"伤离别,离别虽然在眼前",是的,我们终究迎来了说再见的时候。调皮的天空也在这时下起了大雨,好像是怕我们不够伤感似的。跟我们共同度过七天美好生活的志愿者哥哥姐姐们挥手告别,也是时候对大工说出那些不舍。但我并没有哭泣,因为这些美好生活在我心里留下了无数的美好,因为我的梦想已经从大工起飞。

星光不问赶路人,青春不负有心人。在最好的时光遇见了最好的你们,一切都已经刻在了我心头,永不磨灭。

那些在大连理工的日子

开封高级中学　魏蓝

Day 1

青春时节,风华正茂。

我们不要在奋斗的年龄选择安逸,不要在时光的洪流中丢失自我。

——题记

大连的夏天,26 摄氏度的气温,清爽的海风迎面吹来,大连理工大学给我带来的初印象,是"绿",道路两旁遍布高大树木,阳光从叶子间洒落,在柏油路上形成斑驳的阴影,来来往往的车辆速度控制在 20 迈,时间在这条水杉大道上仿佛被放慢,万物寂静,伴随着溢目的绿色,恬静而不失活力。

作为"未来的工程师",必定要对学校进行初步的认识,我们北辰班的一行人漫步在偌大的校园中,依次参观了实验室、校史馆和图书馆。一切都让我对大工这座校园有了新的认识,也想要更深入去了解这所 70 岁的大学。钟万勰院士的演讲是将辛数学以一种简单易懂的方式描述出来,着实让我大开眼界。了解了中国数学之根"祖冲之类算法",对于数学学习是不可取代的,与此同时也深刻体会到它让洋程序颜面扫地,内心的自豪感油然而生,一句"人必自重而后人重之",在脑海中跌宕起伏,久久不能忘怀。

一整天的四处奔波,身体虽然疲惫不堪,但心灵获得了充实。黄昏时刻,在一抹余晖照耀下,231 名营员齐聚足球场,充满憧憬的笑颜在夕阳与灯光下显得温馨而又和谐,一场"破冰之旅"的开启,让我们解开心灵的枷锁,走进对方的世界。嬉笑中、欢呼中、玩闹中,夜幕悄然降临,寂一般的黑让一片欢腾的我们更为突出,有一番大家庭的意味,但同时也意味着今天一天结束了。经历过精彩的第一天,让人不禁对未来五天更加期待。

Day 2

江泽民说过"当代科学技术迅速发展,经济竞争在很大程度上取决于科学技术的发展应用""一个民族如果不具备良好的科学文化素质,就难以在世界竞争中立足"。

晴空万里,乘上大巴车,驶向我们的目的地——大连船舶重工集团,正式开启我们船舶专题营。刚进入工厂的大门,一抬头就看见庞大的厂房,厂区和其他建筑物从眼前匆匆驶过,厂房间一个个施工中的船基,不由得让人生起敬畏之感,寥寥几眼便让人领略了中国船舶工业的别样风采。

首先我们要了解船舶,坐在演讲厅中,大屏幕上一张张中国在世界舞台上领先的船舶剪影吸引住我们的目光,辽宁舰,VLCC,第一艘国产航母和各种重量级的轮船着实令我们大开眼界。之后在专业人员的带领下,我们还参观了诸多船舶制造设计工程中所需要的精密仪器,简单易懂的解释揭开了其背后的原理与奥妙。

Day 3

青春不迷茫,只因有你我。

——题记

晴空万里,我们一行人乘着大巴车再次来到船舶工厂。进入会议厅,只见两位身着浅蓝色工装的师傅端坐台上,背后的大屏幕播放着他们的事迹。一位是电焊专家朱师傅,一位是设计院主席李师傅。待同学们入座后,两位师傅向我们讲述了他们在工厂中的成长之路并借以给我们提醒,虽无华丽辞藻,但令我感触颇深,朱师傅从一位高中没毕业的农民工,凭着坚持和内心的一股子拼劲,一步步提高自己、锻炼自己,在磨难挫折中成长,拨云见日成就自我,终成国家级电焊专家。李师傅的一番话从另一方面让我懂得高考并不是人生的全部,一句"学会找到人生的方向,而并非目标"更如醍醐灌顶。

跟随队伍走进安全体验中心,走一路学习一路、了解一路。了解了如何防止触电,处理触电发生应急情况;学习了如何急救处理、心肺复苏、人工呼吸等基础技能,以备不时之需。虽时间不长,但了解到的知识着实不少,受益匪浅的同时,内心也对这些冒着危险为国为民努力奋斗的技术类专家们充满感激与敬佩。

大连是一座海滨城市,我在今天终于看到了海,看着眼前大海清爽的蓝色,空气中充斥着风带来的海的味道,熹微的光映着我们的笑颜,背后是工厂船坞中的 VLCC,好不让人身心通畅。

一天奔波后,晚上迎来了大工优秀学长学姐精心准备的表演,阿卡贝拉、散打、京剧、合唱、相声等。在不大的礼堂中,欢呼声、鼓舞声、掌声此起彼伏,在舞台绚烂灯光照射下,台上的学长学姐自信的身影也不禁让我对大学生活充满期待。

Day 4

青春是打开了就合不上的书。

——题记

为期三天的大连船舶重工集团的学习即将在今天落下帷幕,在接受过最后一次船舶技术科普介绍和船舶建造流程介绍后,本以为这短暂三天的行程将悄然结束,内心霎时涌上不舍与伤感,可没想到工厂的工作人员为我们准备了一场友谊赛。

比赛场地上三方阵营已摆好,宏远班、北辰班、树阳班三队的队员也已就座,刚刚好的午后阳光淡淡地洒在我们洋溢青春的面容上,比赛还未开始,每个人都已经摩拳擦掌、跃跃欲试了,赛场上的加油鼓气声此起彼伏,都在争着做声音最响亮的那个,一定要在气势上压倒对方,年轻的心毫无畏惧,只有一往无前。

比赛正式开始时,赛场上更是人声鼎沸,周围所有人都站起来看向比赛场地上的激烈竞争,时刻关注着比赛进程,赛场上的人更是拿出十二分的力量为自己的班级争一份荣誉,都大汗淋漓。给我印象最深的是在最后时刻我们北辰班逆风翻盘,现场的气氛升到极点,我们跳起来为自己欢呼雀跃,仿佛赢得了全世界。简简单单的几个游戏,却因我们这一群人集合起来而变得有意思许多。

三天时间并不长,可是经历过我们共同携手走过的时光,那些同奋斗同努力同进步的时光早已悄然将我们的心紧紧连接在一起,团队感荣誉感已默默培养了出来,我们在那一刻便胜似一家人,我们就是最棒的一家人。

Day 5

期待了许久的"欢动浪漫滨城之旅"终于来临,在今天我们走出了大连理工大学的校园,真正进入了大连这座城市去好好了解它,去领略一把独属于这座海滨城市的美丽。

早早起了床,随着大巴车的行进来到了海洋馆。作为一名生在中原、长在中原的孩子,一直对海有种莫名的憧憬与喜爱,我看到了灯光下五彩斑斓的水母,看到了有"海之霸主"称号的鲨鱼,看到了奇形怪状的深海鱼,也看到了海洋馆工作人员与可爱的海豚、海狮、海象带给我们的精彩表演,他们生动活泼的表演将海洋的美丽展现得淋漓尽致,可谓是充分满足了我对海洋的期盼。

时光飞逝,不知不觉中一天光阴已经从指缝溜走,意犹未尽的同时我们也明了这已经是最后一天了。闭幕仪式也在夜幕降临前开始,我们营员都为此准备了节目,在舞台上我们尽力表演,想将自己最完美的一面展现出来,想在这最后一段时光给大家留下一个好印象,也为不让自己留下遗憾。一个一个节目结束,我们离离别的时间也一点一点靠近,耳边响起煽情的音乐,大屏幕上播放着这几日我们的活动剪影,看着那一张张笑得灿烂的面庞,回忆涌上心头,不舍在心间回荡,我们虽只认识了短短七天时间,但是共同走过的每一寸光阴,拥有的每一段回忆都是彼此无与伦比的美丽,还记得我们从彼此生疏到互帮互助,为比赛同进退共悲喜,再到最后毕营演出时一起唱出那首《那些年》,也记得从一开始的无话可说到在宿舍我们畅谈到深夜,甚有相见恨晚之意,更记得我们走过的每一条路、做过的每一件事、共同努力过的每一次活动,一切都在我心里铭记,永不忘怀。

难忘大工 难忘的经历

开封市第二十五中学 张鹏艳

第一幕 初相见

能够来到大连理工大学(后简称大工)参加高校科学营活动,并且能够在这里认识些志同道合的伙伴,收获真挚的友值,是我从来没有想到过的。大连素有"浪漫之都"的称号,美景如画、风景宜人。这样一个美丽的城市,拥有着我们难忘的回忆。

9 日下午,我们登上了去往大连的航班。这是我人生第一次坐飞机,心里充满着激动和兴奋。刚刚到达机场,远远地就看到了来接我们的志愿者们。他们都是比我们大不了几岁的学长学姐,看到他们,一股亲切感油然而生。在机场我们照了第一张合影。随后伴着微风,我们来到了大工。

在学长学姐们的带领和介绍下,我们参观并了解到今年是大工七十周岁的生日。和祖国同岁,恰巧的是今年也我们第二十五中学的一百年生。这可真是缘分。俗话说有缘千里来相见,我们就来到了这里,来到了大工。

在第一天上,我们先航拍全体科学营人员的合影,并举行了激动人心的开营仪式。随后我们有幸听到了来自中国科学院院士钟万勰院士关于《辛数学及其工程应用》的激情演讲。85 岁的钟万勰院士在演讲中一直鼓励我们要有自信,不要一味地崇尚洋人的理念、要力争主动,在自己的基础上开展研究,力争世界上的一席之地。"行成于思,毁于随。"创新是闯出来的,而不是随出来的。并讲述了辛数学中的"辛"的来历。下午,我们参观了校史馆、藏书浩如烟海的令希图书馆、国家精细化工实验室等。让我们近距离感受了科学的魅力,引发了自己对大学生活的憧憬。晚上的破冰之旅也让我认识了来自全国各地不同的朋友。还记得大家从开始的不好意思到最后的玩在一起,是那么开心。我们虽素未相识,但大家却可以打成一片,欢声笑语充满整个足球场。

第二幕 在大船集团的几天

11日,我们来到了大连船舶重工集团有限公司。大连的船舶技术代表着全国的顶尖水平。我们很高兴来到这里学习和参观。见识到了各种精密型仪器,如激光跟踪仪、直读光谱仪、红外线碳硫分析仪等。科学的魅力无所不在,引发了大家浓厚的兴趣。生活中的许多地方我们都离不开科技的贡献,科技为我们的生活带来了便利、增添了乐趣,也给我们带来了意想不到的惊喜。在今天的抢答环节,大家都踊跃参加,还有小礼物分发。我也举手了,可惜太过激烈我并没有抢到。再接再厉,加油!

12日上午,在大船集团,我们有幸听到优秀员工对自己经历的回顾和多年来自己总结的经验的分享 。他们都是大船集团多年的优秀员工,获得过很多的奖项,他们身上都有一种谦虚的优良品质。回忆自己的工作经历,有苦亦有乐。他们都留给我一些很有启发的言语,都能对我们人生有所帮助,如:努力创造财富、创新超越自己、坚持成就未来;高考不是人生的全部,战略上要重视,要扫除盲点;俯看自己的人生,保持系统思维;等等。

随后我们又体验火灾困境逃生,体验了触电的感觉。工作人员还为我们进行了灭火器的使用讲解与心肺复苏的有关常识。我还上去体验了一把,感觉很累。我们还参观了大船集团里的大船,非常大。

下午我们主要参观了设计部门,看到叔叔阿姨、哥哥姐姐们那么努力地工作,我发自己内心地佩服,一艘艘大船从他们的手中设计出来,感到非常的骄傲。

晚上我们还观赏了"魅力大工"大学生艺术团的专场演出。有来自合唱团的、来自舞蹈社的等,为我们带来了常精彩的表演。看到他们一个个朝气蓬勃,充满了青春气息。

在台下时不时就会有掌声传出,现场气氛高涨。就这样,在欢声笑语中今天的会演结束了。看到学长学姐们在台上的优秀表演,也很期待自己的大学时光。

我们可以说是只有一面之缘,但却有一种相见恨晚的感觉。真可谓是当时相见恨晚,彼此萦心目。

第三幕 离别

转眼之间就到了在大船集团的最后一天了。这几天每天都是满满的活动，非常充实，同样也很累。终于在今天完成了所有的项目，迎来了下午的比拼环节。发挥不错，开始就旗开得胜，可谓是大鼓舞人心。我们班有一个强劲的对手，两队的分数一直僵持不下。最后我们班一举反超，赢得了本次比赛的胜利。在一片欢呼声中，我们离开了。虽然只有短短的三天时间，离开之后，我们可能以后谁也不认识谁、谁也不记得谁。但这三天的经历却给我留下了难以忘怀的记忆。

晚饭过后我们来到了观影厅，观看了一部让我非常有感触的电影——《狮子王》。国王木法沙是一个非常热爱和平、有责任感、有担当，并且很爱自己孩子的父亲。国王的弟弟刀疤为了自己的私欲，设计杀害了国王并嫁祸给辛巴——国王的儿子。自责的辛巴离开了荣耀王国，一直过着"哈库呐玛塔塔"的生活。在刀疤的带领下荣耀王国不复存在。辛巴在父亲木法沙的指引下夺回荣耀王国，一切都回到了原来的样子，无限生机，永久不息。国王木法沙是一位非常伟大的父亲，为了自己的孩子奋不顾身，且从未责怪过自己的孩子。这让我想起了自己的爸爸，他也总是在我遇到困难的时候奋不顾身。感觉很想念他，想起以前的点点滴滴，感觉很幸福。

时光匆匆，转眼要面对的就是离别。短短几天说不上感情有多深，但在离别的时候，心中总有些许不舍。在大工的最后一天，我们来到了圣亚海洋世界，体验了大连这个浪漫之都的特色风采。随着毕营仪式和营员晚会的进行，无数回忆涌入脑海之中，像放映机一样在脑海中放映。这个夏天，这个暑假，这个七月，我们相聚在大连理工大学。每天欢乐围绕着我们，给这个夏天增添了一丝美好气息。

天下没有不散的筵席，相信有缘一定会在相见的。再见了，大连；再见了，大工；再见了，大家！

白山黑水遇东大　夏木阳阴正可人

河南省实验中学　崔硕

怀揣着激动的心情和对科学的渴望,我们来到了东北大学(后简称东大),在沈阳暴雨的迎接下,在东大厚重的氛围中,开始了为期一周的科学营活动。

红日初升,其道大光

初至东大科学营,在我们班所喊出的"各路英雄,东大相逢。暑期先锋,马到成功。"的口号中开始,在我们见到志愿者的欢呼声中开始,也在精彩的开营仪式中开始。开营仪式前,我们进行了有趣的"破冰游戏",我们近200名营员齐聚在篮球场上,第一项是滚雪球活动,全体成员围成一个圈,由一个人开始按顺时针的顺序进行自我介绍,后一个人需要记住前一个人的介绍并说出来,但俗话说得好,"君子不立于危墙之下",我的位置不错,顺利地完成了活动任务。接下来是开营仪式,由东大的学长学姐们准备节目,各种节目交相辉映,不时激起我们的一阵阵掌声。开营仪式后,我们聆听了闫邦椿院士的报告,闫院士的报告为我们揭开了科学方法论的神秘面纱,我们学会了如何运用科学方法论在日常学习与生活中提高做事效率。

潜龙腾渊,鳞爪飞扬

第三天,我们参观了东大的创新创业基地,见到了许多在这里诞生的公司,还见到了东大的 action 机器人队的备战以及以往的冠军机器人。看到了机器人的类似于英雄联盟的对战比赛,我们还参观了东软医疗,我们见识到了中国医疗发展的历程,见识到了我国医疗的尖端科技,这让我们大开眼界。我们还来到物理实验教学中心,开始了我们今天的第一项任务——VR体验,在这次体验中我们不仅自己创作了美丽的图画,还协助红军完成了四渡赤水的壮举,画作绚丽,战斗激烈。在我们为 VR 的神奇而惊叹时,我们开始了第二个任务,物理实验由一位平易近人的老教授亲自指导,无论是利用两个纸杯和一条皮筋制作的马格努斯滑翔机模仿飞机的起飞,还是利用偏振让小乒乓球穿墙而过,都引得我们一阵惊叹,感叹物理的神奇与精妙。

乳虎啸谷,百兽震惶

在丰富多彩的科学营活动中,最令人难忘的便是我们经历了四个晚上完成的活动——"共建太空丝路"。这个活动由资源探索、资源运输和开启荣耀殿堂三部分组成。其中,资源探索是由我们自己组装成功的探索车通过编程让小车实现自动巡线或自动走迷宫的过程到达终点,从而开启第二项任务——资源运输,这项活动主要是通过编程控制机械臂来让机械臂进行物块运输从而开启第三项任务,由另一个拼装而成的遥控小车将运输到的物块通过我们手动制作的桥来将物块填入道路上的空缺中。为完成这项游戏,我们班分为了三组,我所在的小组主要是负责机械臂编程。经过三天的备战和一次次的试验,并且鉴于我们"定向越野"和"制作光立方"活动中两个第五名的成绩,我们"李旺队"定下了保五追四的目标。但事与愿违,虽然我们那个区的机械臂出了一点硬件上的问题,可事实证明:期望越小,失望越小。在另外两组的完美发挥下,我们艰难地完成了我们最初的目标,拿下了冠军。

前途似海,来日方长

越是沉浸在欢乐的活动中,越是对时间的流逝毫无察觉,不知不觉已经到了闭营的时候了。在典礼上,我们这只"男上加男"(全是男生)的队伍唱了一首《遥远的你》作为对东大的离别赠礼,闭营仪式在志愿者们的歌《我们都是追梦人》中结束。带着"知行合一,驭梦远行"的祝愿,我们结束了七天的营员生活。

七天的科学营活动结束了,但我们的情谊没有消失,希望我们"李旺队"的每一个成员,包括王静老师、高攀学姐和李旺学长,都能有锦绣前程。相信,我们来日方长。

既见东大　云胡不喜

河南省实验中学　王逸彬

北野武曾说："虽然辛苦,但我仍会选择那种滚烫的人生。"在东北大学(后简称东大)的七天时间匆匆而逝,闭了眼,每一天的感动与欢喜仿佛都在眼前。人生到处知何似?应似飞鸿踏雪泥。东大,早已在我心中刻下了深深的烙印。既见东大,云胡不喜?纵使离别,云胡不念……

相逢何必曾相识

北纬41°,东经123°,沈阳。距离郑州1344公里。八个多小时的车程却丝毫没有感到枯燥,望着车窗外流动的风景,内心早已被期待占据。下了高铁,随着电梯缓缓上升,便看到东大的志愿者们举着牌子等候。雨纷纷,内心却晴空万里,仿佛自己有了改变天气的能力。转瞬即逝的大雨,似为我们洗尘。

走进东北大学,便看到了张学良将军那遒劲的四个大字"东北大学"。行走在校园间,扑面而来的是松树的清香,抬眼望去,校园里满是松树,不禁想到陈毅将军的诗句"大雪压青松,青松挺且直。要知松高洁,待到雪化时。"联想到东大浓浓的爱国主义情怀,内心更是升起一种崇敬。晚上我们组织了"破冰"训练,滚雪球、进化论,丰富的游戏拉近了同学间的距离,我对明天的活动充满了期待……

相见恨晚如故知

七天的活动排得满满当当,从人工智能到科学方法论;从物理实验到共建太空丝路。丰富的科学活动让我大开眼界。最让我难忘的还是共建太空丝路比拼。每个团队都要拼装出自己的机器人,初到赛场,摆在我们面前的只是一堆零件,看着全英的拼装说明,我不禁叹了一口气。但很快,我们十五个人便分好了各自的任务,编程、组装、测量,大家都在有条不紊地进行自己的工作。负责编程的同学可以说最辛苦了,一遍遍到赛场里调试、修改,我总能看到他们忙碌的身影。终于,决赛到来了,每一个团队都拿出了自己最好的状态全力以赴，我们组的四位同学临危不乱，沉着地完成了比赛。最后，我们创新一班竟然拿到了总冠军，十五个男子汉的脸上都洋溢着笑容。

七天的时间，我们还参观了浑南校区。如果说南湖校区充满人间烟火，浑南校区则更像是掩映在翠绿中的一块碧玉。小南湖畔接天莲叶，映日荷花，鱼戏莲叶间更是锦上添花。草木葳蕤，清风摇曳，新校区的安静让我感受到了学术研究的浓浓氛围。

东大的最后一天，我们参观了辽宁省科学技术馆，不同于以往的参观，此次参观以竞赛的形式，我们要在规定的时间内找到所有的答案。工业摇篮厅、科技生活厅、创新实践厅，丰富的展品让我叹为观止。找寻答案的同时我的科学知识也得到了拓展，我们团队也更加默契。

落日映红了天边的一抹微云，蝉声伴着歌声在浮云中游荡，纵有千般不舍，闭营晚会还是如期而至，来自不同地方的同学展露才能，我们准备的合唱《遥远的你》也非常成功。闭营晚会在《我们都是追梦人》的歌声中落下帷幕，我们与"队魂"旺哥、攀姐、王静姐合影留念，在夜幕的掩映下走回了宿舍楼……

纵使相别亦相念

不历尘埃三伏热，孰知风露九秋凉。东大的七天让我体验了不同于高中的生活，这里鼓励创新的精神、浓厚的爱国主义情怀、学术研究的氛围都在我内心留下了深刻的印象。回首来路，我们一起成长；展望未来，我们前途似锦。努力的意义，就是在以后的日子里，放眼望去全是自己喜欢的人和事。东大已成为一缕微光，在我前行的道路上闪亮。乘风好去，长空万里，直下看山河。东大，我们有缘再见！

沈水之阳，有佳人兮；名曰东大，不曾忘兮；七天时光，熠熠耀兮；自强不息，知行合一；有缘再见，后会有期！

科学之行　畅游东大

河南省实验中学　周一帆

七月,我有幸参加由中国科学技术协会、中华人民共和国教育部主办,国务院港澳事务办公室、中国科学院、中国铁路总公司支持,辽宁省科协、辽宁省教育厅、东北大学等单位承办的 2019 青少年高校科学营东北大学分营活动。这次活动为期七天,时间不长,却让我收获颇丰。

初到沈阳

东北大学(后简称东大)坐落于辽宁省的省会—— 工业名城沈阳市,在河北省秦皇岛市设有东北大学秦皇岛分校,由教育部、辽宁省、沈阳市三方重点共建,是世界一流大学建设高校,国家首批"211 工程""985 工程"重点建设高校,是一所有光荣爱国传统的高校。初次来到沈阳参加科学营,沈阳的天给我送上了一份不一样的"礼物"。刚从火车站出来,看到了来接我们的志愿者哥哥姐姐,我们十分兴奋,向大巴走去,边走边交流。可正当此时,大雨毫无征兆地来了,我们赶紧撑起雨伞,迎接这份特别的"礼物"。我们上了大巴,这倾盆大雨便停了下来,不得不说,这是沈阳独特的天气,也预示着我们这次科学营活动将会十分精彩。

参观东大

大巴车驶向东北大学,最先映入我眼帘的也是令我印象最深刻的是东北大学南湖校区的校名。这校名是由著名爱国将领张学良将军题写的,那四个苍劲有力的大字仿佛让我回到了东北大学成立之初,看到一批批胸怀报国之志的学生来到这里学习知识,只为有朝一日能够报效国家,成为国家的栋梁。

紧接着,来到广场,一座"神舟"火箭雕像矗立在那里,让我回想起过去航空航天领域的先辈们为之付出的一切。

不得不说,东北大学是一所具有爱国主义传统和悠久历史的大学。

聆听专家学者报告

本次科学营让我颇有收获的活动项目是听专家学者的报告讲座。我依次听了闻邦椿院士、肖桐博士、黄敏教授所做的专家学者报告。

其中,闻院士所做报告主题是学习方法论,这是一套科学高效的学习方法,是闻院士多年实践总结,对我以后的学习生活具有很强的指导作用。同时,我有幸获得在报告会上向闻院士提问的资格,向这位学术大师提出了我在科学学科与我们生活的关系的问题,闻院士详细的讲解,让我茅塞顿开,解开了我思想的疑惑,这让我收获满满。会后,我又与闻院士进行了面对面的交流,他渊博的知识,幽默风趣的讲话,和蔼可亲的形象让我至今难忘。

肖桐博士和黄敏教授的所做的报告是关于当前的热门学科人工智能的,这是很前沿也很有趣的话题,在这两位学者的报告中,我了解到了人工智能的起源、发展与前景,使我对这个之前不太了解的人工智能领域有了全新的了解,在与学者们的交流中也提高了我的思维水平。

共建太空丝路

"共建太空丝路"是这次科学营东北大学分营活动总名称,这些活动是分模块进行的。其中,任务分为主线和支线,在白天进行的大多数活动均为支线任务,而在晚上举行的机器人比赛是主线,也是主赛。

在白天进行的"十八般兵器制造——制作光立方"、素质拓展等均是竞争激烈但有趣的支线任务。我在"十八般兵器制造——制作光立方"活动中担任我们小组的焊接员,我也是在这个活动中学会了使用电烙铁和锡条焊接电子器件,这是独特而新奇的体验,但遗憾的是,我们班仅取得了第五名的成绩(共六支队伍)。

在素质拓展活动中,大家齐心协力、团结一致完成了很多项目,但仅取得第五名的成绩。

可就在晚上的主赛决赛当中,经过我们班各小组同学们的努力,在决赛中一举夺冠,这是我第一次参加有关机器人的比赛,也是第一次获得冠军。当时除了喜悦,还有对这几天来付出的努力有了回报的欣慰。虽然我只是在乐高机器人组负责辅助外观设计和辅助规划,但我依然很开心为集体做出了贡献。

参观之旅

在本次活动期间,我有幸参观了位于东北大学的国家重点实验室和教育部重点实验室,让我领略了科技之美,看到我国自主研发的轧钢机器和完备的自动化控制,让我感到了祖国科技的迅速发展,不禁为此感到自豪。

然后,我们也参观了辽宁省科技馆,同时领取了任务,需要在参观的同时完成试卷上的问题,这让我们体验了有趣的科技,令我难忘。

再见沈阳,再见东大

时间过得很快,转眼间六天过去了,到了第七天,该和东大告别了。很高兴有幸参加本次科学营活动,来到东大参观学习,和志愿者哥哥姐姐愉快相处,在这里我学会了许多,也体验了很多,我也在此结交了许多小伙伴,这是一次令人难忘的科学之旅。

科技梦,青春梦,中国梦!谢谢你,2019青少年高校科学营,谢谢你东北大学,再见2019青少年高校科学营,再见东北大学,后会有期!

魅力东大　科学筑梦

河南省实验中学　苏元博

魅力东大,科学筑梦

七月的炎热,代表的是一种别样的热情。怀着对大学生活的向往与渴望,我踏上了去沈阳的高铁。通过这次高校营,我提前零距离地体验了大学生活,同时也学到了很多关于人工智能、自动化的知识。

初到东大,满心期待

东北大学(后简称东大)也和七月的天气一样,把最热情的一面展现给了所有的高校营学员。老天似乎也非常欢迎我们到东大的拜访,用雨水给予了我们最真切的问候。密集的雨点打在雨伞上,就好像一阵阵热情的掌声,热烈地欢迎我们的到来。

在开营仪式中,老师对活动内容做了介绍,我们对接下来的实践体验充满了期待。我暗下决心,我一定会以最好的状态,圆满完成这次的高校营活动。

欢乐体验,收获知识

说起 VR,绝大多数都只出现在电影的场景里。而在东大,我有幸体验了 VR 技术,感受到了虚拟现实的魅力。通过老师对 VR 技术的介绍,我充分地了解了 VR 技术以及它的应用方向。带上 VR 头盔,一个全新的世界呈现在了我的眼前。我们最先体验了三维立体画,我可以通过身体的移动,利用 VR 的手柄画出三维立体画。平常那些在二维的画纸中很难完成的东西,在 VR 的三维世界中,变得轻而易举。令我印象最深的,就是最后四渡赤水的游戏了。在游戏中,我们可以通过 VR 头盔,身临其境地感受战斗。面对敌方的炮弹,我们可以通过自己的移动躲闪。相比于传统的游戏通过控制键盘来移动,VR 能够给人一种更好的融入感,游戏的体验感也有显著提升。相信在不久后的将来,VR 技术能广泛地应用于我们的生活中。

大学体验，感受深刻

两天的时光稍纵即逝，通过这两天的学习，我对大学的生活有了一个比较全面的认识。之前老师们为了鼓励我们学习，总是会对我们说："等你们上了大学就可以解放了。"然而到了东大，我才发现事实并非如此。上了大学，学习任务不仅没有像之前老师说的那样"轻松"，反而有所加重。我们要兼顾学习，社会实践和人际交往。由于环境的不同，大学的学习依靠的是我们的自制力，比起高中依赖老师的学习，大学的学习难度更大。大学这个战场，从某种意义上来说，是一个更加困难，更加残酷的战场。所以，我们一定要端正态度，认真对待大学的生活。

焊接电路，快乐无穷

焊接电路的环节既考验了我们的动手能力，也考验了我们的团队协作能力，与此同时，对电路中的二极管有了更为深刻的认识。在焊接过程中，我们组也遇到了一些困难，比如一开始对二极管的弯折。由于对二极管的陌生，在二极管的弯折方法上，我总是出错。多亏了志愿者们的耐心讲解和指导，我才能够迈出这最难的第一步。在接下来的过程中，我们用尽九牛二虎之力，终于获得了成功。当我们组的成品在大家面前展示时，一种无比的喜悦感涌上了我的心头。我想，这也许就是当代科学家坚持不懈，迎难而上做研究的动力所在吧。

素质训练，增进友谊

东大的活动安排得非常精心，不仅仅有大学生活的体验以及精彩的讲座，还有可以培养同学友谊的素质训练活动——挑战吉尼斯。整个"吉尼斯"的挑战一共分为12个小的挑战项目，我印象最深的是其中的三个。第一个是"不倒森林"，我们每个人都需要用手心支撑棍子，并且要保证走一圈没有一个棍子倒下。面对这个挑战，团队成员的动作一致是挑战成功的关键。为了让挑战成功，我们用口号"1，2，3"成功地将节奏调整到了一致，尽管一开始有些小插曲，但最终我们还是获得了成功。第二个是翻垫子，所谓翻垫子，就是选出8个人站在一个大垫子上，用每个人的脚将垫子翻过来，在这期间每个人的脚都不能离开垫子。由于面积的限制，垫子翻到一半时，再往下翻势比登天，稍不留神就有可能出界。就在挑战陷入僵局时，我灵机一动，采用"蹦拉结合拽垫子"的方法，几经调整，最终成功地将垫子翻了过来。最后一个项目是我们分成两组，坐在一个垫子上，背靠背，一起站起来，在这期间,脚不能触及垫子。由于同伴之间发力的不用,好几次我们都与成功失之交臂。经过我们几番调整,终于在最后关头完成了挑战。

通过挑战吉尼斯的活动,我与同学们的友谊变得更加深厚了,我也学会了如何在集体中沟通。也许这就是东大希望教会我们的道理吧。

太空丝路,意外获胜

五天的活动,为的就是最后的决战"共建太空丝路"。这个活动需要我们所有人一起合作,用手中的乐高和 VEX 完成迷宫和能量块的运输。首先我们要借助一个乐高机器人通过自己编的程序,完成第一步。有走迷宫和巡线两种选择,选择走迷宫的分数会多一些。接下来我们要自己编机械臂的程序,利用一些传感器将不同的能量块分类,最后用遥控的 VER 把能量块运送到指定位置。在前面的活动中,好多班级都在之前的活动中获得了不同程度的加分,对于没有任何加分的我们来说,难度又上升了一个等级。我们进行了细致的分工,经过编程培训、机器人的拼装和对 VEX 操作的熟练,我们克服了种种困难,顺利地完成了太空丝路的构建。尽管最后由于迷宫编程难度太大,我们只能选择巡线,但是我们顺利地完成了全程的比赛。当裁判最后宣布成绩时,我们都不敢相信自己的耳朵,我们获得了冠军! 领奖的那一刻,我感到了无比的自豪。这不仅仅是因为我们单靠自己的努力就得到了冠军,更是因为我们几天的奋斗终于得到了一个满意的结果。

告别东大,意犹未尽

转眼间,一周的科学营宣告结束,回想这一周在东大的时光,我受益匪浅。我不仅体验了大学生活,还通过讲座获得了不少前沿的知识,参观了东大许多著名的实验室。能够拥有这次机会,我要感谢东北大学的老师们和志愿者们,是你们为我们的东大科学营保驾护航,是你们把东大最好的东西毫无保留的提供给了我们,是你们陪伴我们度过了这人生中最难忘的一周。

东北大学科学营,我不虚此行!

相约东北大学　领略智能巅峰

河南省实验中学　孙翊航

美好的一切从相遇开始

清晨的火车站是我们相遇的地方,是我们旅途开始的地方。看着这一个个胆怯却又渴望的眼神,我们既陌生又熟悉。在清晨的一抹阳光中,我们踏上了为期7天的东北大学高校科学营的旅程。

一下火车,便有志愿者哥哥姐姐的热情迎接,带队老师是那么的幽默、和善。志愿者学姐班长是那么的可爱、开朗,这便是我们在炎炎夏日的最美相遇,这次相遇便注定会开出一朵绚丽多彩的花。

破冰之路

大家初次见面,为了消除同学们之间的陌生感,首先进行的就是"破冰活动"。大家需要作自我介绍,并要记住同学们的名字,这还是有着一定的难度的,不过在大家的努力下我们成功完成了任务。另一个任务是解手链活动,大家要握住与你不相邻的人的手并成功分开。这很考验同学们之间的配合和默契。在大家的一致努力下我们组成功解开,并成为最快的一队。通过这一系列的"破冰"活动大家有了更多的了解,培养了一定的感情和合作能力,这么充实而快乐的活动不禁让我们对接下来的生活有了更多的期待。

涅槃重生

此次活动的重头戏便是听专家院士演讲,参观和实践。

闻邦椿院士的报告虽然只是简单讲述了人生哲学和科学方法论,但理论结构清晰,自成体系,让我们学会了如何高效地完成一件事,对我们接下来的学习和未来的生活都有很大的帮助和指导。其他专家和学者的讲座也是精彩绝伦,讲创业、讲人工智能、讲发明创造,这所有的一切都是我们未来曲折人生道路上的垫脚石,为我们指引正确的方向,引我们走向美好的未来。

参观东大创新创业基地,我们看到了许许多多的创业故事,领略了一个又一个非凡的创造。那些伟大的事业它的起步也只是一间三四十平米的小房子、简陋的设备和一群追梦的青少年。而最后的成功便是靠不断地积累、努力和奋斗。不经历风雨怎么见彩虹,没有长久的积累是无法成就一番伟业的。

参观沈阳科技馆也给我留下了深刻的印象,在以答题为线路的参观中我们感受到科技的神奇,领略到物理和化学的奇妙。在答题中,同学们互相帮助,共同努力,成功完成了任务。读卷书不如行万里路,这次参观让我真正把课本中学到的知识在现实中应用了。同时也增强了同学们的团队协作能力,加深了同学之间的友谊。

"十八般武艺"的焊接电路板十分有意义。刚开始大家对此一无所知,根本不会焊接,但在志愿者的耐心指导下掌握了焊接的小窍门,之后的工作便顺利起来,越干越快,成功地让小灯泡亮了起来。但这中间也有一点小意外,有位同学在焊接时不小心烫住了同学的手,看着他痛苦的表情,我不禁联想到在工厂中的焊接工人,这种烫伤都是工作中难免的,这更让我知道了这个工作的辛苦与不易,看似简单的一项工作,经过成千上万次的反复,将一项技能练到了精熟,这不就是工匠精神最好的体现么?

经过专家院士为我们指引方向,让我们在青春中不再迷茫。每一场精彩的报告都是一次精神的升华。有了之前创业的经验值得借鉴,经过了许许多多的亲身实践,我们的动手和随机应变的能力得到了提升。这便是此次活动的关键所在。

巅峰对决:共建太空丝路

此次活动的主线任务便是"共建太空丝路"。每天晚上同学们会如期到大活场馆来拼装机器人,调试机械臂,并进行编程。看着大家脸上专注与认真的表情和将要从脸颊滑落的汗水,我看到了同学们的努力,大家齐心协力,各司其职,井然有序为最后的胜利而拼搏。经过三个夜晚的不停奋斗,终于迎来了最后的比拼。只见操作员娴熟地操纵着小车,边上同学们呐喊加油。终于,我们组率先完成,在最后的比赛中取得了第一名的优秀成绩。同学们激动地呐喊,快乐地相拥在一起,老师和带队班长的脸上也露出了欣慰的笑容。晚上回到宿舍,同学们还在为刚刚的夺冠而兴奋着,大家高兴地举起果汁畅饮,为我们的努力而喝彩。我们已经建立起了深厚的友谊。

最好的分别

美好的日子总是短暂的,转眼间七天时光已匆匆逝去,但却在我们每个人的青春生活中留下了一道美丽的彩云。在雨中到来,又在雨中离去。分别的,是我们在东大的日子;不忘的,是我们深厚的友谊、情感和美好的回忆。坐上大巴,看着东北大学在视野中渐行渐远,最终化为一个光点,我在心中默念:东大,我已经爱上了你,明年夏日,不见不散。

相约东大

河南省实验文博学校　卢润恒

作为一名科学营的营员,我来到2019年科学营东北大学分营。本届主题是"共建太空丝路",充分体现了互联互通、互帮互助的思想。看到这个题目我已非常期待了,科学营的各项活动也满足了我对知识和实践的渴望。

聆听讲座,受益匪浅

我们在开营仪式后就迎来了第一场讲座。闻院士关于方法论的讲座为我们指明了人生成功所需的一系列条件与品质,他那精辟的总结让我们惊叹于他知识的渊博与对青年的关心和非凡的远见。在科学营的第三天,我们分别在上午和下午聆听了关于人工智能的两场讲座。在与专家和教授面对面的过程中,刷新了我对人工智能的认识和看法,虽然很早就见到过人工智能的潜力,但教授的讲座还是让我耳目一新,更加大了我对人工智能的兴趣,教授的寄语与期望也成为我努力前行的动力。

参观感受,刷新知识

我们进行了非常多的参观活动。第一天,我们来到了东大的创新创业基地。在这里我们见到了东北大学的机器人团队 Action 团队、东北大学的机甲大师团队,我们被精密的机器人吸引了目光,惊叹于他们高超的技术和专业的能力,我们也被机器人比赛的惊险与刺激深深地震撼。我相信这一定会在不少营员的心中播下一颗机器人的种子,等待未来的开花结果。在第二天,我们参观了国家重点实验室——轧钢实验室和教育部重点实验室——智能工业实验室。我们见识到了祖国轧钢技术与人工智能和智能工业的前沿,我们对祖国的热爱和对东大的敬佩又多了一分。第三天,我们参观了东大的工业自动化国家重点实验室。在聆听讲解的过程中,我们认识到了自动化对生产的巨大影响。自动化不仅使生产速率大大提高,而且使生产过程更加安全,降低了人员伤亡的可能。第四天,我们到东软集团参观,我们深入地观察了当代高新科技集团的产业园与制作工厂,见证了东软集团的奋斗与发展史。尽管在电视上见到过许多高新科技公司的照片,但亲眼见证依然给了我很大的震撼。接着我们来到了东北大学的浑南校区,这里的环境之美与学风让我们感叹,这真是完美的学术研究圣地。到了第五天,我们参观了辽宁省科技馆。在工业馆中我见到了工业的各种机械,并了解了各种机械的运作原理,增长了不少见识。我还参观了探索馆,馆内有各种物理实验设备,我观察了很多物理现象并学到了物理原理。我还去观看了 IMAX 电影,屏幕之大让我非常震撼。在科技生活馆,我了解了科技在生活中的诸多应用,其中的电子信息技术的发展历程让我直观感受到了科技的巨大影响。我印象最为深刻的是我国在航空航天和深潜方面的成就,增强了我国的综合国力并彰显了我国的科技之强与人才之强。

实践活动,亲力亲为

最精彩的还是科学营的实践活动。第二天上午,我们进行了"十八般武器——聚能光立方"焊接比赛。看着作品一点点成型,我们心中充满了成就感。我们不仅学会了使用焊枪,也认识到了焊工们工作的挑战性,更感受到他们精益求精、坚持不懈的工匠精神。第三天上午,我们首先进行了 VR 体验,我们对 VR 技术的仿真效果惊叹不已,也对东北大学多样化的教学方式感到由衷地佩服。接着我们进行了物理实验,物理教授教会了我们制作简易滑翔机并让我们学到了偏振片的原理,他那绘声绘色的讲解让我们印象深刻。我们认真听讲并认真实践。第四天上午,我们进行了 12 项素质拓展活动,尽管我们不是得分最高的班级,但我们都认真投入到活动中,整个活动充满欢笑,我们营员之间的距离进一步缩小了。

共建丝路,团队争先

本次科学营活动的重头戏是"共建太空丝路"竞赛。我们要拼装我们自己的机器人,为它们编写程序,并进行操纵。竞赛为期四天。我们在第一天就完成了机器人的拼装。在接下来的两天中,我们不断调试和改装,投入了很多精力和汗水。最终在第四天的决赛中,我们的机器人没有让我们失望,我们自己也发挥良好,最终勇夺冠军。当听到我们班级夺得冠军后,我们的激动之情溢于言表,我们拍手欢呼、相互庆贺。

最后一天晚上,我们举行了闭营仪式及闭营晚会,我们心情激动。尽管我们仅仅在东大驻留了五天,可是这五天非常的充实并丰富多彩。我们永远铭记我们的带队老师与志愿者,是他们给予了我们无微不至的关怀,让我们忘记了陌生的环境,积极投入到科学营的活动中。

尽管有许多的不舍,但是,海内存知己,天涯若比邻。

营员篇·陕西

梦想启航之地——西电

洛阳理工学院附属中学　李璐琪

初识

春风得意马蹄疾,一日看尽长安花;长安回望绣成堆,山顶千门次第开;总为浮云能蔽日,长安不见使人愁;长相思,在长安……关于西安的古诗词数不胜数,我从古诗词中深深地感受到西安——这座文化与科技并存、有着3 100多年建城史、十三朝古都的独特魅力。

有幸,我们一群来自全国各地的小伙伴们,向着自由与广阔,向着神秘与未知,向着追求和理想,我们怀揣着青春梦、科学梦、强国梦,相聚西安,在西安电子科技大学(后简称西电)开启了为期七天的科学之旅……

一路上的辛勤疲劳,在我们踏进西电校园的那一刻一扫而空! 在领取生活用品时,看到那一个个为我们忙上忙下的辅导员、学哥、学姐们,心中充满了感激之情。

"大家好,我叫……",随着同学们的自我介绍,之前的尴尬与沉默逐渐消失不见。我们毫无保留地展示着自己,我们肆无忌惮地绽放着笑容,仿佛有一束光破开黑夜,让我们接受最真实的彼此。

聆听

感受现代科学技术,从西电及院士讲座开始。

在西电的第一天上午,中国工程院院士、西安电子科技大学段宝岩教授为我们做了以《电子信息技术发展趋势与人才成长》为主题的学术报告。报告中,段院士从电子信息技术高速发展讲到其"全球化"的发展趋势及其应用,并介绍了 FAST 创新设计方案,解析了其中的科学原理,引起了同学们的极大兴趣,激发了同学们探索未来的欲望和激情。"未知的事情总该有人去探索,总该有人去挑战",段院士用朴实而坚定的话语讲述着自己探索 FAST 500 m 大口径射电望远镜的科研历程。这些真实又有温度的科研细节,感染着在场的每一个人,使同学们切身感受到了科研过程中的艰难曲折,以及科技的独特魅力。许多同学第一次近距离了解这种大项目的研究过程,一个个都目不转睛,认真思考着研究中的每一个细节和落点,努力去感受其中每一个困难的转机和改变。段院士用毕生的心血浇灌出了 FAST 这样一个对中国航天有着巨大贡献的设备,他的经历让每一个同学都热血沸腾。段院士希望同学们:"在人生的重要学习阶段,要严于律己,志存高远,脚踏实地,不能把时间和精神浪费在无谓的事情上"世界上有那么多未知在等着你们,宇宙有那么多秘密还等着你们去探索……",简单而又深刻的语言撞击着同学们的心灵,激励着同学们做有理想、有本领、有担当的时代新人。

次日下午,精彩不断。来自西电的学哥学姐们给我们带来了精彩纷呈的演讲。他们循循善诱,引导我们学会思考,最终得出结论——我们要在科学研究的道路上越战越勇!

我们有幸听到西电杰出校友、"摩拜"单车创始人——杨众杰先生的演讲。在演讲中,杨众杰先生为我们讲述了他加入"摩拜"这个大家庭的机遇与巧合,以及他在加入"摩拜"这个大家庭后,和几名同事共同研制出摩拜单车锁的艰辛历程。这使我明白,任何人的成功路上都布满荆棘坎坷,只有渡过那前路上的艰辛,才可以收获通向未来的康庄大道!

参观

古人有云:"读万卷书不如行万里路。"要想真正了解一个国家、一个城市、一所大学,真不如亲自去看看,自己发现这个国家、这座城市、这所学校与众不同的魅力。

第一天下午,我们参观了西电的博物馆、校友馆、历史馆和图书馆,在每一个馆内,都有学哥学姐来帮我们讲解馆内的历史文化,让我们对西电有了更深的了解!

西电是中国电子信息领域科学研究和人才培养的核心基地,它是由半部电台起家的,无线电通信技术是西电的特色。学校前身是 1931 年诞生于江西瑞金的中央军委无线电学校,是毛泽东等老一辈革命家亲手创建的第一所工程技术学校。1958 年学校迁址西安,1966 年转为地方建制,1988 年定为现名。西安电子科技大学的历史是与中国革命史紧紧相连在一起的,战争年代,她自强不息,坚韧不拔;长征途中,处处都留下了她创办现代工程教育的足迹;和平时期,她打破西方对我国的技术封锁,首创了我国电子与信息技术领域许多学科和专业,撑起了新中国电子工业的脊梁,在中国电子高等教育史上谱写了绚丽篇章。

实践

收音机我只是听过、见过、也玩过，但从来都不知道它是怎么做成的，听说我们能够亲手做一台收音机，我的心情是非常激动的。在西电的这七天里，我们每天晚上都要进行收音机装配。我们需要学会看电路图、自己手动将二极管、电阻等电路元器件安装在电路板上，安装时还要学会焊接，需要用电烙铁将焊锡融化，使焊锡将电路元件固定在电路板上，要把大大小小一百多个零部件全部安装到指定的位置。最后，还要进行检测、调试，终于听到自己所做的收音机成功播出动人的声音，真的很高兴！尽管在使用电烙铁时被烫了许多次，但在最后看到成品的那一刻，觉得自己所有的付出都是值得的！

在这次西电之旅中，我最期待的就是参与寻宝大赛——无线电测向。我们三人一组，分工明确，各司其职，密切配合，我们手持无线电测向机，奔跑着迅速准确地逐个寻找预先设置的信号源，仔细聆听着信号的声音，分辨着它的位置，在规定时间内找到指定电台。这项活动的趣味性、科学性深深地吸引了我，使我真正体会到了无线电测向的乐趣和奇妙！

惜别

一转眼，迎来了闭营晚会。晚会上，同学们各显本领，节目丰富多彩，有舞蹈、武术、独唱、器乐演奏、歌曲串烧……随着一个个节目的结束，欢乐的氛围暂时掩饰了离别的忧愁，但伤感，还是不可避免地来了。听着辅导员学哥学姐们的寄语，看着同学们不舍的面孔，心里不禁一阵阵酸楚。天下没有不散的筵席，离别是为了更好的重逢。

罗伊·克里夫特曾说："我爱你，不只是因为你的样子，还因为和你在一起时，我的样子。"你的谦和，你的无私，你所具有的一切美好的品质都深深打动了我，影响了我，使我得以重新思考自己的理想与追求。在这里，我对科技的兴趣得到了前所未有的提高，因为你，我的自理能力、表达能力和组织能力得到了充分的锻炼和发挥。

这个暑假，感谢有你！我的人生，感谢有你！

再会，我难忘的西电！

难忘的七天

洛阳理工学院附属中学　冀恒

　　烈日,数个小时的车程,从十三朝古都到十三朝古都。西安电子科技大学(简称西电)终于出现在我的面前。带着对七日科学营的幻想,我开始了我的科学营生活。

　　洛阳距离西安不到400公里,我们一行人应是最早到达西电的。初入校园,惊叹于大学之大,东张张西望望,好奇着每一栋建筑。进入丁香宿舍大厅,我便看到堆满大厅的生活用品,还有热情洋溢的学长学姐。他们便是我们这次科技营活动的辅导员了。

　　快乐的时间总是过得飞快。很快来自五湖四海的科技营成员聚齐了。二百多位营员被打乱分在以校训"厚德、求真、砺学、笃行"为名的四个班里。我被分到了砺学班,来自四面八方的室友彼此打招呼,交换名字。但彼此之间总有那份拘谨在流动,直到晚上"破冰之旅"晚会。

　　"破冰之旅"晚会上,"厚德,求真,砺学,笃行"四个班,接受了到西电的第一个任务,40分钟内,制作班旗,挑选班歌,拟定口号。时间不多,科辅们根据我们的资料上所写特长,开始分配任务,有人制作班旗,有人领唱,有人开始作诗(想口号)。渐渐地,彼此之间的陌生感消失了。我积极加入到班旗制作中。大家你说一句,我说一句,你画一笔,我画一笔,经过多次修改讨论,颜值最高的砺学班班旗出炉啦。

　　七天里,最让我震撼的是两位大师的报告。段宝岩院士为我们带来了一场主题为《基于学科交叉融合的工程系统创新设计》的专题报告。此次讲座,段宝岩院士从中国天眼Fast馈源舱问题的解决到星载天线的设计;从多学科交叉融合到人才的培养教育;从工程中的科学问题到西电的特色电子信息领域。段院士让我领略到了不一样的科学魅力,我也被他的人格魅力所折服。段院士在用他的行动告诉我们,要想有所成就,认准了,就要坚持不懈。摩拜创始人之一的杨众杰老总给我们讲了他和摩拜单车的故事。杨众杰老总也是一名西电学子,对西电有着深厚的感情。杨老师先是介绍了摩拜的成长史和成就。然后又现身说法,向我们讲述了创新创业背后的艰辛之路。杨众杰老师幽默风趣的演讲，给我们留下了深深的印象，让我们理解了西电精神、西电人的气质，使我受益匪浅，感触良多。

七天里，最大的乐趣就是无线电测向。营员们需要通过手中的无线电测向机，通过小组合作，找到无线电信号源，然后根据小组听到的电报破译出正确的密码，告诉发射源旁的科辅，在打孔，同时在记录表中记录班级顺序。时间一到，每个人都奔跑起来，去寻找无线电信号源。通过这次活动，让我再次体会到小组合作，互相配合的重要性。

七天里，最不一样的体验是做收音机。从焊接到组装，从调试到检修。望着手里的收音机，听着里面传出的广播声音，让我有种前所未有的满足感。

七天里，最难忘的是闭营晚会。大家一个个的上台演出，歌舞欢腾。在这一刻，没有人去想闭营晚会代表了什么，只愿沉浸在这一刻的欢腾。但离别终有期，等到四个班的科辅开始讲话时，我们才想起，今天就是结束的日子。台上说着绝对不哭的学长学姐们，话还没说完，便背过身去抹眼泪，话筒一个传一个，却很难有一个把话说完。而此时台下的我们，女生早已泣不成声，男生一个个仰头望天，双肩微颤。泪水，是这时最好的表达方式。

短短七天，我收获了一个高中生难有的视野，一份对大学的向往，一份对科学的执着和热爱。

七天虽短，却让我深深地爱上西电。西电，后会有期。

相会长安　相聚西电

洛阳理工学院附属中学　袁韵如

洛阳——郑州——西安——西安电子科技大学(后简称西电)。

一条高铁线串起了三座古城,七日的相聚激起了我微澜的心波。带着一丝希冀与憧憬从洛阳出发,满载几多友爱与博大沉毅从西安自西电满载欢喜归来。一路走来,收获良多,感触实深……

千言万语,万语千言,还是得从头说起。

一张快乐的集体照

刚一下西安高铁站,有点不适:天空有点儿高、有点儿远,不像洛阳的天空有点儿灰暗,也不像郑州的天空烈日当空,天地一片白光,晃得人眼晕。西安呢,碧蓝的天幕上,衬着几片儿云朵,显得很是高远寥廓,仿佛再告诉我西安的深厚久远的历史,又仿佛是西安城显现给旅人的胸怀,宽广又博大,更有爱!我一下子莫名地喜欢了这一切。同行的洛阳的营员们也都喜欢了这一切!于是高铁站前就有了带队老师和十几名洛阳营员的第一次集体合照。这也是为期七天的西电之旅的第一张照片。也是从这时起,我的西电科技之旅拉开了帷幕。

两场精彩的演讲

"大学之大,不在于大楼之大,而在于大师之大。"这话,早听说过,但没什么深刻感受。在来西电之前,从没机会亲见学术大咖、创业先驱,更别说两院院士和叱咤商界的创新人物。两场重量级的演讲之后,我越来越能与这句话阐释的精神思想产生共鸣了。

中国工程院院士段宝岩教授主持了国家科教领导小组审议批准的国家九大科技基础设施之一——500米口径球面射电望远镜的总体设计,很荣幸地,我们有机会聆听了段教授专一为参加西电科技夏令营的我们——一帮中学生——作了一场关于"基于学科交叉融合的工程系统"的演讲。另一个晚上,是摩拜单车联合创始人杨先生的演讲。亲承大师教诲,亲见大师风采，真真"如闻仙乐耳暂明"，一片混沌一片懵懂中，我的心中仿佛触摸到了什么，又仿佛明白了些什么。

四个晚上的收音机装配

电烙铁是什么？不知道。二极管什么样？没见过。依照图纸手工装配电子产品？产品图纸？没见过。手工装配？没做过。没没没没没没……这真叫人崩溃，所有问题的答案，都是"不""没有"，叫我情何以堪！

我的收音机装配之旅在"黑暗"中开始了。一场超出我能力之外的看似不可能完成的任务艰难进行着。严格要求的指导老师，谢谢您！友爱的队员们，谢谢你们！有了你们的帮助，一切都变得柳暗花明了。一个又一个晚上过去了，第四天晚上，当我的收音机能够接收到电台的时候，一股自豪感油然而生，这可是我亲手制作的啊。它有我的心血熔铸，也有可敬可爱的师友们的爱的奉献。

永远不会停息的碰撞交融

随着一天天的活动的进行，不论是聆听专家讲座，还是营员们的集体活动，一切都让我受益匪浅。

校史馆、博物馆和体育馆的参观也使我对西电这所历史悠久的高校有了更深的认识，西安博物馆的参观则让我更深入地了解了西安这座千年古都。对物的了解，对知识的体悟，是我西电之旅的极大收获，但更大的收获、更多的收益，则是我收获的友情。

在前往西安前，同行的人中只有一个是我认识的，直到现在我仍然能回想起自己在出发前不知该与他们如何相处的忐忑之情。不过现在再回想起我们七天间的相处，我却不得不感慨友情的奇妙。

陌生的环境，陌生的人，七天后却成了挚友，还有我们有趣的辅导员们，我们一起聊天，一起玩游戏。在最后的一个晚上他们为了送我们更是一晚上都没睡。

在西电这七天，我经历了许多以前从未经历过的事，收获了人生中第一个自己手工制作出的收音机，更交到了在我开学后还不忘来看我的好友们。所有的这一切虽然已成为了过去，但过去并不意味着消逝。七天时间里我们在西电谱写出了自己人生中一首异常多彩的小插曲，虽然这首包含着友爱、包含着沉毅、更包含着博大的曲子奏完了，但是曲终人不散，曲毕情长存。

希望尘嚣渐远，你我不散，西电永远！

一天西电人　一世西电情

洛阳市第一高级中学　苑航

三伏天的炎热在哪里都一样，哪怕是从古都洛阳到古都西安。可当西安电子科技大学（后简称西电）出现在我的盛夏并与科学营碰撞，一切都不再一样。炎热点燃探索的心，我听见西电炽热的呼唤。我来了！

山河江海西相逢，求真星火势燎原

因为距离近，我们洛阳一行人成为最先到达西电的队伍。车览远望谷体育馆（大金碗）和巨构楼，首先让我从大楼之大感受到大学之大。一进入丁香宿舍大厅便看见成排的生活用品和忙碌奔跑的红白身影——那是我们的科技辅导员，一群为志愿服务而放弃假期的学长学姐。

初入西电的新鲜感让时间过得飞快，我盼来了我的室友——对 40 ℃高温都司空见惯的两个海南学弟。为了让我们结交更多朋友，西电将来自五湖四海的二百多名营员打乱分在以校训"厚德""求真""砺学""笃行"为名的四个班里。晚上在南操场举办的"破冰晚会"，我所在的求真班也成了唯一一个全员到齐的班级。在昔日长安，在西电，在科学营，在求真班，山、河、江、海（山东、河南、江苏、海南）之人因为共同的科学梦汇聚，求真的星星之火也必将呈燎原之势！

很快，各个班级接受了西电下发的第一个任务——40 分钟内制作一面班旗并制订班歌与口号。时间紧任务重，在短暂的部署后，全班都行动起来。仅凭两支黑色马克笔我也加入了制作班旗的队伍。时间是最好的催化剂，从起初的推让到后来你一笔我一笔，不过短短数分钟。操场灯光不够，手机电光来凑；有书法的庄重不够，英文的飘逸来凑；有文字的骨感不够，图画的丰满来凑。八仙过海，各显神通。任务终于在规定的时间内完成，来自求真的第一声欢呼响彻南操场！

还没完？班旗内涵讲解？这个我在行，有些默契与生俱来，不需排练，讲解中我仿佛与班旗融为一体。"凡心所向，素履以往，青春激昂，求真以航。"当掌声响起，我意识到有一颗团结合作、勇于逐梦的种子已在心田种下。

红色电波唤使命，慎思明辨吾行之

雨淅淅沥沥下了起来，只不过谁也没想到这雨一下便是五天。

在"大活"小剧场，段宝岩院士为我们带来了一场关于"基于学科交叉融合的工程系统创新设计"的报告，让我感到大学之大还在于大师之大。段院士讲起自己相应国家号召"迷迷糊糊"来到西电，再到被西电"全心全意为人民服务"的文化所吸引。从中国天眼 Fast 馈源舱问题的解决到星载天线的设计；从多学科交叉融合到人才的培养教育；从研发艰辛到工程之美……段院士讲这一切都是与西电的缘分，都是科学本身的美妙，可我看到的却是他那颗科技报国、干一行爱一行的拳拳赤子心。

报告结束后，我赶忙抓住这得之不易的向院士请教的机会，问出了我的三个问题。段院士耐心地听完并逐条为我解惑，和蔼之态让我如同面对一位近在咫尺的智者与长者，而非遥不可及的院士。

接下来的几天，因为雨的缘故，无线电测向比赛被一再推迟。但在博物馆我领略了无线电发展长河中的里程碑发明；在校史馆我感受到"半部电台起家，长征路上办学"的西电情怀；在星火众创空间我触摸到机器人不一样的脉动；在图书馆我看到手不释卷的身影和汗牛充栋的厚重；在体育馆我体会充满"红色电波"文化的趣味运动会；在陕西博物馆我仿佛重游唐都长安，透过雨雾瞥见小雁塔"三开三合"的坚韧；在环普科技园区，科技创新成了主旋律，更多年青的声音从这里破壳；在小剧场我明白《当我们海阔天空》也不只是电影，更是现实——西电杰出校友、摩拜单车联合创始人杨众杰老师用他与摩拜的故事，深入浅出地解读了共享经济的未来发展与现今热度不消的华为自强。我懂得，原来用简单的方法去做完美的事就会完美，成功的前提是奋斗，没有"面包"，哪能撑得起梦想！

工训中心承载了我们四个难忘的夜晚。在这里我第一次读懂看到眼花的收音机图纸；第一次亲手拿起电烙铁、锡条，在元件面上点下一个个晶莹闪亮且滚烫的锡点；第一次完整制作出自己的一台收音机。太多第一次在这里诞生，当拿着收音机趴在窗边接听广播，本不属于我这个

"00后"的小东西,不过俯仰之间,便打破了时空。科技如此迷人,西电的本源如此平凡而珍贵,科学营教会我——慎思明辨吾行之。

笑语七天终作泪,今世已结西电情

七天太短!终于守得云开见月明,雨,停了。心心念念的无线电测向比赛在烈日下到来,这也是我此次科学营的最后一天了。两小时的斗智斗勇、你追我赶伴随着"嘀嘀嘀"中摩斯电码的破译宣告结束。

闭营晚会还是来了。标兵营员的肯定、优秀班级的殊荣、最佳通讯班的称号、无线电测向优胜组的荣誉都见证着我的七天。

无论登台表演有多紧张,总会记起小伙伴们连夜排练的场面;无论班歌唱得多跑调,总会记起夜里雨中列队边走边唱的我们;无论早已在心里做过多少准备,总归还是抵不过朝夕陪伴我们的学长学姐深情告白。仰头45°,这不是要拍照而是为了不让泪流出,可台上的他们一个个说着说着便开始哽咽,躲在后台不敢见面,背过身去抹泪,哭得半跪在地上无法继续。谢谢你们的陪伴与温暖,对不起我还是"没出息"地让泪流出,伸手拿纸,却发现早已被身旁女生用光。七天积攒过多少欢乐,现在就换回多少泪水,尽管不舍,可分离总归是为了更好的相遇。

笑吧!哭吧!青春不就该如此吗?西电让灵魂温暖灵魂;科学营让科技与历史交汇;这里的一切都让这个夏天不一样,而这个不一样的夏天也终将带给我不一样的青春。

当一抹金光划破天边,我们告别西电,告别这个梦想起航的地方。感谢科学营打开了我求真拓新的眼睛,像夜空中最亮的星在我拼搏的高三指引方向。"石蕴玉而山辉",终要一生求索,一生学习,于人情纵横情思诗韵,在时间的光影里以自强学习为路,到人生之巅,望那苍山负雪、明烛天南!

不说再见。

一天西电人,一世西电情!

忆西电　七月时

河南科技大学附属中学　李政依

洛阳才子科学营，
西安电子来完成。
人生目标刚起步，
他日腾达再相逢。
——致西安电子科技大学

相遇西电　初见倾心

"尘浮兵马俑，雾锁大明宫。雁塔巍峨立，满城遗古风。"印象中的西安历史悠久，文化灿烂，历史名城，举世瞩目。而真正让我爱恋这座城，是从走进西电开始。

"全心全意为人民服务——毛泽东"刚入校门，大红的醒目题字，就突跃入眼帘。学校前身是毛泽东等老一辈革命家亲手创建的第一所IT学校。忽然想起了此时的"华为"，任正非作为CEO，他一手把华为变成了震惊世界的"科技王国"，把"全心全意为人民服务"体现得淋漓尽致！任正非曾说"在未来的投资决不能手软。"而作为"211工程"的西安电子科技大学，它有很多王牌专业，在通信、电子、计算机等领域有很强的科研实力。它开创了历史上许多先驱者的先河。由于这些专业实力雄厚，毕业生在行业中非常受欢迎，尤其是每年进入华为和BAT的人数在国内高校中排名第一。学校培养了十余位国家副部级以上领导以及联想集团董事局主席柳传志，"神五"和"神六"飞船副总设计师、"天宫一号"目标飞行器总设计师杨宏等一大批行业领军人物和技术骨干！为国家建设和社会进步做出了重要贡献！"西电，我为你骄傲！"

滞雨长安夜　灯下乐悠悠

"Oh,yes! Oh,yes! My Radio! My Radio! ……"的欢呼声此起彼伏！7月的西安，本应骄阳似火，可是我们来做客的这几日，却是阴雨连绵。虽是出行不便,却也带来了惬意的清爽,更能让我们这批特别的"实验者",每天晚上都能潜心"研究",乐此不疲!电阻、电容、二极管和三极管、线圈、电路元件;电烙铁、电路板、万用表、锡;焊接、调试、组装……这些平时只能"纸上谈兵",万万想不到,竟也轮得上我"真枪实战"一回!制作收音机,电路板的焊接是核心。焊接之前必须正确识别各个电路元件,再用相关仪器准确测量其参数值,并与电路图中所标示的元件对号入座。焊接遵循先低后高、先耐热后怕热的规则。焊接时应一点而就,以免与电路板接触时间过长而烫坏其他元件。我们焊接起初胆战心惊的,将电阻立得老高,容易形成虚焊。一次次失败后有了经验。焊锡一点点下去,电烙铁要在锡水熔化后产生光亮就拿开,就能焊出光亮圆滑的焊点了。阵阵青烟飘过,电路板上闪耀着动人的金属光泽!安电池,装外壳、调试…… 竟听到四个电台!完美!"成就感"爆棚!突然想起西电的校歌《与共和国同行》:

星星之火,照耀着我们,照耀着我们的忠诚。
红色电波,辉煌着我们,我们的传统。
肩负使命,千锤百炼,我们和共和国,我们和共和国同行!

西电,感谢有你!

工欲善其事　必先利其器

"大活"剧场,名师荟萃,精彩不断。首先是中国工程院院士段宝岩带来精彩讲座:"中国天眼"FAST——我国自主知识产权、世界最大单口径、最灵敏的射电望远镜。院士的讲座激发了我们对于科学技术的极大兴趣。科技在这个不一样的夏天里令我沉迷!让思想乘着科学的翅膀自由翱翔!何其有幸,能享受到这场科技的饕餮盛宴!

Mobike 联合创始人杨众杰分享了创业历程。以"让自行车回归城市"为理念,创新性地提出了铝合金车身、无链轴式运转、实心胎,首创智能锁。摩拜在创新之路走了行业的最前沿。"摩拜让城市单车变得更聪明,让单车这个古老行业焕发全新活力。"杨众杰告诉大家:创业之底,便是创新。做创新的时候深入挖掘用户的痛点、需求,采取不同的方式去验证,去测试创新究竟是否合理,再反过来不断地迭代。今天做的任何事情都不能违背自然规律,不要为了创新而创新!真是"听君一席话,胜读十年书"。

"破冰之旅、梦想启程"!西电,未遇你之前,我的人生懵懂得像是梦!是大师们的报告令人醍醐灌顶,茅塞顿开!是他们以生动的讲述和丰富的实例,去感染、激励、帮助我们选准航向、立志前行,把个人的"成才梦""事业梦"融入"中国梦"! 这是我树立育鲲成鹏之志的地方,是志向开始的地方!"西电,有缘我们再相见!"

长相思　在西电

7 天的科学营之旅,虽然匆匆太匆匆,却今生难忘:别开生面的破冰仪式,大师们的精彩报告,实验室里的"滴滴滴……嗒嗒嗒……",无线电测向时寻找宝藏的紧张、刺激,离别联欢时的淋漓尽致…… 所有的一切都将镌刻在我的记忆中!"西电,真好!"

逐梦西电 全心全意为人民服务

洛阳市第一高级中学 谢开元

在 2019 年的高校科学营活动中,我有幸来到这所拥有深厚历史的西安电子科技大学。

西安电子科技大学,前身是 1931 年诞生于江西瑞金的中央军委无线电学校,是毛泽东等老一辈革命家亲手创建的第一所工程技术学校,成立时仅有缴获国民党的半部电台。1958 年迁址西安,1966 年转为地方建制,1988 年定名为西安电子科技大学。

踏进未来,梦想启航

进入学校东门,映入眼帘的是石碑林,中间是毛泽东主席为西安电子科技大学题的词"全心全意为人民服务"。通过石碑林望去,看到的是后面长长的教学楼。教学楼中耸立着一座高塔——瞭望塔。

车子穿过林荫大道,绕过远望谷体育馆,我们来到了宿舍区,见到了我们的带队志愿者,为了迎接我们的到来,他们已经忙碌一个月了,看到大厅里满满的生活用品,我不禁想起毛主席的题词:全心全意为人民服务。

报到之后,我们所有人根据学校校训被分为了厚德、求真、励学、笃行四个班级,而我有幸成为求真班的一员,见到了来自全国各地的优秀学员,认识了许多朋友。

夜晚,破冰之旅见面会开始了,学长们首先介绍科学营的有关知识和科学营期间的注意事项。见面会结束后,我们来到北操场,开展了一场别开生面的破冰晚会。我们分工合作,大家各显神通,有的画班旗,有的练歌……我在班旗上写下花体英文"Searching For Truth",表达了我们求真班严谨求真的科学精神。

乘风破浪,梦想踏浪

开营仪式上,所有人的脸上都洋溢着兴奋的神情,因为这不仅标志着这次活动正式拉开帷幕,还标志着我们探索科学之旅的开始。

接下来，参与 FAST 建设的段宝岩院士为我们带来了一场别开生面的学术报告，讲解了学科交叉在这个新时代的重要性。其中最令我感兴趣的就是工程中的科学问题。段院士不仅从科学方面讲解，还举了星载天线、机电耦合等生动的例子，让我明白了科学在生活中的广泛应用。而且我还了解到，段院士为了做好这个科研项目，放弃了大城市的高薪，埋头科研，为祖国贡献自己的力量。

之后，摩拜单车创始人之一杨众杰先生为我们讲解了有关摩拜的台前幕后的许多事。我们了解到摩拜的初衷就是"'全心全意为人民服务'，做好共享经济"。最初的摩拜遇到了许多困难和挫折，锁不灵敏、资金紧张等。但是，他们心中始终怀揣着为大众服务的梦想和目标，共同努力，不断攻克一个又一个难题，最终成了共享单车的领头者。

这些都我深深地感受到，不论做什么事，都要从大众考虑，为大众服务，心中有梦想，眼中有希望，要拥有"牺牲小我，成全大我"的精神。

我们还参观了校史馆、校博物馆、图书馆和大学生活动中心。我印象最深刻的就是大学生活动中心。各种高精尖的科学技术，西电校友们创下的许多奖项，多样化的活动空间都让我惊叹不已。这更令我坚定了我的目标，要去追赶学姐学长们，闯出一片属于自己的天空。

惊涛骇浪，梦想无惧

收音机组装科技实践可以说是让所有营员最为感兴趣的活动了。以前我们只是会用收音机，并不了解它的原理，但现在我们有机会从零开始，深入探究这个小小收音机的奥秘。我们紧跟老师的步伐，从焊接技术学起，到识别元件，连接电路，测试改装，反复调试……尽管其中经历了许多次失误，历尽了艰辛，但是我们所有人互相帮助，相互提供意见，最终组装出了令人满意的收音机。

大家每晚都很辛苦，但是当收音机中传出清晰的声音时，所有的劳累都被一扫而空。喜悦之情难以言表，每晚的艰辛都是值得的。

不得不说，经过努力的成功是喜悦的，是令人兴奋的。我从中认识到，最后的成功，都是靠努力拼搏出来的。

波涛汹涌，梦想勇进

这些天中，不仅有让人"兴奋"的科技，还有令人"放松"的休闲活动。

在趣味运动会上，我们经历了指压板的刺激与酸爽，体验到了轻薄的报纸的强大，发现了几根筷子的极大潜力，探索了磁悬浮陀螺的神奇与奥

秘······

在观影过程中,我们感受到了科技与内心目标奇妙结合的力量。这也让我们更加相信科技改变人生。

参观博物院和软件园,我见到了琳琅满目的展品,聆听了内涵丰富的讲解,体会到了西安这座城市古典与现代相辅相成的魅力,让我对西安这座历史名城有了更深的了解。

无线电测向活动中,我们在整个校园中各处奔跑,接收时强时弱的信号,寻找那隐蔽的发报机,破译摩斯电码······尽管我们身体劳累,但是心情却依然很激动。我们不仅体验到了西电的特色,还提升了团队的合作意识。

逐梦航道,梦想有你

在这短短的六天里,我不仅结识了同行的伙伴,还认识了那些大学生志愿者们。他们为了我们操碎了心。其间,我因病发烧,学姐冒着大雨带我去校医院看了医生,还开了药。在寝室休息时还不断有学长学姐过来问候。他们的行为让我感动又感激。他们为一个寻常营员的贴心做法实在令我钦佩。

大船靠岸,梦想未停

"向这里走,对,然后转身!"

"你这个音调应该再高一点······"

"没错,再来演一遍!"

从大学生活动中心里传出大家认真准备的声音,还有悠扬的琴声和动听的歌声。这是我们所有人在为最后的闭营联欢晚会准备。

我参加了三个节目,一个是开场演唱,一个是吉他独奏,还有一个是串烧中的两部分。所有人都在努力排练,为的是能够展现自己最好的一面,我也不例外。最后那天的训练持续到了凌晨······

果然闭营晚会让所有人眼前一亮,有的营员唱歌,有的营员表演武术,有的营员表演魔术······所有的表演无不展现着营员们的青春和活力,表达对西电的热爱和对科技生活的赞颂。

最后志愿者的发言,感动了我们所有人。这几天的相处让我们感情变得更加深厚,难以割舍。

分别是暂时的,说不定在未来的某一天,某个地方,我们会再次相遇。

梦想在我们手中

这次的活动不仅让我增长了科技知识,体验了科技的力量,还让我收获了珍贵的友情,感受了西电学员们贴心的照顾和老师们细致的引导,更让我增添了对西电的憧憬和向往。

我会把这次活动所认识的人,所经历的事,完完整整地记在心里。

我坚信,所有的离别都是为了创造更美好的下一次相遇。

我不会忘记自己的梦想,也不会忘记给我契机的西电。

西电再见。梦想,我们会追求;未来,在我们手中!

我会永远牢记:全心全意为人民服务!怀揣梦想,永不言弃!

紧跟凤凰　必成俊鸟

郑州市第七中学　练腾佳

感谢西安交通大学这只无与伦比的"凤凰",使我有了成为"俊鸟"的渴望!

——致西安交通大学

在生命的长河中,七天,不过是长河中的一滴水,但是在科学营的这七天,却是与众不同的一条支流,虽然很短,但记忆犹新。

初识

当列车缓缓进站,我们激动地收拾着行李,因为我们知道:西安到了,交通大学还会远吗? 刚进西安交通大学,一股历史沉淀的气息扑面而来,我被这所大学深深地吸引。匆匆吃过午饭,我就邀请同伴一起"逛"这所大学,我们去了气势磅礴的主楼,到了安安静静的图书馆,看了郁郁葱葱的胭脂坡,赏了直冲云天的腾飞塔……越是参观它,越想了解这座令无数人向往的知名学府。在回来的路上,我看到一排高大的梧桐树,它们整齐地排在路边,丝毫没有因为时间变化而变化,它们就像一群老爷爷,慈祥地看着那些同学讨论着学习,它们不知已经看过多少代的学生,却依然没有丝毫疲倦,反而"津津乐道"。这不禁让我想起《魏书》中的一句话:凤凰非梧桐不栖。或许这也是这所大学的魅力所在吧。

相知

在到来的第二天与第三天,我们深刻地了解了这所已经有 123 年历史的学校。西安交通大学前身是交通大学,建校地点是上海,新中国成立后担心可能会爆发第三次世界大战,于是党中央决定,交通大学西迁,这在当时的条件下几乎是一个无法完成的任务,但交通大学的前辈们并没有被困难打倒,"党让我们去哪里,我们背上行囊就去哪里",这是他们当时的信念,而正是这种信念,使他们完成了这个看似不可能完成的任务,而更令人钦佩的是在西迁中,交通大学没有少上一节课、没有晚开一天学。在2017年新年贺词中,习近平主席衷心祝愿那些西迁老前辈身体健康,也希望西迁精神能够传承下去。在这里的学习过程中我渐渐了解到西迁精神的内涵:胸怀大局,无私奉献,弘扬传统,艰苦创业。我相信,我们这一代能更好地传承西迁精神,同时也能创新出属于我们时代的新精神。

团队

在这七天里,我不仅了解了西安交通大学的历史,而且也收获了珍贵的友谊。

在无人机的体验活动中,我们各司其职,很快就将无人机的模型拼装完成,虽然过程中也出现了部分错误,但最终都被我们纠正了。当完成最后的电池组装后,终于到了试飞的环节,我们仔细地看了说明书,并且明白了如何解锁,于是,在最终的测试阶段,我们一举通过测试。在这个活动中,我们互相交流、互相补充,这次飞行的成功,是我们团队每个人努力的结果,所谓"众人拾柴火焰高",只要我们足够团结,就没有做不到的事情。之后我们又参加了素质拓展活动,在这个活动中,我们参加了许多游戏,对我印象最深的是"过山洞",我们需要将一个班分为两组,第一组因为开始得比较仓促,所以完成得并不快。第二组吸取了第一组的教训,在比赛开始前便做好了充足的准备,即每个人都试着过"山洞",因为大家的团结与努力,最终我们获得了第一。我们每个人都无法单独地完成这些活动,但是因为有了团队,每个活动都容易了许多。在一次次的团队活动中,我们认识了彼此,相互帮助、相互学习,共同提高。也许我们不会再见,但这七天的回忆却足以温暖我们每个人!

科技

在这几天中,我们参观了一些实验室。在那里,我们见到了之前从未见过的仪器:扫描隧道显微镜、3D打印机等,这无疑是人类科技进步的体现。老师不知疲倦地为我们讲解这些仪器的原理,我们也十分好奇地认真倾听老师讲解,并将一些重要知识牢记于心。虽然我对于大部分知识似懂非懂,但我相信,随着学习的深入,我会逐渐理解这些深奥的知识。而在老师的讲解过程中,我感受到了老师的无奈与不甘,因为他们总会说一句:这些仪器都是我们进口国外的,虽然我们国家也能制作这些仪器,但大多数质量并不过关,有小部分无法满足高精尖实验的要求,所以,虽然我们国家科技已经进步很快了,但与那些发达国家相比,我们仍需静心学习。听完老师的这些话,我越来越认识到学习的重要性,或许我们可以不上学,但我们绝对不能不学习!这也更加坚定了我学习的目的:为中华之崛起而学习!虽然现在我们是应试教育,但也正是这扎实的基础,使得我们更有信心地创新!

离别

天下没有不散的筵席,科学营在冷餐会的欢声笑语、大家吵闹着合影、签名声中愉快而又不舍地结束,伴随着新一缕阳光的照耀,我们踏上了归途,这对我不仅是结束,也是开始。高三开学——我明白高三的重要性,也明白有无数人将"崛起",也有许多人会"黯然无光",而我,不管是发光还是失色,都依然会竭尽全力地努力——为了心中的梦想!科学营结束了,而这不舍的离别,将会为我注入一股新动力,微量而强大,我相信,紧跟着西安交通大学这只"凤凰",我一定会成为"俊鸟"!

科学营,再见;高三,你好!

PS:十分感谢"三岁学长"新元哥哥与"唐突学姐"雅静姐姐的陪伴,正是因为有了他们,西安交大之旅才变得更加欢乐与难忘!

惊鸿一面即沧海

郑州市第七中学　周夕卜

"美哉吾校,真理之花,青年之楷模,邦国之荣华……"伴着西安交通大学的校歌,我们迈入了这个期待已久的校园,期待着未来7天在交大的全新体验。

自然之沃土·精神之林园

走进西安交通大学(后简称西交大),首先感受到的便是庄严古朴的校园。

没有冰冷的现代建筑,西交大的建筑是平易近人的、朴实无华的。没有众多花样的校园标志,西交大的校园是由一抹抹葱郁添色的。信步校园中,我会不由自主地用手抚摸那一砖一瓦,一草一木,那有着自然的芬芳,那有着我们走来的方向。中国从乡村乡情中走来,西交大亦由泥土青草奉献芳香。各种各样的树木盘根交错生长在交大的土地上,它们拔地而起,用抹抹新绿增添校园生机,以片片树荫驱赶炎炎暑气。交大校园没有傲慢与娇气,那朴实无华,那碧绿青翠,便是它的谦虚与大气。

西交大不仅有令人感慨良多的校园,也有亲切可爱的学长学姐。

辅导员学长风趣幽默,学姐温柔细致,让身处陌生环境的我们感受到了温暖与放松。他们会耐心地解答我们的疑问,会认真地为我们介绍校园历史文化,会无时无刻地提醒我们注意安全。是认真负责的学长学姐们让我们真正走进西交大,感受它内心的柔软与温情。

与新同学的"破冰"活动是令人难忘的经历,我们进行了有趣的自我介绍,以最快的时间记住新同学的名字;我们开展了欢乐的游戏活动,在活泼的气氛中让同学们的感情迅速升温,培养了团队精神的第一步;我们积极进行团队文化建设,每一位同学都为班名、班徽和口号脑洞大开,同学们的关系在热烈讨论中更融洽,现场一派欢乐和谐的景象。

当第一天结束时,我回望这一天的经历,既为这一个美好的开始而欣喜,又不禁期待着接下来一周的旅程。

真正走进交大,我惊叹于它的历史、它的文化。

步入钱学森图书馆,了解钱学森的人生经历与成就,我受到了诸多启发。钱学森父亲对他的人生引导,让我体会到家庭教育对后辈成长至关重要;当图书馆被誉为他航天之路的起点,我看到了广泛的阅读和丰富的知识积累对于人生成长的关键;当钱学森对老师的感恩话语一次次映入眼帘,我更加意识到从小到大我的老师对于我的帮助与教导是多么重要,也让我对老师们更加感恩,对他们的教导更加珍惜……最令我动容的是钱学森先生的爱国之情,他不畏艰难,一心想要回到当时一穷二白的新中国,回到他魂牵梦萦的祖国,为国家崛起奉献自己的力量。"回到祖国去,回到祖国去"是千千万万个日夜萦绕在他心头的声音。历经千辛万苦,终于,钱学森回到了中国的怀抱,从此中国导弹事业有了更加坚固的中坚力量,从此现代历史长河又多了一颗冉冉星辰。

三秦大地上传来一声呐喊,秦腔大戏在这片土地上上演,交通大学也开始了西迁之路。生旦净末豪迈粗犷声入人心,莘莘学子焚膏继晷西迁报国。传承秦腔是继承中华传统文化,振奋心灵;学习西迁精神是汲取中华精神营养,激励人心。以秦腔博物馆蕴含的文化大气为养,以西迁精神的精神火种为血液,西交大必将与天地共存,与日月同光。

科学之奥府·真理之泉源

在网络上搜索西安交通大学,最令人称赞的便是它的丰富的国家科技基础设施、多个国家重点实验室与工程中心以及雄厚的科研师资力量。这些荣誉在从前的我的心中并没有很深的理解,不过是一个个网络词条罢了,直到走进西交大的实验室,我才真正明白何为重点科研基地。

步入电气实验室、航空航天学院实验室,属于实验室独有的严肃与静谧笼罩了每一个人,一台台精密仪器在每一间实验室中静静放置着,一件件特殊材料、零件讲述着自己蕴含的科学智慧。仪器大多由外国引进,却在西交大的实验室中熠熠生辉,在西交大学子的学习、研究中发挥着重要作用。在教授的引领下,我们学习了仪器的作用,了解了前沿科研成果,更看到了交大出色的科研实力。而给我印象最深的是西交大师生治学严谨的科学精神。当我们进入实验室时,我看见不仅有大学生在一丝不苟地于仪器前记录数据,还有师生共同在认真地讨论实验现象,他们眼中的专注与认真吸引了我。科学实验来不得差错,失之毫厘差之千里,而他们不懈探索的执着身影,坚持不渝的不倦眸光更让我坚信,唯有潜心与严谨才可造就一厘一毫的正确,而只有一点一滴的正确才能铸就最终的成功,才得有西交大科研今日之辉煌。

陆游曾言："纸上得来终觉浅，绝知此事要躬行。"如果参观实验室对于我们来说是一次大开眼界的观摩，那么体验无人机则是一次令人难忘的亲身体验。当我们自己亲手将原本在木板上的一个个小木块拼装成一架像模像样的无人机时，我们的内心是激动的，是兴奋的；当我们亲手将拼装好的无人机飞上天空时，我们的心情是自豪的，是满足的。无人机飞起带来的一阵凉风，吹拂在我们脸上，亦吹拂着我们的心，它不断提醒我们：实践是科学之必需，是生活之源泉。实践创造了生活，更赋予了生活以灵魂。它让每一天都充满新鲜，让每一天都富有惊喜，让我们的人生有着无限可能。

西交大之踏实求学，治学严谨令我敬佩；西交大之躬行实践，尊重事实使我仰慕。如此校风培育了一代代优秀学子，而一代代菁英亦润泽了西交大之灵魂，使其屹立于这片沃土而百年不衰。

未来之启迪·热忱之引领

如果问我这一次科学营带给我最大的收获是什么，我一定会笃定地回答："对未来的憧憬与希望。"

当我第一天漫步校园，走到一个路口时，一群大学生从一幢小楼中涌出，他们或背着书包，或怀抱着书本，或走路，或骑着自行车。他们说着笑着，眼中有自信与快乐的光芒。或许就是从这一刻开始，我的这趟旅程被赋予了不一样的意义，西交大开始慢慢告诉我什么是大学，什么是未来。

是什么让我重新认识了大学生活？是在午饭时和辅导员助理姐姐偶遇，畅聊大学趣事吗？是在丰富的活动之余我依然有时间坐在书桌前安排自己的学习与娱乐吗？还是在看见学长学姐沉稳干练、认真负责地组织着我们活动呢？我不知道，我只知道一颗名叫"大学"的种子早已在我心中种下，它在慢慢成长，在不断告诉我，何为大学，何为未来。我不会忘记听到学长讲述自己的支教经历时，我是多么感动与心仪；不会忘记学姐在介绍大学的社团活动时，我是多么兴奋与憧憬。

大学生活是如此明媚而充满希望，如此吸引着我向它走来。我渴望未来坐在窗明几净的教室听着老师的教诲，学着自己热爱的专业；我渴望未来在寝室与全国各地来的室友结下深厚情谊，为大学生活增添浓墨重彩的一笔；我渴望未来积极活动在各种社会实践中，不断为自己丰富经验，稳步成长……我有太多太多的期望，我也渴望太多太多的成长。如今我对未来更加有信心，因为我坚信大学会助我理想扬帆，人生远航。

每一个行走在交大的日子，天光悠长，夜晚风凉。我坚信，在我的大学，我的未来,也一定如此风物灿烂,天光明澈。

交大惊鸿·山高水长

回望曾经的旅程,三言两语说不清,过去的终会过去,明天依然到来,而在交大的这一周体验中,我认识到了其文化底蕴之深厚,科研实力之强劲,更看到了未来的希望。我相信这段经历会是我人生旅途上一束光,从不吝啬锋芒的光,让可能渲染四方,穿透所有阻挡,给未来每一天铺上闪亮。

难忘今夏

郑州市第四中学　吴朝阳

每个人心中总有那么几个回忆的泡沫。每当我们回想时,就会飘来一股回忆的味道。

——题记

随着闹铃的响起,我踏上了前往西交大的路。西交大,是我的初心,是我要考上的大学,这次旅途肯定会靠近我的这个梦想。

刚下火车,我就兴奋不已。看着西安的一切,总感觉什么都好。西安的天,白得让人感觉一尘不染;西安的火车站,宽广得让人感觉不到边界;到了交大,我满满的敬佩,那高耸的活动中心映入我的眼帘,楼体上面还有江泽民总书记的题词:继往开来,勇攀高峰,把交通大学建设成为世界一流大学。鼓舞我们年轻人好好学习。

到寝室安顿好后,我们参观了整个校园,三层楼的食堂让我对今后的食物充满了向往,校园的篮球场勾起了我对运动的渴望。晚上的"破冰仪式"同样也让我认识了来自世界各地、充满活力的人才。我们同时也组成了一个完整的团队:Br2 班。

第二天,一早我们就奔赴活动中心,去听陆卫明老教授的讲座,是关于《论语》的。虽然我对国学知之不多,但却从讲座中学到了许多做人处事的道理,让我在今后的生活中能交到良师益友。

当天下午,我们参观了交大的博物馆,里面的文物各种各样,据说都是在建造西安交大时挖掘出来的。我看后更加佩服交大的历史悠久。

晚上我们去了篮球场,我在篮球场上尽情地表现,那天晚上我浑身湿透,洗完澡后,美美地进入了梦乡。

第三天早七点左右,我们集合了。连日的奔波、满满的日程,这么早的集合行动让我十分疲惫,看着同样无精打采的同学们,辅导员领我们做了游戏,在游戏中我们体会到了集体力量。接着,我们去参观了西安交大的西迁博物馆,在那里我们感受到了交大人西迁的精神与毅志,同时也为交大在西迁过程中,没有耽误一节课的精神而佩服。下午,我们听了一位教授讲关于节约能源这一问题的深刻反思,我们听后倍感激励,更加深了成为交大人的决心。

第四天是让我最难忘的一天,因为寝室人给我起了个独特的外号叫"文身哥"。自此以后我就成了大家的焦点。这让我既高兴又尴尬,但我知道这是同学们在开玩笑。上午一大早,我们参观了交大的实验室,在那里我感受了交大科技的先进。一些高科技仪器在实验室里备受关注,而我最喜欢的实验室是理化实验室,在那里我对各种各样化学、物理仪器羡慕不已。这些足可以看出政府对当地的重视。我相信交大一定不会忘记使命报效国家的。下午,我们去了"秦腔艺术院"。在那里我们感受到了陕西人的大气与宽广,同时也使我对陕西文化更加的佩服与热爱。晚上,我们进行了荧光晚会,看着同学们挥舞着手中的荧光棒,台上人大声地唱着,我的心顿时沸腾了。

第五天,也到了我最不想它到来的一天,因为明天我们就要踏上回家的路了。上午,我们再一次听了讲座,是一位老校友的讲座。他不仅讲述了交大当年的历史,同时也讲述了自己对交大记忆的点点滴滴。他的讲话深深影响了我,让我感受到了交大人对交大的热爱。下午,我们并没有进行什么活动,于是我们用剩余的钱到超市买东西。晚上我们进行了冷餐会,到了分别的时候,我们每个人都热泪盈眶,都不想分别,毕竟在一起这么长时间了。晚上,我们并不想睡觉,我们寝室一块合影留念。第二天早上,我们早早地出发,看着难以分别的同学,我伤心极了。

"海内存知己,天涯若比邻",今天的离别是为了明天的相见,我们交大见!交大,有你,真好!

入百年交大　受终生之益

郑州市第四中学　王君轲

G2001 次列车在终点站缓缓停下,通过车窗望着站台上的四个大字——西安北站,我自言自语道:"西安,好久不见。"

团结一致　悄然破冰

到达西安交通大学的第一天晚上,我们举行了破冰晚会,来自全国各地的精英学子们共同坐在思源学生活动中心的会场中。

主持人的一声:"破冰晚会正式开始!"叫醒了那些沉浸在手机的欢乐中的同学们。主持人介绍本次"破冰晚会"主要以比赛的形式进行,而且多为需要团队合作的比赛。这对于我和彼此间还叫不出名字的同学们来说,无疑是一个巨大的挑战。

但是,有困难就要迎难而上!全班人分成几组,依次进行一句话自我介绍,下一个人要将他之前所有人的自我介绍先背出来再进行自我介绍。别人的名字和自己的名字一遍又一遍地在小组内响起。虽然听上去很难,但效果确实拔群。一遍下来,所有人都记住了全班同学的名字。

介绍环节结束,接下来就是比赛环节了。

令我印象最深刻的就是设计班级形象这一比赛。要在有限的时间里设计出本班的班旗,班徽和班级口号。在上一轮的班级建设活动中,我有幸成为班长,在这个环节中与另一位班长共同统筹安排各项计划。

在我们两个班长的安排下,前期设计环节我们迅速结束,进入操作环节。各位同学都尽心尽力地完成自己的任务,会画画的去制作班徽与班旗,文采好和字写得好的去设计班级口号。每位同学都有自己的任务。

当我在制作班徽的时候,我起身去看大家的工作情况。得到的回应是:没有一个同学偷懒,没有一个同学离开团队。全班就像是一根结实的绳子,由几支团结的队伍组合在一起。

同学间的冰,在团结面前,显得极其的弱小,一击即碎。

大师讲座　学长畅谈

梅贻琦先生曾经说过："大学之大不在于大楼之大，而在于大师之大。"西安交通大学就是这样一个大师聚集的著名学府。

这七天里，我们共聆听了三位大师的报告。其中，王秋旺教授的报告——"创新让生活更美好"令我印象最为深刻。王教授先立足于当前的社会，从生活中的小事进行入手与分析。然后再展望未来，深入浅出，令我记忆犹新。虽然他是一位从事理工类科学研究的教授，但他并不局限于研究理工内容，对于文学也深有研究。他将几个汉字拆解，先分析每一个单字的意思。再将其重新组合，解释原字的意思，使原字的意思更为明晰，配合上几个恰当的例子，使我们的理解更加准确。

在第五天的时候，我们来到了西安交通大学的创新港校区。在这里，我们举行了"优秀大学生面对面"活动。六位来自西交大不同专业的学长学姐们依次上台讲述自己在大学中的生活。其中有一位叫王栋的学长，他的经历给我今后的学习和生活带来了很大的启发。

在他的大学生活中，赛艇运动是不可或缺的一个部分。当他准备从院队转向校队的过程中，发生了一件十分"碰巧"的事。

校队要求身高达到一米八，碰巧，他的身高正好一米八；校队要求长跑五公里合格，碰巧，在上一个假期中他将自己的五公里提升到优秀的标准；校队需要一名左桨手，碰巧，他最近的训练就是练习操纵左桨……这些"碰巧"，让他顺利地进入了校队。

但换个角度想一想，如果他没有在假期练习五公里跑呢？如果他没有练习操纵左桨呢？那么还会有这些"碰巧"吗？他还能进入校队吗？那答案可能就是否定的。

他的付出为他换来了这些"碰巧"，这也正印证了那句话："机会总是留给有准备的人的。"在以后的学习生活中，我也要提前做好准备，可能这些准备得不到相应的回报，但只有这些准备，我才能在日新月异的当代社会中显得更加从容淡定。

回望西迁　逐梦未来

若把交大的历史写成一本书，那么西迁一事可能是这本书中耗费笔墨最多的一篇。1956 年，交通大学举校西迁。离开了富裕的上海徐家汇，来到了贫苦的中国大西北并扎根于此。虽说工程之浩大，任务之繁重，但交通大学却没有因为西迁一事而耽误一节课、延误一届招生、少开一堂实验。这是中国高等教育史上的一个奇迹。

63 年前，老一辈交大人来到这片贫瘠的土地，看着那时还是一片广阔的麦田的西交大校园。他们的心中没有畏惧感和退缩感。有的教授舍下妻子、儿女和老人，只身一人来到西安；有的老师将上海的住宅无偿捐赠给上海市政府，携妻儿来到大西北；还有的老教授，即使国家总理多次明示其由于身体原因可以不参加西迁，但他们毅然决然地拒绝了，坐上了开往西安的专列，挺进大西北，并从此扎根于此。

这是一种多么伟大的西迁精神啊！不惜牺牲自己的美好生活，也要尽自己所能，为国家献上自己的一分力量。而当代，正需要这种无私奉献的爱国精神。这种精神，要深入民众的心，要启发民众的智。只有这样，才能让我们祖国的未来变得更加美好。

告别交大　再踏征程

七天的时间，听上去很漫长。"破冰"晚会仿佛就发生在昨晚，而今天我就已经回到了我的家乡。这次来到西安交通大学，我收获颇丰。不只有知识上的充实、眼界的开阔，还有友善待人的品质、为机会而奋斗的能力和为国家无私奉献的精神……感谢西安交通大学用它那包容万物的胸怀教会我这些，我会带着这些品质，一步一个脚印地走好我人生接下来的每一段征程，谱写出一个个属于我的华丽篇章！

西安交通大学，后会有期。

"西安，再见！"

天地交而万物通　知实践方学致明

郑州市第四中学　李尚儒

致交大

七月中,本是树静风止,却被纷飞的细雨给浇活了;

西交内,本是心沉神定,却被无私地奉献给撞醒了;

日夜间,不再颓然,不去荒废,却永存一颗火热的心。

千年之古都,百廿之名校

西安,一个闻名于世界的历史文化名城,千年的文化积淀也为这座正在飞速现代化的城市平添了几分沉稳和厚重。"五步一楼,十步一阁,廊腰缦回,檐牙高啄"的皇殿景象跃然于眼前;"高低起伏,流光溢彩,气贯长虹,巧夺天工"的现代化都市形象交通其中。踏上这一片见证着中国数次大起大落的土地,内心久久不能平静,大雁塔、小雁塔、城墙、兵马俑,这些历史景点在诉说着不同时期的历史文化故事。也真是因为这历史遗迹,使这座城有了底蕴,有了层次,有了厚重,多了分时代感。

认识这座城,从交大开始。一所百廿名校,承载了祖国的发展与进步,见证着祖国的风雨与辉煌。那老旧的房屋是他风霜雨雪的见证;那古稀的梧桐是他深厚底蕴的象征;那老旧的实验设备是他一次次功绩的源泉;那莘莘学子是他永恒信念的传承。那绿草如茵,那林木夹道,那古朴沉稳,那现代活泼,看似对立的精神与景象却毫不违和地出现在了同一地方——交大。

晚间,在这里,我与来自全国各地优秀学子聚集于此只为了去感受深厚的底蕴与治学精神,去探寻这大美西安,大美交大。

巍巍交大,百年荣光

民族精神是民族的魂,民族文化是民族的根。这句话对于一所大学、一座城也同样适用。

钱学森图书馆的二楼,静静地陈列着独属钱老的历史。一张张成绩单见证了钱老的努力与优秀;一份份英文手稿道出了钱老的博学与积淀;一张张中华人民共和国国务院的聘书展现了钱老的爱国与奉献。他的身影曾出现在戈壁,出现在沙漠,出现在实验室,出现在发射塔,可却最少出现在家中。钱老的坚持与奉献是对如何搞好科研这个问题的最完美的解答。

西迁博物馆,是一个坐落于思源学生活动中心的一栋交大的标志性建筑。它清晰地记录了交大西迁的历程,无数的纪念品的背后都隐藏着一段为人所赞叹的历史或是西迁人的精神———一种全心全意为国的奉献精神和严谨认真的学术精神。在那时,中国西北地区只有无尽的麦田,工业及科研基础几乎为零。恶劣环境与当时的旧址上海天差地别。而交大人还是一心一意克服困难全力攻坚,隐姓埋名,攻克难关。让无数优秀人才走出草堂、走向祖国科技的战场。

晚间活动是在秦腔文化博物馆进行的,一张张制作精良的皮影在这里重新活了起来,重新绽放了它原有的魅力与艺术感染力。

千年古都,魅力西安

7月的中旬,陕西省也进入了雨季,早上起来,窗外还是飘着雨丝。天气也由前几天的炎热变成了凉爽。《论语》的精妙更多是后人不断研究和领悟出来的;秦腔的文化是靠一代代人传承下来的;陕西省博物院的文物所代表的历史是要让人铭记的。今天的文化之旅把以上的一切都展现得淋漓尽致。

陆卫明教授以"学以成人———《论语》中的人生智慧"为题做了专题讲座。他从如何读论语入题,给我们介绍了阅读论语的意义及相关的实用的方法。并在通过论语给我们讲述了修己、孝悌、处世、交友的为人之道,让一个本来对我们来说晦涩难懂的书籍变得精炼而易懂。

在陕西省历史博物馆和秦腔戏曲研究院中,每一个文物,每一个历史事件仿佛都重新活了过来。在两种截然不同的表达方式下,无数历史找到了最适合他们的方式去诉说。

历史文化是悠久的,但依我自身的浅薄学识并不能做出客观的评论,但有一点我很清楚,那就是历史需要铭记,历史需要传承,历史需要发展。

科技之旅,躬行真知

告别了文化的饕餮盛宴,终于迎接来了期待已久的科技之旅。

我们先是纵览了四个国家重点实验室的学术风貌,近距离领会了科技前沿的震撼魅力。在电力设备电气绝缘实验室中,经老师的介绍,我们了解了偏光显微镜、导热与膨胀分析仪等设备的工作原理与应用,虽然接触这门学科时间不长，但老师用深入浅出的阐述、生动贴切生活的事例与我们一问一答，和我们展开了良好的互动。

之后我们又有幸聆听了由长江学者王秋旺教授做的以"节能减排，创新让生活更美好"为题的专题讲座。他从自己研究的导热领域入手，用风趣幽默的语言为我们介绍了"能源供求与挑战对策""趣味传热与节能减排""科学研究与创新思维""西安与西安交通大学"四个部分的内容，使我们获益匪浅。讲座结束后我们还有幸自己尝试了无人机的拼装与试飞，虽然不可避免地犯了很多错误，但也充分体验到了动手的乐趣。

无数的科技学术成果在今天狠狠地敲打着我，可能如今仍处于高中阶段，并不能对实验室中的每一个实验每一种事物都了解透彻，但研究人员那种严谨的科学态度和勇于实践不怕失误的科学精神还是着实感动了我，也让我了解到了科学技术的重要性。

团结互助，协作前行

"一根筷子易折断，一把筷子却难折"，这是我们从小便知的一个道理。

从"破冰仪式"的组建班级，到"荧光之夜"活动的协助介绍班集体，再到素质拓展中的团队游戏，这六天的活动中一直在不断体现的一点便是团队意识。也正是这一次次的协作前行才让我们的感情更加深厚，才能让我们的班级接受实践的磨炼，历久弥新耀耀生辉！

尾声

窗外淅淅沥沥的细雨冲刷着整个西安、整个交大。正如我的内心般纷乱、嘈杂。六天时间转瞬即逝，蓦然回首，仿佛相识仍在昨日。我掂着来时的行李站在雨中，脸上洒满了水珠，却分不清是雨水、汗水、抑或是泪水……

饮水思源　为世界之光

郑州市第七中学　代卓鑫

　　刚步入交大的校园，便看到满眼深沉的绿，草绿，树绿。虽已是夏季，樱花路上仍残存着樱花的芬芳。梧桐屹立在道路两侧，在炎炎夏日撑起一片绿荫。《魏书》有言："凤凰非梧桐不栖。"西安交大的梧桐静静等待，等待着新时代的凤凰。

　　　　　——致西安交大、刘世睿、邵柯、安卡尔、周晋宇、仝旭璞、姜甜

多样的事

　　来到西安交大的第一个活动是"破冰之旅"，我和来自五湖四海的学生们组成了一个新班级——仙交十班。和许多其他班级一样，我们创作出属于自己的班徽和口号，又竞选出了班委。出乎意料，一直不爱参与活动的我，竟主动竞选了班长，并顺利担任这一职务。不仅如此，我还积极参与校方组织的活动，这与之前在众人面前紧张得说话颤音的我判若两人。也就是在这一刻，我体会到了科学营的意义，它能传授我在学校里学不到的知识，提升领导、沟通、处事的能力，开阔眼界，告诉满足于个人小小世界的我，外面的世界更加精彩！我苦恼于学习不喜欢的知识，苦恼于当今对一个学生最直接的评判在于成绩高低而非综合能力强弱，苦恼于忙忙碌碌看不到尽头……作为一班之长，我在交大的忙碌程度并不亚于学校的学习强度，甚至更加繁重。我还记得有一天为了组织表演节目，三个班的班委在一起讨论到凌晨一点的场景，但我愿意，我在做我喜欢的事情，即使为此付出一切。交大给了我未来的方向，为了能在将来有施展才华的机会，现在更应当努力学习，为将来积蓄力量才是。

　　第一天上午举行了开营仪式，但那时的我大脑一片空白，仍沉浸在"我是班长"的复杂情绪之中，既有喜悦自豪，又有担忧惊慌。说来惭愧，还是副班长给我树立了榜样，我才明白该以怎样的态度面对自己的身份。所谓能力越大，责任越大，反之亦然。

　　那天的活动是素质拓展，目的在于提升队伍的团队协作能力，经过几天

的历练，我已经能够熟练地组织大家参与活动，每当一个新游戏发布，我都会以最快的速度和大家商量出对策，并分配好所有人的工作。在进行班级间的比赛时，我发现了规则的漏洞，而事态也正如我想的那样朝劣势发展。事后我和辅导员讨论此事，他笑着对我说："游戏而已，过程最重要。"对此愤愤不平的我恍然大悟，对呀，游戏而已，何必如此较真，而有多少真正需要认真的事被自己游戏般应付了呢？除此之外，我还感受到了青春的力量，那种一丝不苟的投入。忽然想起《无问西东》里讲，每个时代的青年都有引导时代潮流的能力。

无人机在几天后飞入我们的生活，带来震惊与欢呼，班级被分成两组，每组各制作一个无人机并完成飞行任务。同往常一样，仍是分工完成，我负责无人机核心部位的组装，左边负责外壳镶嵌，右边负责遥控装置，其余的人则负责飞行，那个下午过得非常愉快。途中也出现了意外，另一组无人机的电机故障，需要我们帮助提供良好电机，而电量有限，不够两组同时使用，好在电机故障消除，才算解决燃眉之急，不想在试飞途中发生坠机，导致横梁和零部件折断，最后用520使它恢复了原样。不断把握机遇，应对挑战，不畏艰难，笑对挫折，这就是交大一直在宣扬的乐观主义。

赛歌会和冷餐会如期而至，当初就是为了它，班委们在凌晨一点都没有睡觉，然而即便如此，我们成绩依然不容乐观。虽然班委们东奔西走了一下午顾不上吃晚饭，虽然各位走路都在练习唱歌，虽然指挥的女生双臂酸肿仍打着节拍……我们依旧没能取得好成绩。我们也没有力气难过了，所有的精力都已付出，即使日后回想，也能理直气壮地说出无悔，我想，这就是无憾了，也是对我们辛勤付出的最好交代。冷餐会后，主持人宣读了优秀营员的名单，而我竟在名单之内，让人欣喜万分。更加令人欣慰的是，优秀营员的奖品是无人机，定睛一看我手上的无人机，发现有520粘贴横梁的痕迹，原来这就是我亲手制作的那个无人机！

多彩的人

副班长与文艺委员是我的左膀右臂，我能取得最后的成绩与两人密切相关。不得不说，副班长在我的经历中起到了至关重要的作用，如果不是他，我也许会默默无闻地来，再默默无闻地离开，就不会有我作为优秀营员在领奖台上接受颁奖的场景。他生性开朗，率先打破了营员与带队大学生之间的沟通壁垒，为我们展现了科学营的正确打开方式。而文艺委员虽然与我交流不多，但总能站在我的一侧，给我支持，使得一开始自卑的我逐渐走向坚强沉着，在最好的时代遇到了他们，是我人生中的小确幸。

辅导员和她的助理都是西安交大的大学生，与我们年纪相差不大，在一起总有说不完的话题。我们亲切地称呼辅导员助理"睿睿"以此来表示对他的喜爱，那些我们可望而不可即的营员奖品，他总是能帮我们出主意从各种途径获取。还有阿姨周晋宇，一副"凶神恶煞"的表情，每次找她要小礼物，她都能把我们吵得落花流水，结果每次"狮吼"过后，都会用同样的语气和我们说，"等下来找我，我给你拿。"安卡尔是隔壁班的辅导员助理，每次都能以最饱满的状态化解尴尬场面，烘托气氛。还有邵柯姐姐，姐姐不论什么时候都在鼓励我，给我支持，在我初来乍到之际，没有自信的时候，姐姐总是能找到我的优点当众说出来以使我能在同学之间站得住脚，即便是被我拍了黑照，也依旧没有改变一丝一毫……

从创新港回来的路上，我和副班长、三个辅导员助理自拍起来，还聊起了天，一开始是天南海北的胡扯，扯着扯着，就聊到了自己的人生和理想，辅导员助理想到自己的过往，谆谆教诲，为我们讲着自己曾经犯下的错误，为我们剖析着各专业的差别。我听得入了迷，这是我第一次认真听进去别人的说教，我发现自己已经对哥哥姐姐们产生了依恋。怀揣着大学生活的美梦，憧憬着未来的美好，紧接着，离别之感便涌上心头，我和副班长纷纷表示，如果考上了西安交大，就来找他们来玩。

结果却惨遭拒绝，睿睿说："你们要去上海交大，别来西安，西安不好的。"泪水涌出眼眶，被我偷偷擦去。卡卡说："一年能做很多事情的。"我暗暗下定决心，一定好好学习，即使我厌倦现在的生活，但一定活出最好的自己，一定让自己过上想要的生活，不负哥哥姐姐们的期盼。更让我感动的是，在临走的几分钟，睿睿赶到火车站，抱了抱我，抱了抱全旭璞，看似漫不经心地说道："回去之后，好好学习。"还塞给我们两个油桃。回去的路上，我咬着桃子，一路无语。

如此种种，一一列举下来，不知道要讲到什么时候，只能粗略一笔带过，而我生性愚笨，讲不出内心所感所想，即便是千滋百味从笔下写出后也是索然无味。总而言之，此次科学营活动已经在我心中画出了一幅水墨丹青，滋养一世。

追梦思源　展望未来

郑州市第七中学　徐慕远

破冰之旅

怀着激动的心情,乘坐高铁来到百年学府———西安交通大学,与来自五湖四海的同学一起度过愉快的七天之旅。

虽然是随机分班,但是班里仍然卧虎藏龙。和我同寝室的一个哥们来自云南,是曲靖一中的大佬。接着我们在老师的带领下,到思源学生活动中心参加"破冰游戏"。先是"记名接龙",即从班上的每一个小组的第一名同学开始介绍自己,下一位同学在自我介绍的同时要说出前面所有同学的名字。虽然有些困难,但我们每个人都努力记住对方的名字。我们还进行了"一反常态""抱团取暖"等小游戏,大家的兴奋劲高涨。接着,我们通过民主选举,选出了各个班委。在大家齐心协力的协作下,我们设计了班名、班旗和班级口号。这场"破冰活动"不仅增进了大家之间的了解和友谊,也让我感受到了西安交大是一个温暖和谐的大家庭。

瞻仰伟人

"一生未曾停止的思考,只为一个民族的强盛;次次振聋发聩的追问,关乎整个国家的未来。"有人用这句话来形容"两弹元勋"钱学森的一生。是的,钱老把他的一生都奉献给了中华民族最伟大的事业。在钱学森纪念馆,我们追随讲解员的脚步,来了解钱老的生平。从青年的"铁道救国",到发现中国因为航空力量薄弱而被日本欺凌就愤然投向空气动力学,以及在美国深造,成为终身教授的他又毅然响应祖国的号召,披荆斩棘,为新中国的建设做出巨大贡献,无不体现出钱老的一颗赤子之心。纪念馆内还有钱老的经典语录,其中一直萦绕在我耳边的一句话是钱老鼓励我们创新要"想别人没有想到,说别人没有说到的。"只有这样,我们才能实现做别人没有做到的。除了在理工方面颇有成就,钱老也精通艺术,研究社会的发展规律。同样他也关心当代的教育发展,提出"为什么我们的高校不能培养出杰出的人才"的问题,并对当代的青年寄托了深切的厚望。他认为教育不仅仅要培养精通某一方面的人才,还要培养全面发展的"通才",就像钱老一样。这次参观给我的感触很深,学习伟人,发扬奋斗精神,做一个新时代的合格青年!

探索奥秘

这一天我们才真正体会到科技的力量和科学营的意义。一上午的时间,我们参观了交大的材料工程学院和航天航空学院的两所实验室。

材料工程学院位于仲英楼内,坐落于交大的西南角。一个年轻帅气的男教授带领我们进入实验室。他看上去很年轻,第一眼以为他是一个大学生,没想到居然是研究生导师。走进第一间实验室,就被眼花缭乱的仪器所吸引。他指着每一台仪器向我们详细介绍它的特点和功能。紧接着他拿起一块"玻璃",两端通上电压,那块普通的玻璃就变成了蓝色。断开开关,蓝色的玻璃又逐渐变为无色,真是神奇的魔法。这位教授解释了这种玻璃的原理,告诉我们这种玻璃仍然处于研发阶段,一定会有美好的前景。接着他领着我们参观其他两间实验室,里面的尖端设备更让我们大吃一惊。蒸发镀膜机,能将金气化使金均匀地镀在物体表面;高级"洗衣机"——等离子清洗机,能去除显微镜都难以观察的污渍;静电纺丝通过施加强电场的作用织出细密的丝线;"手套箱"可以创造无氧无水的环境,为合成易氧化的材料提供了基础。

然后我们去参观国家机械结构强度与振动实验室。在这里有各种装置能模拟各种环境,检验材料的结构强度。结构强度不仅只与钢铁水泥相关,还牵涉生物学等其他领域。当然,航空航天是与材料密不可分的。材料上的新突破,必将引起航空航天乃至全领域的变革。在那里,我们知道了国之重器——航天发动机;了解了模拟的"人工太阳";见识了高达30米的落锤式冲击实验系统…参观时,仍有许多工作者在实验仪器旁挥洒汗水。这次的体验意义非凡,我不仅了解了材料方面最新进展,见识了许多先进的仪器,也学到了科学家不懈追求、攻坚克难的精神品质。西安交大科学营,不虚此行。

最美西安

探索完科学的奥秘,我们便驱车来到陕西省戏曲研究院,来观看秦腔表演。秦腔在几天前交大的秦腔艺术博物馆的游览中已经有所了解,但今天可是我第一次现场聆听原汁原味的秦腔。早已按捺不住激动的心情,我坐在第一排的位置上,急切等待着艺术家们的表演。第一场是五位大师精彩的板胡合奏。板胡虽然也属于拉弦乐器，但不同于二胡，已经有300年的历史了。板胡音色高昂、坚实，具有很强的穿透力，是秦腔主要的伴奏乐器。五位大师在台上纵情演奏，仿佛五匹奔腾的战马。接着是一位小伙表演山西的变脸。在音乐的伴奏下，他做出各种姿势，一拂袖子就换了一个容貌，赢得了在场所有观众的赞叹。唢呐独奏《乡村来了守护员》，声音高亢嘹亮，吹出了新中国农民的喜悦与幸福。最后在主持人的独唱过渡到这一天晚上的重头戏——折子戏《双锁山》，讲述了前去救驾的高君宝与占山女王刘定金的故事。随着折子戏的结束，秦腔表演也进入了尾声。秦腔只是西安的一张名片，那一声声铿锵秦音，一句句绵延唱词，是悲壮与豪迈，是热情与浓郁，是千百年来西北人民绵绵不绝的生命呼唤与灵魂呐喊。

依依不舍

天下没有不散的筵席，西安交大的科学之旅也进入了尾声。离别前，我们进行了最后的狂欢——联谊冷餐会。经过紧张的练习，我们学校表演的太乙拳惊艳四方。其他的同学也努力用歌声渲染欢乐的气氛。最后是指导员们的"群魔乱舞"和引吭高歌，把全场推向了高潮。

精神快乐了，就该满足物质上了。会场后面摆放了各种各样的食物，等着我们去大快朵颐呢。

"长亭外，古道边，芳草碧连天……人生难得是欢聚，唯有离别多。"希望将来我们能够再次相会。

追梦夏日 情系西交

郑州市第七中学 李世翔

来到西安之前，我对它的印象还仅仅停留在拥有兵马俑等历史古迹、令无数文人挥毫泼墨的一座古城。但，在来到西安的这短短几天中，在来到西安交通大学(后简称交大)的这短短几天中，我领略到了古典与现实交融的华章，看到了科技与文化碰撞的画卷。在临别之际，回首这段金色的记忆，心中不免感慨万千。

记得在初来乍到之时，心中还有些许对于未知、对于来自祖国的五湖四海园的同学的陌生产生的紧张。但经历了第一天的"破冰之旅"，让我们融化了心底的坚冰，洋溢着欢乐的笑容。在设计班徽班旗时，我感受到了9班，这个集体的团结——那种从心底催人向上的力量。带着憧憬、带着希冀，我成为9班的一员，开始了这次科学营的旅程。

文化之博

风云两甲子，弦歌三世纪。初到交大，我就被它厚重的历史文化底蕴感染了。漫步交大校园，你时常能看到高耸蔽天的梧桐，就好像交大人一样，永远蓬勃向上。街边历史悠久的大楼，写满岁月的痕迹，大概已经三四十年已久。之后的西迁主题讲座，让我愈发深刻地了解了老一辈交大人无私奉献、自愿扎根祖国大西北的奉献精神、在面对恶劣的自然地理条件时迎难而上的进取精神，让我不得不叹服于交大的历史悠久。正如习主席在元旦贺词中说的，幸福都是奋斗出来的，这些放弃了上海优渥生活条件主动扎根西北默默奋斗的教授学生们，就是最幸福的人吧。参观交大博物馆，我徜徉在历史与现实的分界线上，随时光的脚步一点点从交大建校缓缓走过，走过西迁，走过无数辉煌历史，走到交大现在筹建的创新港面前。历史的厚重、现实的发展，在交大里完美交织，让交大既有古风古韵，又有现代活力；既有百年校史，又有现代辉煌。

交大不仅有厚重的历史文化，更有现在丰富多彩的校园文化。在创新港校区听的学长学姐的精彩报告，让我了解了大学生活的丰富多彩。大学社团可谓缤纷多彩,满足有着各种兴趣的同学们不同需求。赛艇俱乐部、航模协会等蓬勃发展,并多次在大赛中获奖,真是令我不由赞叹。还有学生参加了支教团,自愿扎根祖国边疆,为那里的孩子授业解惑,这种奉献精神也是对西迁精神的一种传承吧。

大师之智

"大学之大,不在于大楼,在于大师也。"此番交大之行,给我了许多与大师零距离接触的机会。交大教授陆卫明教授给我们做了一次关于《论语》的讲座,用《论语》中看似高深莫测的理论,给我们将人生大道娓娓道来;用论语这本"为政之书"给我们讲了关于为人处世的道理。他的讲演中也不乏对国内主流解读的批判,这样的真知灼见让我在暗暗吃惊的同时也明白了学术界很少有真正的权威,并且知识理论可以带给人的自信。更重要的是他丰富有趣的演讲内容,让我重拾对论语与国学的热爱。另一位大师王秋旺给我们做的关于能源科学方面的讲座,让我改变了对于能源科学的许多误区,同时他也讲授了许多关于科学思维的知识,帮我打破思维瓶颈,对我以后的学习生活大有裨益。同时他们的讲座,让我再一次点燃了对科学的热爱,对大学生活的向往。

对于大师钱学森的重新认识,对我个人也是一个极大的收获。我所了解的钱学森只限于课本上出现过的内容,我从未看过关于钱学森的其他作品。在去参观科学实验室之前,我们组织观看了钱学森的电影,我进而更加了解了钱学森,更加了解了爱国主义的真实含义。

求真之火

科学之美,美在对真理的不懈追求。这次科学营活动,让我有机会走进国家级实验室。在金属材料国家重点实验室中,那是一种静以治学的氛围。在那里,我见了电子透视显微镜与电子扫描显微镜,甚至知道了它们的区别。我还知道了诸如氢浸等一系列的专业名词在那些精密庞杂的科学仪器面前、在那些一腔热血的研究人员面前,我仿佛看到了一串串珍贵的研究数据,仿佛看到了收获成果时的那种欣喜异常。我印象很深的是航空航天实验室,在那里讲解老师为我们区分了"航空"与"航天"的区别,也坚定了我成为一名航天科研人员的决心。

某天我走进钱学森图书馆,却被这里的学习氛围感染。只见两边的座位座无虚席,每个同学都拿着一个笔记本电脑和从图书馆借来的一摞书,大家都或用键盘敲敲打打,或让书页灵巧翻飞,唯独没有人在嬉笑。还有同学甚至抱来了毯子,生怕学得太晚睡过去。不愧为国内顶级高校,交大人用行动告诉我求真的新境界。漫步于图书馆一排排藏书架之间,让你不由感觉身处科学之奥府中。西交大钱学森图书馆的藏书还是非常多的,其中有专业的学术书籍,有高深的人文社科书籍,还有文采斐然的小说。当然我印象最深的还是这里的论文室,在这里可以查到之前的所有硕博论文,真是令人大开眼界。

时光飞逝,转瞬临别。6 天的科学营活动中,我领略了丰富的大学生活、结识了各地的同学、感受了科学之美。本次科学营开拓了我的视野,革新了我的思维,加深了我对科学的兴趣。我相信,总有一天,我将与交大再续前缘,与科学携手共进! 我相信,未来某天,我们一定会凌寒而上,开出一片繁花似锦!

魂牵梦萦西工大

安阳市开发区高级中学　付竞锋

"七月美丽的夏季,属于我和你。""工大校园齐相聚,陌生变熟悉。"在这个平凡而又非同凡响的夏季,我有幸来到了西北工业大学(以下简称西工大)——一所集航空、航海、航天,三航为特色的高等院校。西工大,深居西安郊区,静谧幽深,背倚巍巍秦岭山,足涉渭水之畔,巍峨雄壮,傲视群雄,让人一见不由得内心升起敬畏之情。在兵器专题营,我们更是领略了不同寻常的风景。

三尺台上满深情——教授讲座

兵器专题营的活动丰富多样,让我们充实地度过了七天。原先傲骄的我们,也在活动中重新认识了自我,少了一份轻浮,多了一份谦逊,更重要的是,点燃了我们投身科学建设的激情,谁也没想到原来一个懵懂的学子,在短短几天的行程中,竟能够立下如此鸿鹄之志,实为难能可贵。这其中立下汗马功劳的,当属教授们精彩纷呈的讲座了。在科学营的第一天,西工大的杨智春教授,就为我们做了一场关于飞机的前世今生的报告。杨教授以诙谐之语言,严谨之话语,精神矍铄地在台上侃侃而谈,却不失大家风范。从最开始人类的飞天梦,再到莱特兄弟的第一架简陋而富有创造性与时代性的木质飞机,然后到第一架金属飞机,接着到各种超音速飞机、现代化飞行器。最后,杨教授深情地同大家说,国家现在最缺少的就是科技精英,希望你们能投身于科技与国防建设,为祖国的发展做出自己的贡献。我的内心受到了很大的触动。从此,科技报国的种子便在我的心中埋下。

大国工匠筑奇迹——集团参观

在科学营的后几天,除了专家们做的报告,我们还参观了多家兵器集团企业,参观了大量武器装备,了解了最前沿的兵器知识,极大地开阔了我们的眼界。我们在枪械俱乐部进行了实战射击,对于从未碰过真枪的我,算是一次小小的挑战。因为是坐姿射击,还算容易些。结果我第一枪就脱靶了,我仔细地分析原因，原来是没有完全瞄准就开枪了，看来心急吃不了热豆腐啊！后来我调整了一下，最后成绩还不错。总结出来一个经验就是"有意瞄准，无意击发"。然后是进西北工业集团参观，其中我印象最深刻的是参观张新停工作室。张新停虽然只是一名普通钳工，但27年的坚守，最终使他的技艺达到炉火纯青的地步。在他的眼中，误差最多只能有千分之一毫米，大约是头发丝的六十分之一。正是由于他的默默坚守，甘于奉献，才在平凡的岗位上干出了不平凡的事迹。作为一名大国工匠，他身上所散发出的那种臻于完美，不断超越自我的工匠精神，是他一路前进的动力，是一个平凡的工匠表达对祖国深沉的爱意的铿锵决心。这种精神是值得我们学习与尊敬的。最后他还给我们露了一手绝活，那就是用钻头将鸡蛋打一个孔，但不伤及内部的蛋膜。随着钻头嗡嗡的响起，他专心地开始了打孔，我们的心都悬了起来，但事实证明，我们的担心完全是多余。张新停很快就完成了钻孔，然后小心翼翼地把蛋壳剥离，一个精美的工艺品就出现在了我们眼前，我们纷纷为他鼓掌叫好。一台巨大的机器，能在小小的鸡蛋上做出如此精细的雕刻，实在令人难以想象。这大概就是他二十多年来不变的匠心吧！

荧屏光影谈英雄——爱国教育

在这里我们也接受了爱国主义教育，为我国国防事业的日益强大而感到无比自豪。在这里，我提升的不仅仅是国防安全意识，还有对国防事业，对为国防做出牺牲的人的敬畏之情，以及对中华儿女日益强大起来的自豪感与幸福感。当我们在中国兵器集团202研究所观看了电影《吴运铎》之后，我为吴运铎那种甘于牺牲、甘于奉献、不畏艰难险阻的革命精神而深深撼动。这种精神超越生死，超越爱情，他将满腔热血都献给了共产主义事业，着实令人敬佩。他也因此获得了"中国的保尔"之称号。这样的生动的爱国主义教育让我们对祖国的热爱又加了一份，更多的是努力学习，回报祖国，使自己的母亲更加强大，好让更多襁褓中的新生儿，去创造中华儿女的一番新的天地。

依依惜别情不舍——闭营仪式

"朋友，中国是生育我们的母亲。"

"你们觉得这位母亲可爱吗？"

……

"这么光荣第一天，绝不在辽远的将来，而在很近的将来！"

铿锵有力的声音在礼堂盘旋，我们饱含深情，一字一句地吐露我们对祖国深沉的爱意。最后的闭营仪式上，一篇方志敏的《可爱的中国》，是我们安阳团队献上的对祖国最真挚的祝愿，这更是千千万万中华儿女共同的心愿啊！西工大还特意挑选了两位幸运的营员上台，为他们送上生日祝福。当他们看到大屏幕上队友一个接一个的视频祝福，当他们听到全场为他们唱起生日歌，看到精美的生日蛋糕送上舞台时，已经被感动得泣不成声。在各项节目都完成表演后，分别的时候到了。我们泪眼婆娑，相互告别。天下没有不散的筵席，世间没有无尽的箫歌。离别是为了更好的相聚，我们为了明天的梦出发。

转眼间七天的科学营就要步入尾声，这次行程我收获斐然。我相信，每个人都对着祖国有深沉的爱，但每个人的表达方式不同。马克思说过："在科学上没有平坦的大道，只有不畏劳苦沿着陡峭山路攀登的人，才有希望达到光辉的顶点。"既然我选择了科学，那就要在这条布满荆棘的大道上，不畏艰险，勇往直前。正如习总书记的那句话："不忘初心，方得始终。"

秦岭之畔　逐梦工大

安阳市开发区高级中学　韩宇

　　"七月美丽的夏季,属于我和你。"经历了高铁和汽车的飞驰后,我们来到了古都西安,来到了西北工业大学(后简称西工大)。"秦岭之畔,始于工大。"在这里,我们认识了热情的志愿者,他们为我们的西工大行程保驾护航;认识了负责的校领导,他们为我们的西工大生活指引方向。更重要的是,这次活动把我们这一行人紧紧拉到了一起,在这鸟语花香、绿树成荫的清秀之地开始追逐我们的科学梦。

　　作为全国唯一一所同时发展航空、航天、航海人才培养和科学研究为特色的多科性、研究型、开放式大学,西工大以它在"三航"方面独一无二的影响力和专业的知识为国家提供了许多科技人才,为我国的国防安全和军事力量的提高做出了不可磨灭的贡献。聆听了学校专家的科普报告会、欣赏了学校航模队的精彩的航空表演,让我们在视觉和听觉上直观地感受到了"三航"的魅力所在。不仅如此,热情的志愿者们还为我们准备好了航模的组装工具,让我们在亲身实践下培养对"三航"的兴趣。

　　活动不仅仅在西工大校园中开展,也进入了一些国家军工企业。在试验院,我们参观了国防利器、学习了组装枪械和亲身射击体验,晚上的国防安全知识讲座也让我们了解了国家近几年来在国防方面的突出成就,极大地增强了我们的民族自豪感。在西北工业集团和兵器集团202所,我们更是通过视频和讲解认识了大国工匠张新停恪守职业、兢兢业业的工匠精神和在炮火中实现自己青春、为新中国做出不可磨灭贡献的"中国的保尔·柯察金"——吴运铎,让我们明白了作为新时代青年人的奋斗价值与意义,增强了我们的精神力量。

　　经历了学习和参观,西工大也为我们提供了多种丰富的娱乐活动:观看电影《古路坝灯火》,了解了西北工业大学的前身以及抗战时期的西工大人报效国家的伟大的西工大精神;棋牌游戏、沙包、篮球和羽毛球等娱乐活动,让我们能够劳逸结合,更好地投身于科学营的学习之中;借着美丽的夜景,我们在西工大的校园里排练《可爱的中国》,对西工大和祖国表达我们的热情与信心；参观西安博物馆，兵马俑、丝绸之路文化展和各种精美的文物，让我们体会到了这座古城的历史底蕴和厚重的文化沉积。

紧张而愉快的科学营生活很快便结束了，在这次活动不仅让我们学习了很多有关军事、国防的知识，也锻炼了我们的动手能力，增强了团队凝聚力，更是让我们遇见了许许多多优秀的同龄人和学长学姐，为我们接下来的学习生活提供了目标和方向。总的来说，这五天转瞬即逝，但收获颇丰。感谢西工大，让我们在这神圣之地完成了一次心灵的蜕变。

看着手中我们在西工大的合照，遥想着那秦岭之畔的校园，我的心不由自主地兴奋起来。畅想未来，愿自己能够纺缘工大，愿工大能够日益繁荣。

盛夏正好　青春尚早

安阳市第一中学　吕雪佳慧

在高铁上枯坐一上午,零食袋子里空空如也。所以当我听到学长说,我们还要坐两个小时的大巴时,我崩溃了。我只是腹诽,好好一个大学,为啥在荒郊野外?

学长风趣又随和,一路上疯狂安利西北工业大学(后简称工大)。长途跋涉后,工大终于揭开了她神秘的面纱。

渭水河畔,秦岭山麓,美丽的工大就坐落在这里。何尊威严,启真静谧,呵护着每一位工大儿女。当学长第一次告诉我工大就在秦岭脚下,我惊喜万分。

工大静谧,美丽,深沉且美好,悠久且年轻。科技实力领先,三航独占魅力。走在校园里,看着湖水悠悠,感受微风习习,不由得感叹,工大是一颗明珠,低调而独自美丽。

说完工大景,再提工大人。在车上已被学长的热情友好打动,一进宿舍更是让我惊叹。整洁明亮的宿舍,桌上放着完备的洗漱用品和文具甚至还有防晒霜。我忍不住给妈妈打电话:工大真的太细心!

第二天听院士讲座,航空专业之严谨精密让我佩服。紧接着自己动手粘模型就让我感到压力,科学制造不是朝夕功夫,需要的是长期不懈的努力与坚持。

冒着细雨来到中国兵器测试基地,军姿,讲解,兵器知识,身穿迷彩服的我认认真真记下笔记,原来武器并不是我想象中的简单粗暴,其中蕴含的知识多学科融合联动。我也明白了只有科技水平提升,国防力量才能真正意义增强。

昨天的辛苦并没让兵器营的小伙伴热情稍减,因为第三天,我们近距离接触了武器试验。墙上弹孔,耳畔枪声。每个人都严肃而紧张。射击训练,我们进一步了解了武器知识。

再次长途跋涉返回工大,在礼堂观看工大自制电影《古路坝灯火》。先辈们为国读书的精神让人动容。虽说宁为百夫长,胜作一书生。但书生学习科技,可比莽夫更能报效祖国。

　　第四天参观西北工业集团，张新停"大国工匠"的名声着实让人肃然起敬，气球上钻孔的绝活也让我们惊叹不已。适逢集团职工创新大赛，工作人员们用普普通通的零件车出精美绝伦的工艺品，想来零件粗糙冰冷，却不知一番雕琢，也会如此美丽。

　　下午参观的陕西历史博物馆，可谓文科生的盛宴。西安为周秦汉唐之都城，在陕博，流连于文物间，不由得沉醉。一转头，就与历史擦肩而过。

　　第五天我们来到中国兵器工业第二〇二研究所，研究所始建于1957年，首任所长是被誉为"中国的保尔·柯察金"——吴运铎同志，是集机械、电子、液压、自控、测试、工程力学和计算机科学等多学科为一体的总体技术研究所，主要从事大型复杂武器系统的研制和国家重点预研项目的研究。

　　我们详细了解了吴运铎同志的故事，一个人最宝贵的是生命，但比生命宝贵的是奉献与信念。

　　晚上要为闭营仪式准备，而幸运的我当选主持，开始了无尽的写词，对词，搞流程。十二点的学校空空荡荡，和伙伴一起回宿舍时，心头却无比充实而甜蜜。

　　验收的日子来到，四个小伙伴早早到礼堂排练，每个人都一遍又一遍校对，因为不想辜负工大对我们的期望。时间渐渐推移，我却越发紧张。更认真地准备。四个人互相鼓励，告诉彼此，我们可以。

　　三点整，深吸一口气，灯光打下，我感到从未有过的自信与快乐。

　　而台下，掌声雷动。

　　结束时我感到轻松，但失落渐渐填满心头，一周的时间缓缓驶过。我在这里，收获知识，收获快乐，收获友谊。

　　青春不该只是两脚书橱，埋头苦读，而是要实践探索，充实自我。

　　工大包容，包容我们这些无知而不懂事的孩子，用她的热情与渊博，充实了一个美丽的盛夏。

　　我们会再会的，就在很近的未来。

缘聚西工大　筑就科技梦

安阳市开发区高级中学　张佳欣

灼灼七月,伴着夏日的喧嚣,怀着激动的心情,我们来到了西北工业大学。这是我国唯一一所同时发展航空、航天、航海工程教育和科学为特色的高校,以理工为主,是我国高层次人才培养、科学研究和科技创新的重要基地,秉承"功成勇毅"的校训,发扬"基础扎实,工作踏实,作风朴实,开拓创新"的校风,为我国国防科技事业和国民经济建设做出了巨大贡献。

第一次参加高校科学营活动,第一次走进古城西安,第一次走进西北工业大学的校园,能够近距离感受到大学的气息,看到大学里充满生机的一草一木,看到蜿蜒起伏的秦岭群山,看到大哥哥大姐姐脸上洋溢着自信的笑容,怀着对科技的向往,默默在心里告诉自己,一定要努力学习,好好珍惜这次外出学习的机会。

"破冰行动",我们认识了来自全国各地的同学,营员们在这里齐唱营歌—《青春三航》歌声悠扬婉转,"工大校园齐相聚,陌生变熟悉"大家一起嬉笑欢闹,其乐融融。

渭南集训,我们换上了军装,第一次摸到了火炮,听老师给我们现场讲解有关火炮的知识,然后就是组装枪支、打靶,真真切切感受到了速度与激情,让我对兵器有了新的认识。

这次活动带给我最深刻的印象的是第四天在西北工业集团参观的张新停工作室。他曾经参加过"挑战不可能",这次我们来到了他的工作室,亲眼看见用电钻钻生鸡蛋,蛋壳破,但蛋膜完整,看到他从容不迫地完成,我被他精湛的技术,精益求精的工作态度,高超的技能所折服,学习到了张新停大师作为"大国工匠"的那种精益求精、精雕细琢的精神。他用行动告诉我,总有争取不来的完美,总有达不到的极致。这份情怀、这份执着、这份坚守、这份责任、三十年如一日默默奉献,为中国科技贡献自己的力量,他做到了!这值得我们每个人去学习,这是中国人的骄傲,我不禁反问自己:"喧嚣尘世,我能否守住这份精神,做一个匠人?"我一定可以,作为新时代青年的我们,更应该树立自信,精益求精,将"工匠精神"作为一种信念,付出实际行动,传承下去。

这次活动让我最感动的是第五天参观了中国兵器第二〇二研究所,不仅学习到了很多有关国防兵器的知识,最重要的是还让我们学习了吴运铎的精神,我们看了他的影片,他是中国的保尔,他的一生功勋卓著,光彩照人,把自己全部的光和热奉献给了党和人民,在抗日战争和解放战争中,中国没有先进的武器设备,他与战友们一起自力更生,艰苦奋斗,创建兵工厂,研制枪炮弹药,支援前线,沉重地打击了敌人。其间,他三次负伤,全身伤痕压着伤痕,直到他因病逝世,体内还留着 20 多块弹片。这种以坚定的信念、超人的毅力,矢志不渝的为党的事业奋斗终生的品质深深打动了我,他是我们的英雄,是我们永远要学习的榜样!

这次活动让我开阔眼界、对自己有了全新的认识,结交了来自各地志同道合的朋友,学习到了课堂上无法学习到的知识,它深深地激励着我,要志存高远,脚踏实地,勇于坚持与创新。让我在未来的学习当中,有一个更加明确的目标与方向,并为之付出行动,坚持到底。

时光匆匆如白驹过隙,欢乐总是如此短暂。一转眼间就要分别了,在离别晚会上,来自不同省份的同学载歌载舞,大家再次唱起《青春三行》,向歌词里写的那样"留下这一路成长和美丽,短暂时光长久珍惜,青春的回忆"。我想科学营带给我的不只是特别的体验、开阔的视青春的回忆,更是向着美好未来奋斗的动力。

营员篇·上海

起航交大　逐梦未来

河南省实验中学　宋子乐

你是七月风,你是八月雨,吹开我心灵门窗,滋润我茁壮成长。

——题记

列车门缓缓打开,我踏上了一片新的土地——上海。扑面而来的是夏日暖湿的微风,带着南方的特色,带着温暖的祝福。迎面一位高个子的小哥哥向我们挥手致意,他面带微笑,浑身散发着青春阳光的气息。这倒与南方的热烈融合得恰到好处。

广阔的校园,湿润的土地,整洁的宿舍,还有暖心别致的纪念品……一切都那么美好和谐,就像一个生人刚踏上一片土地,这片土地就给了他一个大大的拥抱,如同久别重逢的故人一样,同学们都很开朗,即便我是个内向的女孩,也还是很快和大家融入到了一起。我们一起骑共享单车,一起逛校园,一起玩桌游,一起查地图……上海的风,真的很暖,很暖。

在科学营的这几天,我们访校园、看上海、听讲座、做实验……其中最令我受益匪浅的,是我们集体听的第一场讲座是邓子新院士关于科研的思考。科研是什么?儿时说科研,那就是挂在嘴边的事,一句"我想当科学家"是不需要多大力气的。而现在,当我们真正走在探索科学的道路上时,"科研"这两个字又变得多么沉重,多么神圣!这时的我们才发现,在伟岸的科学高峰之下,我们都显得那么渺小。可邓子新院士的讲座告诉我作为一名科研工作者应有的眼界和态度。首先,既然喜欢这项工作,选择了,就要执着到底。真正能干成一番大事业的人,都是坐得起冷板凳的。爱迪生在成功发明电灯之前还经历了上千次失败呢。既然受得起鲜花和掌声,也就要耐得住探索路上的严寒与寂寞。其次,科学家是不相信"权威",不相信"定论"的。他们唯一的信仰就是科学 。他们有重新审视"已知"的能力,有不断挑刺、追求真理的信念。他们不盲目跟风,有着自己的想法。他们会在科学的论坛上自信地发表近乎"颠覆"的言论,坚守科研本心。最后,团队合作也是很重要的一点。一个科研团队的力量远比一个人的力量要强大。而当这个团队通力合作,协调一致时,也会逐渐演变出一种团队文化。在这种或执着,或求真，或创新的团队文化的渲染下，每个人身上都会有一种独特的姿态，更超强的能力。个人组成团队，团队影响个人。具有团队精神的人，获得成功的可能性也就更大。在讲座即将结束时，我记得邓子新前辈强调了几个关键词——"兴趣""吃苦""执着""创新""合作"。这是作为一名科研工作者应有的思想态度，或是一种职业的基本素质。这次讲座对我来说算是一次科研精神的启蒙了。不管是平时治学还是日后搞科研，严谨求实的态度是很重要的，这点认知我认为是这次最大的收获。

当然，这只是序幕。之后的几天里，我们参观了几所国家重点实验室，并在 IT 营接触到了许多关于应用电子系统的知识。实验室并不像我所想象的那么宽敞明亮，科研工作者们身穿洁净的白大褂，有条不紊地在玻璃窗下摆弄各种仪器，偶尔可以坐下来喝两口茶，看看报告……展示在我眼前的化学实验室，到处都是各种分离、蒸馏装置，中间的几张横着的桌子上，排满了试管和化学试剂，角落里还安置了一台大型机器，几名科研人员在狭窄的过道里忙碌地穿梭，各种仪器发出的嗡鸣声也并不悦耳。原来，科研工作者的日常也并不是那么安逸啊，要想取得一定成就，还是要下不少苦功夫的。第一次接触 IT，我们初步了解的是有关应用方面的。主要是利用计算机编程电子设备，达到监控、报警等目的。印象最深刻的就是和同桌一起搭建电路板的那次了。刚开始时，面对眼前的一堆零器件和一张电路图，我们不知怎么办才好。过了几分钟，管它呢！我们就看着来，能走一步是一步！后来，我们经历了"短路""连错脚"，甚至把线搭成一座"拱桥"的尴尬，但尽管如此，最终我们还是完成了任务。虽然不那么完美，但我们没有放弃，这个过程让我真正体会到了探索之路的艰难和坚持到底的重要意义。

时间飞逝，转眼又是一场离别……闭营仪式结束后，我们还有一个晚上的相处时间。"去外滩吧……"不记得是哪位同学首先在群里提议，只记得下面紧接着是一阵欢声鼓舞……坐了一个半小时地铁，我们七个人来到了上海外滩，亲眼看见了东方明珠的风采。夜晚，海边，高楼大厦，璀璨的霓虹灯倒映水面，"我爱上海"映入眼帘，留在心间……我爱上海，我爱交大，更爱可爱的你们！

第二天一早，我们便再次登上大巴车，前往高铁站。交大渐行渐远，上海渐行渐远……没关系，我与你们暂时的别离，只是为了下一次更好地相见！

青青子衿　悠悠我心

河南省实验文博学校　邢雲

青青子衿,悠悠我心。
但为君故,沉吟至今。

　　伴随着高速动车的节奏,和全省来自各校的莘莘学子,15 人一行来到了心仪已久的中国历史最悠久、享誉海内外的著名高等学府,创建于 1896 年,原名"南洋公学"的上海交通大学。

　　和师生们一起入住的研究生宿舍,干净、明快、简捷的风格,配上儒雅的书香,让人感觉到这是一个令人身心愉悦的读书之地。同时,收获很多上交大的纪念品,开心至极。傍晚,在校园里自行溜达一会,美丽的荷塘、古老的石狮和门楼、漫绿的草坪、葱绿的棕榈……美丽的上海交大让人流连忘返。

　　随后的几天里,陆续参加"瞭望科学"夏令营开营仪式、参观李政道图书馆、参观研究转基因农作物的地方、参观上海自然博物馆、看讲述科学家探索生物进化过程的 3D 电影、体验交大的泳池、观看上交大社团优秀的学长学姐们才艺表演、欣赏高雅的中国古典音乐诗词、参观中华艺术宫……每天都是收获满满的。

　　在大学校园里面追星,你听说过吗?

　　当邓子新院士"我平凡科研案例背后的科学与人文思考"讲座结束后,来自全国各地的学生们都争着让邓子新院士签名,现场的感觉热烈而轰动,不亚于一场明星演唱会。没有想到,我竟然也得到了邓子新院士的亲笔签名。当时,那种感觉……太令人兴奋了!

　　别忘了,我们是"瞭望科学"夏令营哟!

　　上交大生命科学技术学院褚建君教授,给我们讲述了"现代生物学的博大空间"课程,参加了"自由流电泳"的认知实践;丛峰松和郑有丽老师为我们详细讲解了蛋白质电泳原理和实验步骤;观摩了实验流程并亲自体验了仪器参数设置等部分操作,感受了自由流电泳这一分子魔力筛的魅力。

　　我们还参观了国家重点实验室——代谢与发育科学国际合作联合实验

室。在参观过程中,我们动手操作了一些实验、研究了果蝇的特点,使用高倍显微镜观察观察各种标本装片(我记得四膜虫)。

与院士面对面交流、在教授指导下实验、在科学家指导下操作仪器、听专家讲课……天哪! 这一切我都不敢相信! 但这是真的,这就是高校科学营的魅力!

回顾几天的历程,奔波、参观、学习……这一切,都坚定了我回去后要更加努力学习的信念。

在将要结束的日子里,我作为导演,与河南和其他省的营员一起,在李政道图书馆负一楼的舞台上,完美地出演了话剧《雷雨》。成功的演出,可以满满的为我们中学生喝彩! 结营仪式上,我被评为优秀营员。

流连还是流连。在上海外滩自由活动,和同学们随意逛逛,随便买点东西,还有学长请我们喝奶茶,路灯下我们一起举起左拳朝向天空,像极了《海贼王》里面的情节…… 好嗨哟!

阴云密布在上海的天空,略显压抑,也许是因为我要离去。心中不由地又默吟起:

青青子衿,悠悠我心。

但为君故,沉吟至今。

夏之梦

河南省实验中学　张琬钰

从前,仰望交大,倾慕她学术之醇,欣赏她风景之美,只觉得光华璀璨。而今置身其中,才觉其博大的胸怀,浩渺无边。短短七天,一情一景在眼帘,一言一语绕耳边,似水浸润心田,又似梦难舍难分。

初入交大,一见倾心

7月6日,五个小时的高铁车程,在满心的期待中变得很快很快,仿佛只是须臾间一个回眸,"上海交通大学"六个字便扑入了眼帘。

初到之日,虽有夏雨在旁,但同学们仍热情高涨。开营仪式上,河南分营的口号——"嵩山比邻黄河伴,岳飞故土诗圣安。以梦为马探科学,不负韶华赞中原。"令人心潮澎湃,热血沸腾!随后,卢宝荣教授为我们讲述钟扬教授援藏的先进事迹。西藏,是一片净土,也是钟教授不畏艰险,永远割舍不下的梦想。

当天下午,我们在老师的带领下参观了金属基复合材料国家重点实验室,材料的神奇仿佛为我们打开了新世界的大门。接下来的校园之行亦是惊喜连连,有壮观恢宏的凯旋门,红瓦飞檐的紫气东来门,既有现代感又颇具历史韵味。

傍晚时分,大家一同参与了传说中的"破冰仪式",进行团队组建。而后,又进行了极富挑战性的气球塔搭建。整个过程大家密切配合,分工协作,而最后的结果嘛——江山如此多娇(别人组的塔),引无数英雄(我们的塔)竞"折腰"。虽然没有夺胜,但收获的经验才是更重要的!感谢小组成员的配合与包容!

夜晚,漫步校园,看那一草一木,就如同读到了最心爱的文字那般欢畅。

再品交大,学海无涯

第二日,我们在报告厅认真听取了邓子新院士有关生物领域的专题报告,从中体会到了科学研究需要具备的品质。我就生物子学科间的相互关系提出了疑问,邓院士深入浅出的讲解让我受益匪浅。

接下来两天,我作为机器人营的营员跟随老师学习 Arduino 的入门实践。对着这个原来只单纯听说过名字的东西,一开始,困难便接踵而至。代码出错、运行出错、传输出错,我有些急了。然而,老师到了我的旁边后,耐心地帮我查找问题,在改动了一个字符后,一行行的代码就变成了荧光灯亮暗的指令。接下来,我在老师的鼓励下,又尝试了数字显示器的编程。这一次,就顺利很多,看着显示器上可以按规律显示的数字,兴奋和自豪便油然而生。尽管只是入门级别的实践和学习,但却让我真实体会到科学实验中所蕴含的锲而不舍的探索精神。

魅力交大,缤纷文化

在来到交大的第三天晚上,我们欣赏了缤纷多彩的社团演出。有铿锵有力的二十四节气鼓、妙趣横生的相声、神秘莫测的魔术……学长学姐们精彩的表演展现出交大的青春与活力。

第四天晚上,在菁菁堂中欣赏的音乐会——《毕竟是唐宋》令我陶醉不已。萧、琵琶、古筝的相遇,再和以独具韵味的诗词朗诵,将中华古典诗词的魅力展现得淋漓尽致。

而在感受社团文化、欣赏高雅音乐之后,就是属于营员们的舞台了。经过面试之后,我十分荣幸成为了结营仪式的四位主持人之一。与来自上海的阮思栋、哈尔滨的程龙、天津的温卓合力完成了主持词的编写及最后的主持工作。忘不了,大家一起在深夜里赶稿子的忙碌,亦忘不了大家在大巴车上演练的拼搏。更忘不了,在结营仪式后,大家共同许下的"未来可期,来日再见"的诺言。

河南的同学们也登上舞台,再现话剧《雷雨》经典。掌声的背后,是同学们放弃休息、刻苦揣摩、高效配合的付出。当最后谢幕,大家一起喊出"河南欢迎你"的时候,我觉得,一切的辛苦,一切的磨难,都是值得的!

未来可期,必能再聚

"忍别离,不忍却要别离。"七天前,我们从五湖四海相聚于此。七天里,我们相识相知,合为集体。七天中的点点滴滴是青春永不褪色的美好记忆。那手机上,打出缩写就能出现的名字,那不用导航就能找到的一餐二餐。那一个微笑,一个回眸,一个拥抱,一声关切,都是我永远珍藏的夏之梦。

"好梦最难留,吹过仙洲。"纵然我们今日暂离,去追寻远方。但是,我坚信,远方并非天涯,再会之日可期!

感谢活动中每一位默默奉献的工作人员、老师和志愿者！也感谢来自五湖四海的营员们！因为有你，有你们，我的夏之梦才如此绚丽而多彩！

"你站在桥上看风景，看风景的人在楼上看你；明月装饰了你的窗子，你装饰了别人的梦。"上海交通大学，你可知道，你的倾心相待让我愿许下一个"以身相许"的梦？

我必将以梦为马，不负韶华！

饮水思源　爱国荣校

河南省实验文博学校　谭棣元

"饮水思源,爱国荣校"这是上海交大的校训,意思就是人不能忘本。仅仅八个字,却写出了学校乃至国家可以兴旺的根本。

宋代陈宗礼《广州光孝寺大鉴禅师殿记》中说:"饮水知源,自觉自悟,师岂远乎哉!"这是让人把目光投入到事件的本质。南北朝时庾信《徵调曲》中有诗句"落其实者思其树,饮其流者怀其源。"字面上的意思是"吃到果实,就想到树木;喝到河水,就想到源头"。"饮水思源"揭示了一个普遍而深刻的哲理:万事万物都有其发端的根本,都有其所以如此的源头。人在有所得时要记得出处,人在有所成时不能忘本。

秉记"饮水思源,爱国荣校"的校训,一批又一批学子在此成才,然后回报祖国,强我中华。正是因为中国有这样一大批名校,才有更强盛的中国。

幸在华夏　荣于中原

在来上海交大之前,我对祖国的强盛知之不多,对身为中原人的自豪感尚不强烈;而在上海交大度过这段时光之后,我深感幸在华夏,荣于中原!

当我到了上海科学营时,我见识到了来自祖国各地的广盛人才。我才发现,祖国的未来有如此多的栋梁之材!众多人才在一定时间汇聚在一个地方,更突出体现了祖国的强大。人才强国,科技兴国,有人才,国必盛。孙中山先生说:"治国经邦人才为急",这,正是华夏大地上高级学府独有的魅力。

在编程课上,我因为当时没有电脑而未跟上讲课的进度,坐在后面的一位大学生到了我旁边,他先问了我做到哪一步,对芯片有了什么认识,我凭借自己浅薄的认识竟然对他夸夸其谈。那位学长先是称赞了我,之后把自己的认知讲给我。听了他的讲解,我发现了自己的不足,更体会到了上海交大学生知识的深厚。在来上海交大之前,别人称赞我,我认为自己很优秀,而来到交大之后,别人称赞我,我知道这是因为别人很优秀。我发现了上海交大学生的共同特点,就是几乎每个大学生都很亲切。从上海交大回来之后,我时常想念那里和蔼的教授、亲切的学长。在上海交大的日子里,我认识最深的不是知识,而是人格,一种在强者身上才具有的品质。上海交大,让我认识到:一所好的大学,重要的不是环境,不是工具,而是一个个优秀的人聚在一起所产生的影响。

我到了科学营时,老师通知我要上台为河南代言说一段话。当时的我迷茫了,我根本不知道河南的口号要从哪里说起,我实在想不出我一直居住的河南与别处有什么不同。我们有什么呢?我反复思考这个问题。我主动来到河南营里,找同学们一同讨论。然后,我得到了"嵩山比邻黄河伴,岳飞故里诗圣安"这样一个口号。同时我明白了河南的优势,我们是全国的人口大省,具有人才优势;我们是厚土中原,炎黄故里,多朝名都,具有文化优势;我们没有地震海啸等自然灾害,这是环境优势;我们不炫耀多彩的环境、华美的建筑,但我们有"东强、南动、西美、北静、中优、外联"的发展政策,有新一线的省会建设,我们有的是闪耀的明天。

"吾以吾血荐轩辕"

忆往昔,军阀割据,生灵涂炭,八国联军入侵,日寇大肆屠杀,中国的近现代经过了许多灰暗的时光;如今,中华已经强大起来。但这样的中国就可以无忧无虑了吗?中美贸易战,香港和台湾问题,我国的安全状况依然在风口浪尖之上。所以,身为中国的青年学生,我们自身的能力和思想不能落后。要实现科技强国,科学是根本。所以这次的科学营活动,是对我们自身的强化磨炼和综合提升。在这次赴上海交大的生活中,我们IT营的营员们见证到了高校的科技树与实力,了解到祖国的前沿技术和未来人类前进的方向,见识了生物遗传、电缆的功能和无人工作车间。许许多多高前的技术与思想进入我们的生活,让我们知道了和平年代里科技上的竞争。

七天的时光也许很短暂,但这七天的经历却可以改变一个人很多;也足以让我们畅游科学的海洋,足以让我们爱上一个地方,也足以使我们拥有一份日渐醇厚的友情。

营员篇·四川

感受科技魅力　培养探究兴趣

河南师范大学附属中学　付显浩

梦想启程

结束了学校的快乐而紧张的高一学业,迎来了开心的暑假生活,为了开阔自己的眼界,提高自己的科学文化素养,我报名加入了高校科学营活动,梦想提前切身感受大学生活,参与社会科学实践活动,聆听专家院士高水准报告讲座,体验科技魅力,增强创新意识,树立科技强国的信心。

河南 14 名营员到郑州会合,我们从新乡东站出发到郑州东站一共有大约 20 分钟的车程,站在站台上,远远望见远处缓缓驶入的"复兴号",心里多少有点小激动,虽然不是第一次坐高铁,但还是第一次坐"复兴号"呢。动车缓缓开始移动,不一会儿就加速到了 300km/h;出于好奇,我打开百度搜索"复兴号"的详细资料,"复兴号"如果从 0 开始加速,一直到正常运营 350 km/h,仅需要 6.5 秒,我们不由地为屏幕上的时速显示感到震撼。当复兴号提速到 470km/h 时,"复兴号"启动了集成了最新技术的超高压复动力系统。然后"复兴号"的速度再次爬升,直到 600 公里/小时最后终止在 670km/h 的速度上,不过即使在如此之高的速度下依旧平稳运行。其实,我国的高铁"复兴号",还可以达到更高的速度,只不过速度达到 670km/h 时,试验轨道已经发热严重,无法进一步提高,才停止实验。

在这短短的 21 分钟里,有几次与其他列车擦肩而过,全长 414.26 米的复兴号在几秒内互相使离,呼啸声震耳欲聋,这也体现出了祖国的繁荣、强盛。第二天清晨,乘坐开往成都的高铁,经过了六个多小时的车程到达了成都。一出站门,就有热情大学生志愿者来接我们,把我们带到了电子科技大学清水河校区。

一周的时间里,电子科技大学分营通过名师讲座,架设营员们和大学教授对话的平台。中国天文学会和中国宇航学会会员、曾登上《中国诗词大会》舞台的航空航天学院李滚教授为营员带来题为《中华儿女多奇志　问道成电中国梦》的讲座,分享中华民族几千年的飞天探索壮举和航天精神,倡导同学们用美丽、艺术的眼光去亲近科学；信息与通信工程学院张晓玲教授、崔宗勇博士围绕雷达成像，用动画等方式演示模拟天线、成像雷达工作的简单原理，让同学们直观了解微波遥感及相关专业技术，体验、感知科学的魅力。

魅力开营

开营前，电子科技大学的学长学姐们给我们配发了生活用品"装备"，牙刷、牙膏、毛巾、书包、营员证等等应有尽有。仪式前，陈思思老师在电子科技大学最有名的成电会堂给我们做了科学营活动介绍和安全培训，意在提高我们的安全意识增强对科学营的了解。

开营仪式正式开始！

2019年青少年高校科学营四川省分营开营仪式

为了让我们更快地认识彼此，志愿者们安排我们玩一个游戏，由第一个人开始，依次报出自己的名字和爱好，下一个人要记住前面所有人的信息。毫无疑问，这个游戏对最后一个人很不"友好"。经过了三十分钟的游戏时间，营员们也更加了解对方，就开始了检验团结协作能力的游戏了。由我们班的全部同学一起完成一个任务，然后十个班竞争，看谁做得又快又好。

游戏规则如下：由全班同学一起用报纸做一个"车轮"，每个班分班派出十个人来参加比赛，参赛者在"车轮里"走，看哪个班的"车轮"结实，走得最快的一方获胜。比赛开始，每个人都争先恐后地制作"车轮"，有的铺报纸，有的粘胶带，有的在练习，各尽其职。终于，在每个人的努力下，我们到"车轮"制作完成，在激烈的对抗下，在高昂的欢呼声中，结束了这场比赛。虽然我不知知道最后的名次怎么样，但是营员们都收获了友谊和团结。

"破冰仪式"随着比赛的结束而闭幕。我们回到宿舍里,标准的四人间。虽然不大,但是和朋友们挤在一起,这就是"陋室"不陋的原因——虽然很小,但很温馨。

多彩活动

在高校科学的生活充满乐趣,科学营组织营员前往众创空间、机器人基地、电子科技博物馆、校史馆、工程训练中心、四川省科技馆等地参观学习,体验高校文化,参与科学实践,探索科学奥秘。

营员们在众创空间 1 号厅了解了我校创新创业工作发展历程以及取得的成绩,在 5 号小型路演厅里,见到了随着操作者施令精准地做出拍照、唱歌、报告天气等动作的人工智能机器人"小福";观摩了真实还原姚明体型和外貌的零失误"姚明投篮机器人";体验了可以与之对决技艺高低的羽毛球机器人、智慧家居……这一切都让前来参观的科学营科技迷们大呼过瘾。

校史馆讲解员为营员介绍了学校建设初期师生们一边学习一边艰苦建校的奋斗史、学校的教学改革举措、国家重点实验室和工程技术研究中心建设情况、国际交流合作成果等;机器人基地正在备赛的队员对机械设计制造、电路设计、电控调试、算法改进四大比赛内容为营员们做详细介绍,营员们还参观了正在备战调试的步兵机、哨兵机、飞机、能量机关等机器人;营员们来到工程训练中心,了解模具加工过程和车工,铣工,钳工,钣金,焊接等机械加工工艺,与高中力学知识相结合,通过实践加深了对课本知识的理解;在四川省科技馆,营员们参观了航空航天展厅、虚拟厅、数学力学厅、声光电厅、机器人展厅等多个区域,进一步理解科学、热爱科学、提高科学素质。

丰硕收获

理学博士李滚教授用有文学色彩的特殊方式,讲述了题为《中华儿女多奇志,问道成电中国梦》。他先是引用了屈原的《天问》,再代入到今天的中国飞天梦,与我们分享中华民族几千年的飞天探索壮举和今天的航天精神;运用了简单的中学物理知识,引出了航天器基本运动规律,还给我们简单介绍了量子卫星和量子通信,整堂讲座生动而又充满乐趣,带给我一种别样的体验。

在科学营的第二场讲座,是在求实厅由张晓玲教授带来的《走进雷达成像,看世界的另一双"眼"》,在开讲之前,志愿者们先安排我们参观在讲堂外摆放的雷达,看到这个雷达,仿佛是来到了军营一般,这也正是电子科技大学的魅力所在。雷达成像技术作为微波遥感领域的一个重要部分,能够全天时全天候地对目标进行观测,在对地观测、灾害观测、安防安检、军事侦察中发挥着重要的作用。经过张教授的介绍,我大概了解了雷达的功效,但是因为我水平有限,还是很难理解。

最令人震撼的还是成电别样的建筑。那么就先说说成电的校史馆吧。校史馆布置得很精致,左手边的几个展柜,里面整齐地摆着20世纪学长留下的文凭证明。另一边主要就是照片了,墙上挂着大大小小几十张照片,虽然是黑白的,但是同样诉说着成电的历史。在工作人员的带领下,我们走进了成电的图书馆。从过道通往大厅的路上,张老师不断地提醒我们要轻声,在图书馆的每一个角落,都有在奋笔疾书的学长学姐们。为了不打扰他们学习,我们也走得很小心,不敢发出声响来。图书馆内的设计很别致,很有中华文化气息,每一个隔间都藏着不同的书,经过工作人员的介绍,我们了解了到,经过几代图书馆人的努力,这里的藏书已经超过百万册,进入了书的海洋,也难免产生一种学习的冲动。

制作航模,是我对这次旅行最大的期待。教练把每个班分成几个小组,每组完成一架飞机,我们要在短短的时间里,完成航模的制作。最后要进行比赛,看哪一组做的航模又结实又好。比赛正是检验我们的劳动成果的时候,看着其他组的飞机出现了各种事故,我也非常慌,直到亲眼看到自己组的飞机从起飞到着陆都平安无事,我的心里轻松了很多。

这次的科学营活动,不仅让我体验了一下大学的生活,也让我开阔了眼界,增长了知识,在这里自己的衣服自己洗,自己的事自己做,培养了我们的独立性。严格要求的行为举止,军事化的作息规律,培养了我们的自觉性,在这里我们可以敞开心扉自由奔跑,也可以与外国人交流文化,总而言之,言而总之,我在这里得到了升华和改变,感谢科学营。此次科学营,我收获很大。感受了辛勤后的收获,体会了大学生活,懂得了知识和科技的重要,发觉了自己学识的浅薄,更学会了独立、坚强、团结、努力。感谢此次科学营,也感谢自己的认真和朴实。

清水河畔　邂逅成电

濮阳市油田第一中学　李妍蒴

我记得主楼上那句校训"求实求真　大气大为",我看到银杏大道上的片片落叶,我听见头顶飞机轰鸣而过,我感受到电子科技大学(后简称成电)学子的勤恳与热情。

永远记得,这个夏天,我和成电。

破冰

"和我在成都的街头走一走,直到所有的灯都熄灭了也不停留。"耳机中放着《成都》,高铁从河南穿过陕北抵达四川。手中翻着 2018 年的营员心得,就这样不知不觉间几个小时过去了,广播中传来温和的女声:成都站已到达。

初到成都,不似蜀都一如既往的炎热,天气多云,下着小雨,人的心情也自然多了一份愉悦。

热情的橙色,不似红色的炙热,也不像蓝色一样冰冷,这也是我对身着橙色制服的志愿者的第一印象。抵达学校后先领物资,不得不为学校点赞,物资十分充足。分发物资时,我们班的一个学长在读我的名字的时候,读到"蒴"的时候,他仔细看了看,思考两秒,这是 shuò 吗? 我的名字最后一个字总是有人会读错,不过恭喜他读对了。虽然在拖着行李箱和物资去宿舍的路上的我十分狼狈,但是成电的美也没有因此被我错过,从我进入这个校园的第一刻起就感受到了。

数场讲座收获多

原来曾听过一句话:所有物理学家都是哲学家,所有哲学家都是疯子。我深以为然。今天印证了这句话。开营仪式后第一场讲座的主讲人李教授不仅在物理方面有过人的造诣,而且也很精通国学和诗词。他深入浅出的语言让我受益匪浅,做学问的同时也要用艺术眼光看待知识,大自然的心思总会在不同地方不经意间流露。比如讲座 PPT 中一张女娲和伏羲的照片,竟然和 DNA 的反向平行双螺旋惊人相似。这引起了我久久的沉思,我也深信这世间万物一定有什么联系。

次日下午,精彩不断。雷达的英文全称是"Radio Detection and Ranging",相比于光学成像,雷达的优点在于,全天时全天候成像,且不受云层等影响成像。雷达不仅在地图制图、灾害预防等方面有应用,而且还在三维重建、军事方面的隐蔽目标检测、地雷探测方面有着很重要的地位,真是让我们大开眼界。

在成电最特别的两场讲座是两场优秀大学生报告,他们具有青春活力的语言让我对大学生活有了更深入的了解。大学是每一个人的星辰大海,在这里你可以全方面发展自己,但这需要你过人的意志力和自律性,才能扬帆远航。大学的学习生活更加宽泛,是对一个人的综合素质的考察,交流能力、社交能力、创新能力、学习能力需样样精通。而这一切的本钱是一个好身体,学长们的话让我改变了自己拿出一切时间学习的观念,抽出时间锻炼也许会有更好的成效。有一句话于我如醍醐灌顶:"永远不要向现实妥协,做决定之前先想想自己是否会后悔。"愿你我都能从短暂的迷茫中走出,奔向各自的远大前程。

渊远而流长

"问大家一个问题:你们知道为什么总是习惯把电子科技大学叫作成电吗?"校史馆的讲解员姐姐问道。站在队伍后面的我脱口而出:"电子科技大学原来的名字叫成都电讯工程学院。"看着校史馆中的一张张展板上的成电时间线,一个个展柜中的荣誉和一本本书籍,一颗"立志做一人物"的种子在心中悄悄发芽。

等待参观时,一位老师解开了我心中第一天起就有的疑惑。"5G The Road To a Super Connected World",这是宿舍楼门前巨大集装箱上的英文。来到成电的第一天就拍下了几个这样的大箱子,但具体用途并不清楚,今天终于解开了谜团。这些底色是白色的集装箱是四年前华为投放在成电的全球第一个 5G 室外测试场。解开谜团的同时,又知道了在学校的众创空间有团队在研发 6G 技术,6G 技术主要用于星际间的通信。最前沿的科技竟然如此触手可及,心中情不自禁地生出一股巨大的自豪感和激动。

在成电的土地上,我感受到学校身后的人文底蕴,聆听到了时代发展的最强音,让我们更深层次地了解了何为科技,他鼓舞着我们这群青年人投身祖国的电子信息事业。

无人机之旅

刚挪步离开成电会堂，无人机之旅就猝不及防地开启了，真是让人感到"才饮长江水，又食武昌鱼"。光听航模协会的会长对无人机的精彩介绍才不过瘾，亲自动手制作才算得上是"好汉"。制作过程中过程虽不算顺利，但也总是"山重水复疑无路，柳暗花明又一村"。难题和挫折都被巧妙地化解。无人机比赛的前几天，由于被组内推选为飞手，后半程的制作参与得略少一些，但飞手这个身份也无疑是对我的磨砺，练习的过程并不是一帆风顺，恰恰相反，我遇到很多技术和心态方面的瓶颈。五组的小伙伴们是我最坚强的后盾，比赛前我总会很紧张地问他们："万一炸机了怎么办？"他们总会说没事没事，从不给我施加压力。虽然最后的展演不尽人意，我十分自责，但没有一个组员指责我的失误，"哈哈哈没事，炸机了正好大家分一分带回学校做纪念"，听到他们这样安慰我话的那一瞬间，我竟差点落下泪来。我不只是被他们的宽容和豁达所感动，更是被大家这几天来齐心协力的精神打动！最重要的并不是结果，而是享受沉浸在科学中的过程中，逢山开道，遇水架桥！

感恩擦肩

"喝粥为什么要放糖？？"

"喝粥为什么不放糖？？"

这场和来自南方的小孟学长的对话以一位男生边俏皮地用手画出一条线边说"南北差异分界线"结束。我们三班的同学都来自北方，而我们班的志愿者小孟学长可是一个典型南方人，在喝粥放糖这个问题上"争执"了许久。这段对话现在回忆起来仿佛还在昨天。之所以快是因为美好，面对即将举行的闭营仪式，深深感到六天的相处，实在短暂。

是否所有的故事都有结局，结束的钟声总会响起，闭营仪式上的歌曲表演，一串串音符吟唱着青春的步履。"成电，带不走的，只有你。"一个班级对《成都》的改编，勾起所有的记忆和离别的伤感，舞台上灯光交织变幻，熟悉的脸庞半隐在黑暗中，我隐去欲落的泪水，只留下明媚的一侧。

那天早晨，离开成电时的画面，一如我来时一样。

UESTC，后会有期。

少年负壮志　大鹏翔天宇

濮阳市华龙区高级中学　马世超

第一天　千里奔涉,相聚成电

你看过凌晨四点半的天空吗？那是妩媚的紫色,扑朔迷离；在其中却又掺杂着一丝丝的乳白色,使人在迷惘的心中寻得静谧。紫色与白色交织着,抗争着,却又在相互融合着。仿佛刹那间,二者就达成了和解——天已破晓,旭日东升。也是在此刻,忙于赶路的行者,起床、洗漱、吃饭。过程如此的和谐,又如此的默契,仿佛多年的老友,再次相逢。

郑州东站,是我们新的起点。在候车室,大家都学会了慢慢等待——等待时间,等待内心的纯净,等待那纯白色的高铁缓缓驶来。一袭素衣,忘却了思绪中的经年琐事；两袖清风,我愿素履前往心中的朝圣之地。车缓缓驶离,逐渐提速,穿隧道、越峡谷、跨平原、历都市,醉心于窗外风景,不觉已到那个忘不了的城——成都。

成都东站,是此行的终点。细雨斜风中,来到了电子科技大学(后简称成电)；群林静谧中,感受到了诗书自华。一场安全报告,带来的不仅仅是对生命的尊重,还有老师的谆谆教诲；一次彩排,不仅仅是对身体的考验,更需要心灵的投入；老师的无言等待,彰显的不仅仅是师德光辉,还有对学生内心真诚的爱。

有此,足已。

第二天　初识成电,领略科学风采

星夜短促,蹴而黎明。

一身的疲劳消散,赤子般的笑容弥漫于少年的朦胧的脸。似醒非醒般的感觉,使人难以克服地心引力的束缚,只想尽情享受那最迷人的舒适。一拖可不能再拖,少年可是最有活力的哦。起床,穿衣,洗漱,少年将重新恢复满满的活力。

开营仪式,总是那么动人心弦,使人迫不及待地投入其中。身为大美河南的一分子,我当然要展现最美的风采。持"河南"的旗帜入场,大声喊出"五千年大河文化,八百里锦绣中原。豫见中国,老家河南!"的口号,那一刻,我深感自豪与骄傲!

一场演讲,使我收获的不仅仅是学术之美,更有一种催人奋进的力量;一次航模的拼装,不仅仅考验了动手的能力,更浸润了团队的力量;一次班会,不仅仅更加了解了彼此,更有着一种无言的默契与欢乐。

江山如此多娇,引无数英雄儿女尽折腰。

生活如此多彩,使你我莘莘学子爱意浓。

第三天　强健体魄,浅尝无线电科技

晨跑,是一件充满活力又有些令人"胆战心惊"的事情,我一向将其束之高阁。直到今日在学长的邀请下,我才克服这些困难。三公里的路程,有点累,但很值得。

成电的那么多馆,真的令我心动不已。在电子的演变历程中领略到了电子的魅力,在学术期刊的艺术封面上知晓了科学原来还能那么有趣。

下午的两场讲座,不仅使我领略了雷达的微小与伟大,还使我了解到了学长的心得见解,蓬莱文字,妙笔生花。

晚上的拔河,虽然我们没有夺得桂冠,但在此中我们收获了团结;一场篮球赛,彰显了青春健儿的活力,在竞争中不乏合作。

其中穿插的无人机制作与有关 MV 的参与,更增添了其中的乐趣。真好。

第四天　畅游四川科技馆,为理想插上翅膀

雷达,一个既熟悉又陌生的词语。它经常被人提起,但却对它的原理琢磨不透。为什么? 怎么做? 有什么用? 这些问题都在这里得到了大师的解疑。生动活泼,美丽幽默。

一场突如其来的旅行,在七月的雨季中,缓缓铺陈开来。四川科技馆,是一个有梦的地方,也是一个给人心灵启迪的场所。在那里我们不仅收获了知识,也激发了对于科学的乐趣。

爱你所爱,想你所想,只问前路,无问西东。这其中有着理想与大爱,有着无畏与纯真。总是在某个不经意间,给人以心灵上的震撼,回味无穷,大爱无痕。

航模的制作,考验的不仅仅是动手能力,更是团队的力量。这,"很成电",也是我所追求、我所向往的。

爱你所爱,无问西东。

第五天　叩问内心,寻求心灵上的成长

我学到了什么?

上午参观机器人工厂,那里的条件真的不算好,但他们的一项项的成就却是那么的引人注目。恶劣的环境真的不能阻断一个有梦的人的进步与成长。

众创空间,来自于一位校友的捐赠,除此之外,成电的许多项目与地方,都来自于历届的校友,他们感恩的行为,至今仍在我的心头荡漾。在读硕士生,甚至是本科生,在这里开创了自己的事业,甚至达到了千万级别的规模。这一切的一切,其实都来自于他们的知识与勇气。

几十年的风雨兼程,数代人的不懈耕耘,才有了今日的成电。艰苦创业,撸起袖子加油干,这种精神,无疑是激励着成电学子不断前行的动力,它也是我需要学习和吸收的东西。

知识竞赛,我们班不逊他人。虽然无缘奖项,但那种不放弃,不灰心,奋力追赶的场景,那种精神,在我心中是最美的。

飞行器的制作,穿插了整个过程,这无疑是美丽的。

我相信我就是我,我相信明天。

第六天　看飞机展翼长空,品学子文化之美

历经波折,扣人心弦已久的飞行比赛终于拉开序幕,看着那一架架由同学制作的飞机坠落亦翱翔,我的心中也随之而荡漾。起飞,腾空,翱翔,坠落。开始学会享受过程,开始学会为他人而喝彩,这种感觉,真的很好。

各地区的荟萃,各民族的交融,竟会产生如此美妙的画面。民族舞蹈,童年回忆,大合唱,这些都为我们的离别画上了甜蜜的句号。

群英荟萃,齐聚成电,你争我赶尽显少年英气;

腾凤潜蛟,来日方长,看你我少年共创明日辉煌!

缘聚天府国　共筑科技梦

濮阳市华龙区高级中学　李令康

天地苍苍,乾坤茫茫。中华少年,顶天立地当自强。

——题记

伴着列车进站的提示音,和着微微细雨,我们结束了半天的行程,到达了天府之国——成都。"九天开出一成都,万户千门入画图。草树云山如锦绣,秦川得及此间无",是李白对成都壮美的赞叹。"野径云俱黑,江船火独明。晓看红湿处,花重锦官城",是杜甫对成都柔美的喜悦。"地胜异、锦里风流,蚕市繁华,簇簇歌台舞榭",是柳永对成都云乐的流连。

在这青春活力的年纪,在这花红柳绿的季节,在这繁花似锦的地方,你我,相遇电子科技大学。

人生难得一知己,相逢何必曾相识

下午的成电会堂闪烁着灯光,人群熙熙攘攘,这是我们与河北同学的初遇。我们的脸上还带着陌生,又有期盼与憧憬。

华灯初上时,开启了我们的"破冰之旅"。破除隔阂,建立友谊,团队协作,合作共赢。今晚的游戏让我们相识,以后的七天让我们相知。我们素昧平生,科学营让我们走到了一起,这就是缘分。

记住前面所有人的姓名爱好,对于越靠后的人就越是挑战,看似简单的游戏,加深了我们之间的了解,建立了基础的感情;在规定时间内用报纸做履带,并由十个人一起向前推进,这是对我们的团队意识和默契程度的巨大考验,但我们在志愿者的领导下,分工明确,协调统一,配合默契,最终出色地完成了任务。我们在比拼中磨炼意志,增进感情,逐渐凝聚成一个整体。

今晚最大的收获,是每个人脸上甜美的笑容。

鲲鹏逐梦,直上九霄

"科技梦,航天梦,中国梦",这是本次科学营的主题。我们来自全国十多个省级行政区的营员,跨越千山万水相聚在这里,为的是心中自强不息的梦。我们所有人的梦想汇聚在一起,就凝聚成了中国梦。

在成电,我找到了追梦的方向。

李滚教授的趣味杂谈让我领略了中华儿女的航天精神,了解了尖端物理的辉煌成就。中华民族自古就有探索寰宇的雄心壮志,不顾冷嘲热讽,只顾风雨兼程,不惜牺牲生命,只盼圆梦成功;科学不止循规蹈矩,也有诗情画意,不是冰冷古板,也有温度柔情。张晓玲教授的专业论述,让我了解了雷达成像的基本原理,明白了它在当今社会的重要作用,给了我看世界的另一双"眼",让我从另一个角度去探索世界的奥秘。崔宗勇老师深入浅出,借助图片为我们形象地描绘了微波遥感的世界。从受制于人,到世界领先,源于每一个科学工作者的不懈坚持与努力。

李维豪同学激情洋溢的讲述着他的成电故事,他的空天梦想;李成鹏同学也展示了他的奋斗历程。这是青年一代奋发图强的昭示,他们也在宣告自己的中国梦。从机器人基地里令人惊叹不已的机器作品,到众创空间里那一柜令人瞠目结舌的荣誉证书,他们代表着祖国的希望。今日之责任,不在他人,全在我少年。

这是我们共同的科技梦、航天梦、中国梦。鲲成鹏之日,便是直上九霄之时!

同舟共济扬帆起,乘风破浪万里航

额头已经淌下了汗水,但奋笔疾书的手不愿停歇,劳逸结合才能达到更高的效率。一个优秀的学生发奋图强的学习,也需要充满趣味的活动。

参观科技馆让我们走出书本,从现实中感受科学的魅力,航空航天发展史,移动通信发展史都给我留下了深刻印象;航空航天知识竞赛让我们在比拼中学知识,增强团队协作意识;模拟飞行让我领会到了飞行员的不易……

对我来说最有意义的,还要数无人机飞行竞赛了。最初拿到那一箱零件时,谁也不会想到他在比赛中会是什么样子。教练一步一步手把手教学,一遍又一遍给我们讲组装中的要点难点,不厌其烦;一遍又一遍的检查每一架无人机,不放过任何一个细节……我们作为组员,也乐此不疲。每天中午,晚上,总要挤出一些时间来组装无人机,从机身,机尾,到机翼,每一个零件的组装我们都反复检查,细致入微,组装过程中出现的一个又一个问题,我们认真探讨,虚心求教,最终都一一克服;飞手在模拟器上一次又一次的试飞,只为比赛之日能少出错……飞机装上电池上电的那一刻,每个组员的脸上都绽出了甜蜜的笑容……终于,日盼夜盼,盼到了比赛的日子。比赛之前,却被告知飞机有故障,无法飞行……没有丝毫犹豫,每个人都知道,现在要做的是检修飞机。在一番调试之后,飞机达到了飞行标准,在飞手的操控下,展翅翱翔在蓝天上。起飞,抬升,翻转,水平八字,盘旋,降落。飞手沉着冷静,一步一步努力做到最好。我们凝视着在空中盘旋的飞机,在它的机翼上托起的,是我们的航天梦!功夫不负有心人,拿到荣誉证书的那一刻,我的心中有甜,有酸,百感交集。这是我们为自己的航天梦迈出的第一步。

海内存知己,天涯若比邻

时光如白驹过隙,匆匆流逝,他只顾踏着自己的步伐,不在乎世间的一切。弹指一挥间,七天的科学营就走到了终点,总要到来的,是离别的愁。这七天,是我值得一生铭记的七天。学子餐厅里欢声笑语洋溢,八角书斋里书香笔墨荡漾。我不能忘却的,是志愿者的细心照顾,是带队老师的暖心关怀,是营员同学的互帮互助;是成电的朝阳,是成电的微风,是成电带给我的希望。

闭营仪式上,每个班级都展现了自己最有才华最具特色的一面。我相信,即使我们走在平凡的路上,也能创造出不平凡的奇迹,我们都是追梦人。民族舞蹈充满激情活力,小品蕴含诗词古韵,儿童歌曲也融入了童年的回忆……

分别时的人们很奇怪,脸上挂着笑,眼角却含着泪。但,青春不散场,曲终人不散;海内存知己,天涯若比邻。我们即将分别,我们永不分别。在返程的高铁上,虽然今天起得很早,但我却久久不能入眠。带队老师,志愿者,营员同学的面孔在我眼前一一闪过,这些天一起活动的场景不停在我眼前浮现。"人有悲欢离合,月有阴晴圆缺",人生就是在无数的相遇与分离中轮回。再见,我们敬爱的班主任;再见,我们亲爱的志愿者;再见,我们可爱的同学。这几天有你们的陪伴,我过得充实又有趣,愿友谊地久天长。

我们还有很长的路要走,奋斗是我们对自己最好的回答。再见,电子科技大学,后会有期……

官员篇·天津

百年兴衰　情系南开

河南省实验中学　乔士琛

七日行，一生情，愿与君相逢于中华腾飞之时。

——题记

随着车轮的转动，天津，离我越来越远。我与南开的七日之约也圆满结束，回想这七天来的一幕幕，我不禁再次在心中回味南开带给我的震撼……

初识——百年学府今犹在

在炎炎夏日里，我和来自全国各地的二百多名营员，齐聚在美丽的海河之滨。我们此行的目的地是有着百年历史的南开大学，每个人的脸上兴奋之情溢于言表。负责接待我们的学长向我们详细介绍了南开。

南开大学是"学府北辰"之一，由严修、张伯苓秉着"理以强国，文以治国，商以富国"的理念创办。正式成立于 1919 年，历经百年风雨，在抗日战争时期曾遭受日本侵略军狂轰滥炸；唐山地震中遭受波及；几经波折，历久弥新。我们敬爱的周总理，就是南开的一员。在图书馆前周总理的塑像下，我看到了南开校训"允公允能，日新月异"。用今天的话来说就是：受教育者的时代使命是不断改革、不断前进、自强不息、勇攀高峰，为建设繁荣富强的伟大祖国而奋进。今天的南开人，坚持秉承这一理念，不断创新、教书育人，为国家输送人才。

相知——传承路上引路人

坐在南开肃穆的礼堂内，一位位知识渊博的科学家、教授，通过科普知识讲座，为我们打开了一扇扇通往科学的大门。吴湘平院士给我们深入浅出地讲解了关于暗物质的科学知识，使我们了解到暗物质探测的可能方向以及新的物理理论，向我们描绘了梦想中的人类太空旅行。陈军院士向我们作了有关化学在日常生活中的应用，使我充分感觉到科技与我们息息相关，也是造福人类的福祉。生物标本制作互动环节中，通过生物系学长的指导,一个个漂亮的蝴蝶标本在我们手中完成,使枯燥的理论知识有了更具象的呈现。最后,一场关于昆虫知识的小竞赛掀起了一个小高潮。我和我的小伙伴们,凭借着丰富的知识储备和沉着大胆、眼疾手快,夺得了比赛的第一名。看着伙伴们开心的笑脸,我的心中升腾起强烈的对探索科学新知识的渴望,我希望自己也能像这些科学家一样,在科学领域里探索新的奥妙。

在这七天的日子里,我所接触到的每一位南开人,都使我时时刻刻感受到南开人的治学严谨、不断追求、勇攀高峰的精神。无论是在安静的校园小路上与行色匆匆的学子擦肩而过;还是徜徉在图书管理林立的书架间与各位学术大咖进行心灵对话;都让我时刻如沐春风,使我的心灵受到涤荡。

相恋——离别是永恒的南开

在闭营晚会上,大家精心准备了节目,充分展现了各个省市别样的特色。相声、舞蹈、演奏、朗诵、话剧,精彩纷呈的节目使我应接不暇,连连叫好。我和我的小伙伴们一起合唱了《少年中国说》:故今日之责任,不在他人,而全在我少年。少年智则国智,少年富则国富,少年强则国强。少年独立则国独立,少年自由则国自由,少年进步则国进步……这是我们的歌声,也是我们的心声。我想此时此刻,我们每一位营员都在心中默念:允公允能,日新月异。我们接受教育不只为将来找到好工作、住上大房子这样肤浅的目标,我们也要像周总理一样为中华之崛起而读书,明日之中国必将是兴盛之中国。

快乐的时光,总是很短暂。再精彩的筵席也总要说再见。回首再看一眼静静矗立的校园,挥一挥手作别默默流淌的海河,我在心里轻轻地说:再见南开,你我终将再会,在未来的某一天。

别样南开　开启梦想

河南省实验文博学校　化艺臻

每个人都有梦想,梦想为我们照亮远方,梦想给予我们以力量。尽管2019年的青少年高校科学营南开分营活动已经圆满结束了,但那一幕幕难忘的场景仍会不时浮现在我的脑海,牵动我心底难忘的记忆。宽阔美丽的南开校园、学识渊博的院士大师、奥妙无穷的宇宙星空、令人震撼的光电科技……一切都仿佛仍在眼前,一切都仍那么清晰。所有的一切,都令人有一种不吐不快的感觉,让我急于与人分享。

开营篇:夏日骄阳燃激情

按照预定的计划安排,我们这期科学营的时间是7月14日至20日。为做好活动的组织工作,河南团还于7月12日组织召开了专题动员会,就相关的活动安排和纪律要求对大家进行了培训和讲解。培训老师的讲话,一下子就勾起了我心底的期盼,使我迫不及待地想早日到达南开校园,去揭开科学营的神秘面纱。

7月13日,带着些许的激动和忐忑,带着些许的好奇和向往,我们河南营的30名营员一起,乘着北上的列车,到达了美丽的滨海城市天津。七月的天津,显得那么火热和真诚,好像要用自己特有的方式,表达对我们这些来自全国各地营员的热情欢迎。14日的开营仪式上,南开大学党委副书记王磊的讲话,更像是一团火苗,点燃了我们心中的激情,让我们对别样的南开及接下来的活动,有了更多的期盼和向往。

讲座篇:天上星星照夜空

简短的开营仪式结束后,学校安排的首场活动,便是聆听武向平院士的讲座。在一片片掌声和一阵阵欢呼声中,我们终于见到了这位心目中的学术大咖。武院士为我们做了一场题为《认识我们的宇宙》精彩的科普报告。"我们想象中的宇宙是什么样的? 它有多高、有多大、里面有什么?""宇宙从哪里来? 将向哪里去?"武院士为我们介绍了宇宙的基本特性,带领我们回溯了宇宙的起源,演示了宇宙结构的形成和演化,同时也为大家预测了宇宙未来的命运,回应了我们心中关于宇宙未来的关切和疑虑。大家紧跟着武院士的脚步,畅游在浩瀚奥妙的宇宙之中。

武院士的报告之后,南开大学马克思主义学院的盛林教授为我们做了题为《5G 中的华为与当今之中国》的报告。盛林老师的报告,令我们对祖国的快速发展和巨大进步,倍感自豪和骄傲,引起了我的强烈共鸣。是啊,从5G 的诞生到华为的兴起,从"天宫"升空到"蛟龙"入海,从北斗组网到墨子发射,从四通八达的高铁到联通世界的"一带一路",一件件激动人心的成就,都在向世界展示一个不一样的中国。科技的力量得到了释放,国家的实力得到了增强,大国的形象跃然世上。自鸦片战争以来,饱受屈辱、积贫积弱的祖国,再次开启了伟大复兴的光荣梦想。

接下来的几天里,我们又先后聆听了陈军院士关于先进化学能源材料的报告,孙桂玲教授关于电子信息领域科技前沿发展的科普,张健教授的南开校史讲座,张佳庆老师"小昆虫、大世界"的奥妙等。一场场报告都是那么精彩,一个个项目都是那么给力。陈军院士的报告使我们看到了先进化学能源材料的美好前景,孙桂玲教授的讲座让我们领略了电子信息科技的迷人魅力,张佳庆老师的"小小昆虫"为我们折射出一个无限广阔的科技大世界,张健老师的南开校史说则带领我们重温了那段不屈不挠的抗战历史。南开科学营的老师,以各种不同的方式,引导着我们开启科学探究的大门,同时也在我们的心里播下梦想和希望的种子。

黑夜给了我黑色的眼睛,我却用它去寻找光明。在科学营,每名老师都是一颗闪亮的星星,为我们照亮了黑色的夜空。

破冰篇:莫负青春取自惭

如果说院士专家的讲座是激发兴趣的饕餮盛宴,那么"破冰"拓展训练则是回味悠长的饭后甜点。为了让素昧平生的营员尽快相互熟悉起来,学校在7 月14 日开营后的当天下午,就组织我们进行了素质拓展和破冰训练活动。"蛟龙出海"活动,营员们领悟的是必须密切配合、步调一致,否则"友谊的小船就会说翻就翻";"超音速"活动,营员们体会的是必须勤于思考、敢于创新,否则就会被对手甩在后边;"开花"活动,营员们感受的是团结友爱、相互支撑才能行稳致远。

在这些活动中,营员们逐渐从初见时的相对无语到离别时的无话不谈,从初见时的形同陌路到结束后的相见恨晚,从入营时的单兵作战到离营前的协同闯关。在活动之余的私下交流中,大家总是眉飞色舞、滔滔不绝,仿佛有说不完的话题。是啊,谁都忘不了设计队旗时的集思广益,谁都忘不了讨论口号时的面红耳赤,谁都忘不了取得胜利时的欢呼雀跃,谁都忘不了受到挫折时的卧薪尝胆。青春的激情在活动中绽放,青春的活力在行动中张扬,年轻的我们在积蓄着进取的力量。

实践篇:纸上得来终觉浅

科学营的活动安排是丰富的。在聆听大师讲座之余,我们还参观了天津市科技馆和南开大学图书馆,考察了南开电子信息实验教学中心,完成了一个计时器的电子小制作和蝴蝶标本的现场制作,开展了昆虫标本检索竞赛等活动。

计时器的电子小制作,尽管有指导老师的悉心讲解,可是我和不少营员都依然感到有些茫然,嵌入与组装的进程也一直磕磕绊绊,不时要面对难题和返工重来,真心感觉理论和实践完全是两个不同的概念,应用和操作也一样并不简单。蝴蝶标本的制作,软化、插针、展翅、干燥,每一步也都要小心应对,才能防患于未然,否则就可能前功尽弃。

相较以上两个实践动手项目,18日的昆虫标本检索竞赛则显得相对简单。营员们以组为单位,每组判断20个昆虫标本,最后依据判断正确与否和分类细致程度评分。当刘欣鹏学长将两个浅蓝色的箱子放在桌子上,精致的昆虫标本出现在眼前时,营员们的兴致便一下子被引爆了。鳞翅目、蜻蜓目、直翅目……各式各样的标本令人惊叹。检索书籍在大家的手里迅速翻动,记录笔在彩色便利贴上匆匆划过,场馆内的气氛也平添了几分紧张的味道。终于当刘学长宣布最终检验结果时,尖叫声、鼓掌声、欢呼声此起彼伏。阵阵掌声中,优胜队伍浮出水面。经过初赛和决赛,四组、五组和十三组分别荣膺冠亚季军。成功者的奖品里,浸透着的是辛勤的付出和紧张的汗水。

"今天主要的内容并不是纸面知识,更重要的在于自己动手实践。"实践课用别样的方式,让我们深刻理解了"纸上得来终觉浅"这句话的深刻含义。

结语篇:惜别不忍说再见

一周的时间是短暂的,可我们却觉得收获满满。从科技到政治,我们开阔的不仅是视野;从理论到实践,我们提升的不仅是能力;从学习到生活,我们感受的不仅是成长。

在科学营,我们学会了立志报国、心有大我,学会了励志潜学、甘守寂寞,学会了不屈不挠、愈挫愈勇,学会了团结协作、密切配合;在科学营,我们还收获了一份友谊,收获了一段感动,收获了一段难忘的经历。

在南开,我们读懂了张伯苓校长的"爱国三问"和周恩来总理的"为中华之崛起而读书";在南开,我们也感受到了爱国情、强国志、报国行始终在传承着。

"风物天津自不凡,南开境更异尘寰。"柳亚子先生的这句诗,能够准确地反映我对南开的别样印象。同时,他的另一句诗,"劳劳三驿是天津,触我回肠荡气情",则能够恰如其分地表达我的依依惜别之情。我将带着自己的梦想,踏上返程之路,继续去锤炼自己。

别了南开,别了我的科学营。

相约南开大学　共赴青春盛宴

河南省实验中学　李昊泽

七月燥热还未散去，我们就踏上了远方的旅途，和全国各地的小伙伴们一起在南开大学共度一周的美好时光。在短短的七天内，我们在课外时间对这个世界有了新的认知，也让我们留下了非常难忘的回忆。

步入校园，感受温情

步入南开大学，伴随着夏日的喧嚣，怀揣着激动的心情，我们在志愿者学长学姐的带领下。来到了这个知识的殿堂。眼前的一切都是那么的新鲜，那么的充满活力。红瓦飞檐的校园建筑，活力生机的大树草坪……学长学姐们，对我们的问题耐心回答，热情关照我们，在不知不觉中我们就逐渐互相了解彼此，拉近了彼此的距离，为我们接下来的生活注入了新的能量。欢声笑语中，七天的南开之行，就这样拉开了帷幕。

精彩开营，沉浸科学

第一天的开营仪式上，我们就感受到了南开大学浓厚的科学气息。绚丽的灯光将整个大厅的气氛带动了起来。在有幸聆听中科院院士精彩讲座后，整个大厅响起了雷鸣般的响声。我们的思路也被奇幻的宇宙世界所吸引。目光远及宇宙深处，思路引向银河尽头。院士将隐晦的概念用风趣幽默的语言娓娓道来。严谨的科学态度与创新的科学理念，在整个讲演中也得到了深刻的体现。我们无不惊异于人类开拓的视野与先进的科学技术，给人们带来的新的世界。

素质拓展，积聚力量

在下午的"破冰"拓展中，我们设计了自己的团队名称，队旗与口号，增强了团队的凝聚力，在各项活动中我们慢慢建立起了合作的关系，凝聚在一起共同完成任务。虽然成绩并不理想，但让我们意识到团结的重要性和要有同努力，同进步的协作精神。就像衬衫的一颗颗纽扣，只有各司其职才能使整个团体协调统一。这些道理不仅使我们的团队统一协调地完成了各项挑战任务,还对我们在接下来的高中学习生活中起到了十分重要的影响。

悠悠南开,精神永存

南开大学的历史,悠久而又深刻。一代代南开人,为了祖国走的复兴民族的兴亡所付出的努力是常人无法想象的。允公允能日新月异的校训也熏陶着南开学子的感情培养出了像周恩来总理和许许多多伟大人物。在抗日战争时期,日本军队对南开大学炮轰了几天几夜,整个校园夷为平地,这无不轰动了整个世界。而张伯林校长在发表演讲时说 他们只能摧毁南开的物质,但南开的精神永远不灭。肩负着伟大重任,南开大学与北大清华同组,西南联大在动荡时局中,仍然为国家培养出一批批优秀的先进人才。

投入科学,用心实验

接下来的每天我们都聆听了各院士专家发表的演讲。学习到了课本之外的知识,视野也开拓到了整个社会发展。每次演讲之后,都掌声雷动,我们踊跃提问发言,尊敬的院士也为我们做出了清晰而精妙的回复。每位同学都在演讲后受益匪浅。尤其是生物学院士在为我们演讲时,语言诙谐幽默、风趣自然,让我体会到了生物学的奇妙。在下午的蝴蝶标本制作和生物知识竞答中,我也取得了非常优异的成绩,站在领奖台上,我的心中不免升起了对我们团队由衷的自豪,因为我知道,这个名次,单凭一人之力是万万不可能取得的。

缘聚南开,记忆永存

在学科营最后一天,我们加紧排练,为最后一晚的晚会奉献出一份大礼。这是一份心意,也是我们团队对所有科学营营员们的一份祝福。音乐缓缓响起,以少年中国说演讲为开头,歌声悠悠传来。当我们鞠躬下场之时,我们获得了全场观众热烈的掌声,为学科营画上了完美的句号。当晚会结束我们齐聚在一起,用相片永远封存了这段宝贵的记忆。欢笑着回忆过去短短七天的时光。夜幕已深,而我则辗转难眠,回想到我们一起奋斗的7天汗水与泪水共存,热情与激情相融。学长学姐深切的关怀和和谐温暖的大学校园生活,都使我无法忘记,记忆犹新。

青春有梦,砥砺前行

在南开的日子里,我不仅学到了专业的大学知识,领会到团队是给每个人带来的影响,也看到了中国在新时代发展中进步的痕迹。七天的时间虽不足改变我一人,但是会对我的人生产生潜移默化的影响。此次科学之旅也同样激发了我对大学生活的向往,让我结识了一群优秀的、年轻有为的有志青年,是我在之后人生道路上的一笔宝贵财富。只有经历风雨才能见到彩虹,在以后的高中生活中,我会学习南开大学"允公允能 日新月异"的校训,不怕苦不怕累,为自己的理想艰苦奋斗。我相信总会有一天我会再次来到南开大学,感受它的美丽。

愿相会于中华腾飞世界时

河南省实验中学　王英帆

> 泱泱渤海,悠悠津沽,哺育千年文脉;
> 南开文博,英才辈出,书写时代华章。
>
> ——题记

结识南开,我心久久不平。难忘的南开校训"允公允能,日新月异";难别的四海之友,相伴起居的广西朋友;众志成城为献上精彩纷呈晚会的主持人和导演组的朋友们;以及同组为荣誉为友谊而共同努力的四组成员和志愿者的哥哥姐姐们。

感谢南开,相遇相知,结识友谊

缘分真的是一种很奇妙的羁绊,不知所起,渐一往情深。

初次相见,帅气的学长,软萌的学姐,温柔的老师,和一群叫不出名字的陌生脸庞。一切都显得那么新奇未知。带队老师先让我们玩了"破冰游戏",不过一扬眉,一瞬目之间,大家彼此便熟悉了起来。大家不再是你你我我的称呼,而开始亲昵地叫起对方的昵称。在第二天的升级版破冰游戏(一种说错了要惩罚的小游戏)中,大家互相开起了玩笑,并乐此不疲。我仿佛能听到冰融化的声音,滴答滴答……

如果说初见组员我有些拘束,那么等待室友到来的我可以称得上是不安了。我和三个广西的朋友分到了一个寝室,面临着生活习惯的巨大差异。但幸运的是,我们都是很好的女孩儿,相处得十分融洽。我们用心地了解彼此,体贴对方的需要,早上互相提醒起床,晚上互道晚安。在跟她们相处的日子里,我还学会了几句粤语呢!

最后相识的便是和我一起主持的主持人和背后默默付出的导演组成员们了。现在回想当时的主持人竞选真的可谓激烈,但是当我们经历了一起写串词,一起过节目,我们收获了奋斗中相互鼓励的深刻友谊。

感谢科学,收获知识,明确兴趣

在科学营的七天中,听了教授们的精彩讲座,参观了现代化的实验室和图书馆,经历了一系列的动手操作,我充分领略到了科学的魅力。在这几天的学习与实践中,相比于天文、历史、昆虫,我对电子信息更感兴趣,之后我翻阅最多的也是电子信息的笔记。

上午的电子信息讲座,使我对李约瑟所说的"对科学家来说,不可逾越的原则是为人类的文明而工作"有了更加深刻的理解。孙桂玲教授教会我,做科学不是不计成本,而是不留余地地为人类的发展做出贡献。孙教授所描述的万物互联使我心驰神往,我对5G时代的到来更是充满信心,下午的实验也令我兴奋不已!

浅水是喧哗的,深水是沉默的。"与其花很多时间和精力去凿许多浅井,不如花同样的时间和精力去挖一口深井。"罗曼·罗兰的话并非空穴来风,或许,与我而言,电子信息便是我将要去用心和时间去挖凿的一口井!

感谢中华,不忘初心,助力腾飞

震撼的爱国三问,久久激荡在心中——你是中国人吗? 你爱中国吗? 你愿中国好吗?

这是张伯苓校长在南开大学建学之初告诫学员的,八十四载已过,这铿锵有力的声音仍在回响,激励着我们一代又一代的人砥砺前行!

这是一个和平的时代,又不是一个和平的时代。外有美国的霸权主义,巴以烽火又燃,俄方乌方再起摩擦,内有中国面临的发展问题。

正因如此,我们才更要谨记习主席的谆谆教诲,把小我融入大我,拥有海一样的胸怀,山一样的崇高。以南开校训为鉴,允公,允大公,有爱国爱群之公德;允能,做最能,能建设现代化的国家,有服务社会之能!

最后,我的朋友,愿相会于中华腾飞世界时!

逐梦南开　展翅起航

濮阳市第一高级中学　李小怡

　　很荣幸能够在这仲夏之际和来自全国各地的伙伴以及数位南开的哥哥姐姐们一起参加南开的科学营活动。南开在中国人的心目中,不仅仅是中国高等学府,更是千万学子心目中最神圣的教育殿堂。

渤海之滨　青莲出现

　　初到南开,仿佛进入了一座生态园,绿树阴浓夏日长,楼台倒影入池塘。南开大学所令人难忘并非是她清幽雅致的校园风景。难忘的是,南开大学"允公允能,日新月异"的校训;难忘的是,南开大学建校未及二十周年便惨遭日军轰炸,更难忘的是;南开百年经历重重磨难仍浴火重生的坚韧不拔。今年是南开大学建校一百周年,再望今日的辉煌,这值得每一个人为南开而骄傲。

历史南开　爱国南开

　　南开的历史便是中国近代的历史,南开的精神便是中国人的爱国精神。南开大学的建立历经重重磨难,最终在张伯苓和严修两位校长的带领下于

1919年建立。然而,好景不长,1937年日本侵略中国,南开师生坚决抗日,公开表达反日情绪竟遭日寇轰炸。偌大校园几乎夷为平地,仅有思源堂未被全部炸毁。日寇暴行并未摧毁南开的精神,张伯苓校长发表演讲时说道:"法西斯摧毁的只能是南开的物质,南开的精神永远不灭。"同年南开联合清华北大组成了西南联大,为苦难的中国培养了一批批的爱国人才。随着新中国的成立,改革开放的发展,中国在强大,南开亦在强大。今日之南开,爱国精神犹在,今日之南开,家国精神犹存。

南开之行 科技之行

感受完南开浓浓的家国情怀,中国科学院武向平院士带领我们在茫茫宇宙中遨游。宇宙大爆炸、宇宙膨胀、暗物质、暗能量、黑洞等等高深的理论在武院士幽默而不失严肃的讲座中被巧妙地解释了出来。我们感受到的不仅仅是宇宙的浩瀚和人类的渺小,更有生生不息万物不尽的自然的无穷魅力。

南开人对科技的探索同样让人为之振奋。孙桂玲教授有关物联网的讲座使我们不禁感叹人类的无尽智慧和创造的力量。感受宇宙的浩瀚无垠,人类竟是如此渺小,但自人类诞生的那一天起,便决心改变世界。时光变迁,21世纪随着科技呈指数式的发展大步前进。世界信息化的进程日益加快。世界信息化发展经历了20世纪的大型机时代、小型机时代、个人电脑时代、桌面互联网时代,以及21世纪的移动互联网时代,现在已经发展到了移动互联网物联网时代。这令我们不得不惊叹信息化发展之迅速,短短几十年科技的发展已经超过了过去几千年的总和。我们即将进入万物互联的时代。物联网的应用范围广甚至可囊括我们所接触的一切事物,医疗、军事、通讯、生产等多个方面均可以通过物联网技术而实现质的飞跃,物联网的发展有着极其可观的前景。孙教授也讲到我国的传感器、芯片以及部分技术是发展物联网的一大制约,这也导致了物联网的成熟期无法提前。由此可见,科技决定着发展的命脉,科技引领着时代的发展。

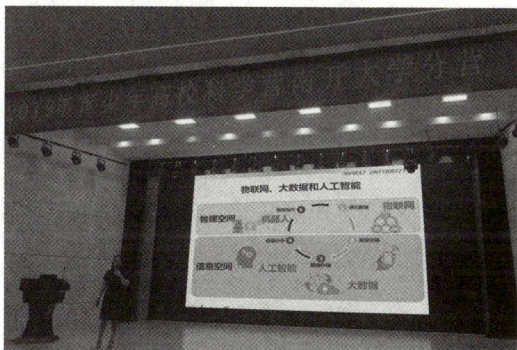

听完了孙教授的讲座,对于物联网的部分应用我仍有一些困惑,带着问

题在参观实验室时我和孙教授再次进行了交流。孙教授热情地一一解答，并给我解释了部分专业知识，我深深体会到科学本身所体现的便是他的严肃庄重。孙教授在讲解中所举出的例子让我感受到的还有科学的幽默风趣，这不断拉近着作为高中生的我们和科学的距离。

科技并非短短几十年的发展便能到达顶峰，这需要一代代人为之奋斗、为之拼搏，在南开人的身上我看到了这份拼搏。强国有我，我们新一代青少年也定将在科技领域书写下属于我们的华章。

身别南开　心却难开

不知不觉，在南开的时间悄然结束，我们在盛大的结营仪式中和来自全国各地的伙伴们道别。但我们相信，离别只是短暂的，明年的今日，我们定将在南开重聚。

回望百年前，周总理的话仍在我的耳边回响——愿相会于中华腾飞世界时。

走近南开　走近科学

濮阳市第一高级中学　孔佳艺

巍巍南开,浩荡精神

"渤海之滨,白河之津,巍巍南开,浩荡精神"怀着对周恩来总理的母校的尊重,载着一路的欢歌笑语,随着大巴车缓缓驶入林荫大道,南开大学进入我们的视线,一车人的心也随之沸腾了。

迫不及待地分配好宿舍,整理完行李,我们激动的心再也无法抑制,小伙伴们两三结对开始探索这校园里的角角落落。从宿舍楼中奔出,走进教学楼区域,隔着玻璃窗我们看到各种各样的精密仪器。在电子信息楼中,恰逢一个哥哥操作无人机,他认真而又专注地调试着各项精密的数据,一次次地在试飞区域内实验,我的心中对大学生活再次充满了期待。穿过一段宽广的大道,来到留学生教学区,留学生们已经放假,但还是能够看到有留学生在石桌旁手舞足蹈地交流,我心里默默感叹"知识无国界"。

再往前走便是图书馆了,周总理塑像屹立在图书馆前,让人多了几分敬畏。我们有幸能进到里面参观。每一层都堆满了书,从校史录到马克思主义到法律文献再到机械焊接方面的专用术语词典无所不有!置身其中才感觉自己学到的东西是多么微不足道,默默告诉自己"学无止境"。

五湖四海,一见如故

下午开始了"破冰"活动,来自五湖四海的精英学子们聚集在一起,从一开始的不熟悉,到后来仿佛心贴心的兄弟姐妹。在教练的带领下我们为了共同的目标而努力。虽是小游戏,但是各个队的成员都在为自己的团队拼尽全力增光添彩。我们接到指示后,迅速商量"作战计划",在磨合中不断改进,逐

渐找到属于我们自己的"秘密武器"。每个人的积极配合,每个人的灵光乍现,组成了我们不可抵挡的"汉字队"。我们在多个游戏中都获得了喜人的成绩,在这个过程中我们收获的情谊更是弥足珍贵。

小昆虫,大世界

"纸上得来终觉浅,绝知此事要躬行。"在张佳庆老师的带领下我们走进昆虫的世界,了解了生命科学院学生的研究内容,我们也像他们一样过了一把制作昆虫标本的瘾。就像明朝林希元言"自古圣贤之言学也,咸以躬行实践为先,识见言论次之"。本以为一个小小的昆虫标本做起来会相当容易,但真正实践时才发现并非如此。虽是制作精美的蝴蝶标本,但更要考虑的是它的研究价值,小心翼翼不能用手触碰身体而破坏鳞粉形成的花纹,一点一点将蝴蝶的身体固定成最易观察的形态。这堂课对我的启发也是极大的,我本是一个见了昆虫就恨不得绕道而行的女孩子,经过对昆虫世界更深入的了解,我开始发现其实昆虫更多的是可爱。他们小小的身躯里,头、胸、腹任何一个关节都如此精巧。有的看起来小巧可爱,有的威武帅气,有的晶莹剔透有着迷人的色彩。虽是小小昆虫,却蕴藏着大大的世界。

爱国奋斗,公能日新

作为一个理科生也不禁为张健教授的讲座拍手叫好。我们走进南开校史,从当年的西南联大到如今的百年南开,这所校园积淀下厚厚的历史,习近平主席多次提到南开大学,并在南开大学百年校庆之际亲自走进南开校园。习总书记说:"爱国主义是中华民族的民族心、民族魂。南开大学具有光荣的爱国主义传统,这是南开的魂。"他还勉励南开师生:"你们要把学习的具体目标同民族复兴的宏大目标结合起来,为之而奋斗。只有把小我融入大我,才会有海一样的胸怀,山一样的崇高。希望你们脚踏实地,在新的起点做出你们这一代人的历史贡献,成为南开大学新的骄傲。"

"允公允能,日新月异"的校训深深地印在每个南开学子的心中。

南开南开,明年再会

这趟科学营之旅,我一次次地被尖端的学术所震撼,被学长学姐们的学习氛围所感染,我在心里偷偷埋下一颗种子,我也渴望进入优秀的学府学习。真希望时光如梭,早日来到南开的校园。那时,我不再是参观者,而是真正的南开人!

晨暮伴天大　琢玉方圆梦

河南师范大学附属中学金龙学校　张卓锦

花堤霭霭,北运滔滔,巍巍学府,北洋高,故需望前驱之英华卓荦,应后起之努力追踪。

——题记

"天津西,到了"我们拉着箱子走出站台,虽说是夏日,可海滨城市的微风却丝毫没有像河南一样热情奔放,而是清爽可人,抚人心田。初到天津,除了这体贴的天气,映入眼帘的是我们举着"天津大学"牌子的志愿者小班,他们都是天大的在读学生,在这短短的七天,在和他们接触过程中,我受益匪浅。

在天大,每一栋宿舍楼,都有它们的名字,我们住的叫"诚园 7 斋"。"有朋自远方来,不亦乐乎?"这晚,所有营员在棠园食堂聚餐畅所欲言,豫琼的同学相识并组成五班。在接下来的日子里,我们齐心协力,共创佳绩。

近睹大师风采　坚定科学理想

渤海之滨,北洋校内,百花齐放,沁人心脾,在这里,我的科技梦也伴随着一起绽放。

涉足不同领域,争当行业翘楚。专家院士这些大师们对于自己的研究有着自己独到的见解,在这三场宝贵的讲座中,他们将自己的研究成果展现给我们。盛林教授将现如今即将到来的 5G 时代和华为紧密连接,带我们领略大国风采,告诉我们"只有把小我融入大我,才会有海一样的胸怀,山一样的崇高";武向平院士以浩渺的宇宙为题,化抽象为具体,深入浅出,用简单通俗的语言为我们展开了一次物理盛宴,以"上下四方"的宇和"古往今来"的宙为引,以宇宙的结局——"闪亮登场,低调退出"为幕,让我们感受到了"寄蜉蝣于天地,渺沧海之一粟"的渺小和大自然的力量;苏万华院士的关于内燃机的讲座让我耳目一新,同时,也让我在理工科的学习方向上有了新的认识,开阔了眼界,此之谓"志之所趋,无远弗届;穷山距海,不能限也",也为

"一心一德,共扬校誉于无穷"。

实践奠定基础　团结凝成力量

绿草如茵,海棠环绕,参天古树,供以清凉,在这里,我的信念得以坚定。

天大的校园是古老的,又是领先的。作为中国的第一所现代大学,天大却仍保留着民国时的建筑风格;从智能电网到能源自给自足的小屋,从光实验室到药实验室,从有精致繁杂作品的建筑学院,到不断革新产品的机械学院……国内顶尖的科研实验室尽收眼底,让我应接不暇。而我国的各项事业也正是由这些勤于实践的顶尖人才发展起来的,正所谓"不从纸上逞空谈,要实地把中华改造"。

"单丝不成线,独木不成林",没有一项事业的成功是凭一人独自完成,天大也正因有无数前辈共同的艰辛付出,才得以成就今日的辉煌,我们组也正是有大家的齐动脑,共动手中,完成了一项不可能完成的挑战,并因此取得了一个不错的成绩。虽然我们曾挥洒过汗水,但终有一天,当我们站在骄阳下,和过去的青春年华告别时,我们拥有的不只奋斗过的满足,还有一个团队在一起共同谋划和讨论时的欢乐和幸福。

弘扬家国情怀　丰富人文素养

历史悠久,学养深厚,人才辈出,慕名前来,在这里,我得以豁人耳目。

十二秩风雨兼程,天大的学风在校史馆展现得淋漓尽致,学长学姐们对天大的挚爱,在那娓娓道来的解说中完美展露;前辈们作业完成之认真,字迹之工整,老师批改之仔细,无不体现着由兴学强国的使命,实事求是的校训,严谨治学的校风,爱国奉献的传统和矢志创新的追求构成的天大品格。

嗅着笔墨芳香,我们来到天大的藏书阁——郑东图书馆,其中藏书可供不同专业领域的人借来研究,同时达到"读万卷书,行万里路"的境界,由于时间限制,我只在那里浏览了一本关于建筑学的"金屋",一览大家风范,其外形设计之美观,卡扣设计之巧妙,让我感受到建筑设计的奇妙和重要,领略到人类的智慧是无止境的。

古往今来,天津一直是兵家必争之地,了解其历史必不可少。号称"津门之屏"的塘沽炮台就承载了自明至今的风霜

雨雪,但在历史博物馆中,收藏着中国古代传世文物珍品,它们汇聚着前人的智慧结晶,王懿荣的旧藏甲骨,春秋时期的齐国"邦刀",战国时期的楚王鼎,康有为的《万言书》……都为天津的历史留下浓墨重彩的一笔。"以史为鉴,让我们知得失",汲取古圣先贤的智慧和经验,让我们在奔跑时不再感到迷茫,不再在黑夜中迷失方向,作为新时代的开拓者,我们要始终相信柳暗花明,雨后彩虹的一天。

时代在进步,科技在发展,肩负着中华民族伟大复兴的我们,有义务,有责任去接触一些世界前沿的科技,探索一些尚未研究成功的新事物,在科技馆,我体验了眩晕小屋的神奇,遇见了一批可爱的机器人,发现了不同棱镜对于光的影响……科学是富有魅力的,也是"人生中最美好和最需要的东西",而"科学的永恒性就在于坚持不懈地寻求之中,科学就其容量而言,是不枯竭的,就其目标而言,是永远不可企及的"。

邂逅北洋二园　共宣奋斗誓言

七天时光转瞬即逝,在离营晚会上,我们小橙的一曲《成都》为豫琼的离别画上了圆满的句号,小班们的告白让我们两眼含泪,最后的签名,也是他们对我们未来的祝愿。是的,"我不知道离别的滋味是这样凄凉,我不知道说声再见要这么坚强",曲终人未散,我们的故事还未完结……为了那再次的相遇,让我们身披锋芒不灭的铠甲,共斩人生路上的荆棘,一起到达那花开半夏之所。

"日月不肯迟,四时相催迫。"复兴之路,虽千万人,吾往矣,虽千万险,吾赴矣,奋斗之行,虽穷山距海,而不能限也,云山苍苍,江水泱泱,奋斗之行,山高水长。让我们共同逐梦、筑梦,为了海棠的盛放,沿着梦想闪烁的方向,不断前行!

巍巍北洋　盛梦起航

新乡市第一中学　李相伯

"花堤蔼蔼,北运滔滔,魏巍学府北洋高……"虽然短暂的七天已经过去,但激情昂扬的天津大学(后简称天大)校歌仍回荡在我脑海之中,仿佛随时随地能将我带回七天间的美好时光,带回那处处蕴含着历史的沉淀、文化的气息的天大校园。

科技之梦初起航——家国情怀

"望前驱之英华卓荦,应后起之努力追踪……",来到天津大学的第二天,我们乘车来到南开大学的学生交流中心参加2019年青少年高校科学营天津营开营仪式。仪式中,南开大学的王书记告诉我们'科学无国界,科学家有祖国'的激荡话语,盛林教授给我们详细讲解了"华为与5G",给我们留下了深刻的印象以及满腔的报国热血,点燃了我们渴望的科技之梦。"宇宙有多高?""宇宙有多长?""宇宙几岁了?"这些问题带我们进入了沉思。随后,从事研究宇宙学的中国科学院院士武向平院士用通俗易懂、幽默风趣的语言给我们讲解了一系列知识,武院士所讲的"认识我们的世界"更是精彩绝伦,让我们深知宇宙之浩大,地球之渺小,也充分给我们当代中学生警醒了一句:世界之大,我们不应该骄傲自满,应谦虚的面对生活中的一切。《论语》有云:"三人行,必有我师焉,择其善者而从之,其不善者而改之。"意思是,别人的言行举止,必定有我值得学习的地方,选择别人好的地方学习,看到别人缺点来看自身有没有,如果有,加以改正。我们这个年纪,不可能干什么十全十美,必须观察、学习,将自己变得更加优秀,未来去勇敢追逐梦想,待学成之时,为祖国献上自己的绵薄之力。

学海无涯苦作舟——科学精神

"不是杰出者才做梦,而是善梦者才杰出。"这是2018年度感动中国人物钟扬所说。在天津大学卫津路校区中,一座座宏伟建筑拔地而起,校园的幼鸟叽叽喳喳,仿佛在欢迎我们的到来。大学生活动中心座无虚席,营员们怀着渴望求知的精神望向台上的一位老人,他就是天津大学内国家重点实验室的苏万华院士,为我们带来了一堂"内燃机机械动力"的讲座。苏老院士顶着酷暑在讲台上一讲就是两小时,令我不得不敬佩这位老人,本来他可以拿着丰厚的退休工资,旅游休息,颐养天年,但却选择了为国家奋斗一生,希望身为后辈的我们好好学习,为国家做出贡献。我们有些高中生喜欢玩电脑不喜欢学习,但你们看到这些愿意为了国家奋斗到最后一刻的老人了吗?其实人生就像一个存钱罐,你前期付出的越多,你后期回报的就越多。不聪明其实一点都不可怕,可怕的是聪明的人比你更努力。

人生得意须尽欢——筑梦计划

"明天我要离开,熟悉的地方和你……"最后一天晚上,营员们和辛勤付出的带队老师,以及可爱的小班们,在天津大学大通学生中心迎来了全国高校科学营天大分营闭营仪式联欢晚会,各团队纷纷展示了各自的"筑梦计划"作品,随后我作为优秀营员代表上台领奖,然后迎来了晚会的高潮,各班所带来精彩的演出也是精彩绝伦。

愿归来仍是少年——情感流露

"你存在我深深的脑海里,我的梦里,我的心里……",那天我们在宿舍楼下的集合代表着我们历时七天的科学之旅正式结束,从相遇到相知,积累下了深厚的友谊和情感,七天时间短暂而真实,大家在离别的一刻都感觉到了互相的不舍,"天下没有不散的筵席",终有一别,天大"爱国奉献"的传统将永远激励我们共同努力。感谢路程陪伴我的所有人,希望站在更高处的我们再次相见,时光不老,我们不散!

营员篇·安徽

红专并进　理实交融

郑州市第二中学　王宸宇

为天地立心,为生民立命,为往圣继绝学,为万世开太平。

这是选自《横渠语录》的四句话,意思是:为天地确立起生生之心,为百姓指明一条共同遵行的大道,继承孔孟等以往的圣人不传的学问,为天下后世开辟永久太平的基业。

大学之道,在明明德,在亲民,在止于至善。

这是《大学》的开篇,讲的是《大学》的宗旨,在于弘扬光明正大的品德,在于使人弃旧图新,在于使人最完善的境界。

大学既是指大的学问,又是指人生的最高学府。大学之路,既是一种修行,又是一种自我提高。中科大就是我们此次修行的目的地。

红专并进一甲子,科教报国六十年

正值中国科学技术大学(后简称科大)六十年校庆,我们怀着无比激动的心情从全国各地汇集在一起,共同开启了为期一星期的科大之旅。

我们来自不同的城市,不同的学校,甚至不同的民族,却拥有着共同的目的,在科学营中成长,感受科学的力量,弘扬科学之美。在开营仪式上,老师向我们介绍了科大的师资力量、学科设置、校史校训。听到这些,我对科大的印象有了些雏形,中科大是一所在国内外享有良好声誉的著名大学,它拥有丰富的资源优势,其中院士博士硕士的数量都在国内排名数一数二,不愧是"科学精英的摇篮"。

参观校史馆,中科大的历史让我印象深刻。1958年,科大在北京拔地而起,而后因历史原因迁址于安徽合肥,这才使中国科学的生命得以延续。郭沫若、严济慈、赵九章、赵忠尧等前辈为科大做出的贡献历历在目,他们的奉献使科大发展为国家一流大学并且为强国建设输送了无数的人才。"红专并进",意思是中科大既要弘扬共产主义思想和政治,又要向学生传授专业素养和技术;理实交融指理论联系实际。科大校训给了我深刻的思考,当代青年最需要做的就是要将理论知识运用到生活中去,并能报效国家。

科学之美

周荣庭教授在本次科学营为我们做了精彩的报告,他向我们讲述了新媒体中的科学之美,以及 AR 技术的飞速发展,他用相机为我们描绘了虚拟世界,他和他的团队更是将虚拟现实技术传播到千家万户,未来将运用到学校教育,为孩子的学习生活增添色彩。

向守平教授和我们一起探索宇宙奥秘,他用他绘声绘色的演讲为我们揭开了宇宙暗物质暗能量的神秘面纱。科大学生代表向我们讲解了机器人的应用前景,并在文化沙龙项目中和我们分享装载麦克纳姆轮的平衡小车。

分组实验中我和队友进行了化学实验——提取菠菜叶中的叶绿素,通过这个实验,使我充分地锻炼了团队协作能力和个人动手能力,也体验了科学工作者这份职业,我想这就是这次活动的意义吧。

感谢科大,让我拥有这次体验科学,走近科学的机会,感谢和我共度一周生活的各位同学,因为我收获了友谊,收获了人生的珍贵体验。

科技梦　科大梦

郑州市第十一中学　赵一丁

时光匆匆,短暂的暑假已过去,为期七天的中国科学技术大学(后简称科大)之旅也在不知不觉间过去了十天。难忘,那张郑州到合肥的车票,那辆早出晚归的大巴,那一张张志愿者的笑脸,那一顿顿丰盛的饭菜……最忘不掉的还是那一群来自五湖四海的朋友和在科大亲手做的科技实验。

起床,六点的高铁在等待着我。怀着对科大的满心期待,我坐上了那列高铁。当疲倦的我再次睁开双眼,人已身在他乡。

画面再转,一面庄严的大门已映入眼帘。初到科大,参天大树,奇花异草,偌大的球场……吸引了我的视线。领过宿舍钥匙和饭卡,我的科大生活便正式拉开了帷幕。

可爱的队友

在来科大之前便听很多前辈说来科学营最重要的收获之一便是能结交很多志同道合的朋友。宿舍无疑是最能快速结交新朋友的地方。我的四个室友,有安徽本地的,有上海的,还有一个不爱说话的江苏的。在我对面床铺的安徽室友,是七天相处下来与我最为投缘的。他很开朗,跟他聊着聊着就成了朋友。最让我觉得有意思的是他的口音,听他说,安徽人说话语速都很快,再加上地方口音,听他说话对我来说就像听高深的数学课,真的很难听懂。更有意思的是,他一唱歌,发音就会变成标准的普通话,我好多次跟他说,你跟我说话就用唱歌的口音,可他怎么也做不到,慢慢地我也就习惯了。

大学生活当然少不了运动,刚到科大,志愿者就问我会不会打篮球,还很贴心地给了我一个篮球。前几天的校园生活很充实,一直到第四天我才有机会跟我们红队的队友约了一波球。但可能老天爷觉得到科大就是应该学习,我们还没打多久就开始下雨,无奈只能回到寝室,可谁知刚到寝室没多久就不下了,但场地却湿了,真是有点让人哭笑不得啊!

丰富的知识

科大作为中国科技类大学的 No.1,在科大的科学营当然少不了丰富的科技知识。校内的火灾科学国家重点实验室、核电站模型、国家同步辐射实验室;校外的合肥科技馆和博物馆、渡江战役纪念馆,还有那些著名教授们的讲座,无一不开阔了我们的视野、丰富了我们的知识。让我印象最深的是与向守平教授的交流,作为中国研究宇宙物理的教授,向教授的报告让我们对宇宙有了一个新的认识,大大增加了我对科学的兴趣。但讲座只能听听,丰富一下我们的知识,相对来说,我觉得作为学生肯定会对动手实验更感兴趣。在学校的信息实验教学中心,我有幸参加了信息学实验,经过两个多小时的努力,我和我的搭档成功做出了一个我刚开始连看都看不懂的线路。虽然过程中经历了很多困难,但当最终线路接通并成功运行的那一刻,我感觉所有努力都是值得的。

精彩的活动

闲暇之余,科学营的老师们贴心地给我们安排了各式各样精彩纷呈的活动——科大原创动漫赏析,机器人交流活动,古典乐器赏析,以及乒乓球友谊赛,当然还少不了最后的联欢会。在乒乓球友谊赛上,我和志愿者切磋了一番,这不仅让我重拾小学学了四年的乒乓球,更加深了我与志愿者之间的友谊。在最后的联欢会上,同学们都展现出了自己多才多艺的一面,歌曲、舞蹈、乐器等各种精彩的节目让我目不暇接。

伴随着最后的狂欢的落幕,我们七天的科大生活也告一段落。怀着五味杂陈的心情,我们登上了回郑州的高铁。看着那一张张陌生又熟悉的脸庞,泪水不自觉地淌了下来。七天的路程结束了,一年之后,我们科大再见!

梦科大之梦

郑州市第十一中学　张欣怡

五点半的火车,行驶过六百公里的路程。初次踏进科大校园,成荫绿树,湖天相映,这样亲切地拥抱我,总给我无限的激动与喜悦。亲切和蔼的老师和志愿者们,用他们最真诚而热情的微笑展示着科大的自信风采。比我年龄大得多的老建筑,像在用纹路诉说着科大几十年来无数的光辉。时值暑期,校园的人已经不太多,但校园弥漫着的学术氛围让我无比向往。曾经我总认为梦想很远,远得我不敢伸手去触碰。而今天,我觉得科大就离我这么近,我踮起脚尖,她就向我张开双臂。无限的新奇与美好,都将在这里与我邂逅。

探索神秘宇宙之美

在初二曾读过一本书,书中记录了许多想法奇特之人对宇宙的新奇认知。浩瀚天空的神秘将我深深吸引,连续一个月,我每天都反反复复读这本书到深夜。但由于知识匮乏,我也只算是"到此一游",并没有真正从书中捕获到宇宙奥秘的蛛丝马迹。而非常幸运的是,今天在中科大,向守平老教授的天文学讲座像是为我打开了新世界的大门,让我真正感知到宇宙的深远。

向老教授为我们讲述了人们对宇宙轮廓一个世纪以来的探索认知。遥远深奥的名词,在向老教授的讲述中都变得栩栩如生起来。一个从未了解过的全新世界,也燃起了我们的熊熊好奇,不断发问,不断化模糊为清晰。一节课下来,我们在心里各自默默勾勒出一幅稚嫩的宇宙形态。

千年以来,一代又一代人对宇宙有着无限的遐想与期待。唐代张若虚"江畔何人初见月,江月何年初照人"的追问,宋代苏轼"自其不变者而观之,则物与我皆无尽也"的哲思,一直延续到今天。爱因斯坦的相对论,霍金的黑洞,哈勃的宇宙膨胀,浩瀚宇宙的雏形依稀可辨。进入星际介质的"旅行者一号"回望自己走过的路,或许也会感叹自身的渺小。而渺小如我们,也依旧期待着俯瞰宇宙的浩大。

我也曾沿着小溪,对着星图辨认天上的颗颗繁星。这一粒粒遥远庞大的存在,对我来说只是弥漫旷野的点点星辰,而对那些真正的天文学者,它们都有各自鲜活的生命。对于天文学,我可能永远只是一个充满好奇的旁观者,但总有人愿倾尽毕生之力向浩瀚宇宙迈出自己的一小步,实现人类的一大步,而这些人必将引领我们,开辟新的纪元。

聆听古典音乐之美

音乐一直陪伴在我的左右。我喜欢走路时一蹦一跳,哼着曲子打节拍,见到以前没有碰过的乐器,总会凭着自己学过古筝的乐感,或拉或弹完成一首《小星星》。但对于距我几个世纪的古典音乐,我只听过几首耳熟能详的世界名曲,从未真正了解。今天晚上科大学长的讲述和演奏,带我走进了古典音乐的全新世界。

古典音乐分为巴洛克、古典主义、浪漫主义三个时期,这三个时期各自孕育出无数杰出的音乐天才,也共同造就了一个美丽的时代。从巴赫到莫扎特再到舒伯特,音乐从上至下,从庄重雄伟到个性鲜明,不同时期似乎在讲述着不同的历史故事。大提琴声绵绵,小提琴音淙淙,学长们全情投入的演奏使时间倒流。这样的震撼,这样的热爱,让我几乎忘记了呼吸。

即使穿越百年,古典音乐依旧与我的心跳共鸣。音乐的一隅纯粹清宁是那些大家们留给世界最好的礼物。

工程实验

3D打印,激光内雕,这两个熟悉却又陌生的词汇让我在选择实验时毫不犹豫地选择了工程。

初次踏入实验室,大块头的仪器和浓重的机械味道让我陡生一种严谨庄重的感觉。参观还未过半,实验还没开始,我就已经被工程的魅力打动了:机器人传感器的灵敏,高精度金属焊接的奥妙,我都想一一学习。

从转换格式,修补,移位,一直到做出成品的全过程,我们花费了一整个下午的时间亲自动手操作。充斥满屏的数据、文字、坐标轴,却并不让我觉得困难烦琐,学习新知给予我的是最大的快乐与充实感。

我曾经把工程误当作一个枯燥无味的世界,直到今天我才发现其中包含的乐趣。理科与文科不同,文科给予我们情感冲击,而理科带给我们精神充盈。数字与线条碰撞出的火花,就是美的最原始状态。

中科大的行程很快就已结束。还没逛够校园的风景,还没来得及和朋友们做深入的了解,还没听够大师精彩的报告……但五天的一切,已足够唤起我最美好的向往,也足够勾勒出梦想最确切的形态。

我爱科大的静谧,爱科大的纯粹。我愿全力以赴,为你战与明年六月的沙场,与你相约七月的暖风,八月的蝉鸣……中国科大,请在路的正前方等我,我定会不负期待。

邂逅安徽　遇见科大

郑州市第十一中学　郭俊佑

　　2019 年 7 月 14 日,高铁呼啸而过,顶着烈日,带着我们这群活力四射的青少年与我们内心的憧憬和希望,驶向安徽,驶向合肥。那如大海一般平静,又如大海一般深邃迷人的中国科学技术大学,正离我愈来愈近……

结识科大

　　14 日我们报到,认识了来自天南海北的朋友,有新疆、山东、广西、上海等地的营员。15 日进行了分营开幕式并参观科大校园。火灾科学国家重点实验室演示了森林火灾中常见的"火旋风",并讲解了火灾的科学知识,介绍了实验室的历史背景、发展现状等;核电站模型详细介绍了获取核能的三种模型以及其相关原理;国家同步辐射实验室给我留下了深刻印象,那一件件复杂精密的仪器令我眼花缭乱;那一张张严肃专注的面庞令我为之动容。校史馆的参观必不可少,科大为了"两弹一星"在 1958 年建校,1970 年迁到合肥,学校的办学特色、发展历程、丰硕成果、历史名人,讲解员都给我们做了详尽讲解。

走进科技

　　我们曾被分为物理、化学、生物、工程、信息五个小组,分别参观相关学院,并做相关实验。我对工程实验颇有兴趣,便选择了工程组,还幸运地被分到 3D 打印组。在设计室,学长学姐们教我们设计软件的简单应用,并让我们发挥无尽想象,自由设计自己梦寐以求的产品;在打印室,我们观看了整个打印过程,不得不惊叹技术之美。当看

到产品的那一刻,一种自豪和骄傲在我心中油然而生。

学术交流

来到科大,与大师交流、思维碰撞,是我的期待,也是我的荣幸。周荣庭教授带我们领略 AR(增强现实)之炫丽,真正开拓了我的视野,令我体验到了前所未有的奇妙;向守平教授携我们一起探索宇宙星空的秘密,宇宙起源、探索之路令我心生向往;杨锋教授领我们见证科大的成长、品科大之韵味,那一项项耀眼成就,令我对科大无比崇拜。学术交流,更是心灵交流。在教授们的启迪下,我对人生有了更深的认识,也开始了更深入的思考。我们这代青年,不能满足于求田问舍,要为国家、为社会、为人民贡献出自己的一分力量! 年少迷茫,无法避免,但若心中装着大千世界,便不会在某些事上苦苦纠结。付出努力,就好!

文化沙龙

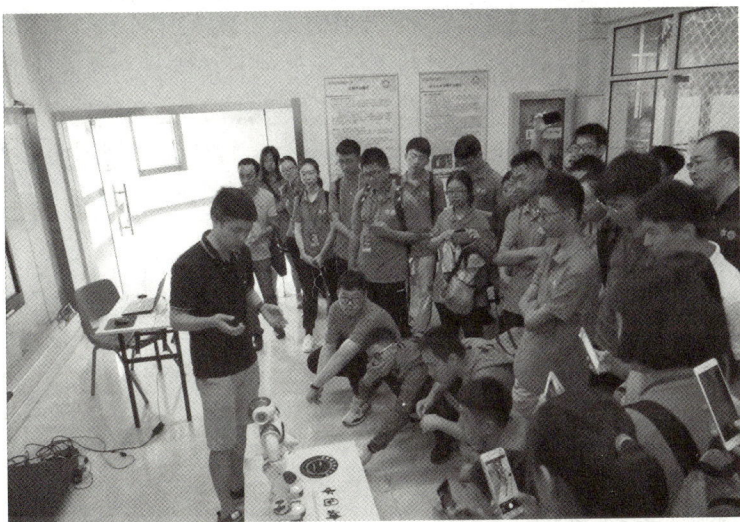

科大不仅有着浓厚的学术气息,更有着浓厚的文化底蕴。我们欣赏了科大原创动漫,进行了机器人交流活动,赏析了古典音乐。通过一系列多姿多彩的文化活动,我开始试着涉足未知领域。例如古典音乐,我原来认为其高深莫测,无法理解。但聆听几首曲子后,我发现,音乐真的可以与人产生共鸣,真的可以净化心灵。

七天,转瞬即逝。这一笔,虽小,但浓重、多彩,在我的人生中永远不可磨灭,它将是我人生中最精彩的画卷、最宝贵的财富!

中科大夏令营活动感想

郑州市第二中学　王怡琳

刚见到科大的时候，我就为之震撼。穿梭于各大高校，有很多美丽的校园吸引眼球。但是中科大不一样，她不是那么张扬，她很低调，与其他的浓妆艳抹不同，更加像一位温文尔雅的小家碧玉。

在随后的活动中，志愿者们带领我们听讲座、参观实验室。在这里，你不仅仅赞叹于教授们闪光的思想和丰硕的成果，也不仅仅赞叹于先进的实验仪器和宽广的实验平台，更多的是，你能感受到科大自由平等、积极向上、忙碌而充满激情的科研氛围。当然，与来自其他高校的同学们的相处与交流，也是一段快乐的回忆。科大物理学和化学的相关学科在国内的地位，是众人皆知的；而在国际上的地位，相信你来科大之后，一定会有更进一步的了解。而微尺度国家实验室，更是开辟了一个学科交叉、资源共享、思维碰撞的广阔天地，微尺度大楼静穆的外表下，有着一颗颗开拓进取、追求卓越的心。

科大的老师们对学生总是十分和蔼可亲，而且他们十分注重学生内心深处的想法。和他们交流不仅仅是思维火花的迸发，更是读懂自己心声的过程，让每位学生都能找到自己的价值所在。我很喜欢科大还有一点原因是她对学生的关怀无微不至，例如她的校内班车坐着很舒服；科大每个月的补助很多，可以用来做自己喜欢的事情，宿舍冬有暖气、夏有空调，免受寒暑之苦。

为期一周的科大生活，我感触最深的是科大踏实的学风。因为我发现，无论走进哪个实验室，看到的不是忙碌工作的身影就是低头演算、讨论的学生。而且这几次讲座，也让我感受到中科大与别的学校不同的地方。因为在别的学校听课，基本上如蜻蜓点水；而在科大，明显感到老师和学生功底都非常扎实，我学到了很多以前压根没有听说过的知识。

参观完校史馆，我恍然大悟：科大这种踏实的学风与科大老一辈科学家的精神一脉相承。钱三强、严济慈、赵忠尧、钱临照、郭永怀……那么多的大师在这里耕耘过，他们严谨忘我的科学精神扎根于科大的每个角落，直到今天。目前,物理学院已有教授 88 人,其中中科院院士 8 名,博士生导师 80 名,国家级教学名师 2 名,教育部"长江学者"4 名,国家杰出青年获得者 14 名,中科院"百人计划"19 名。

最后希望所有喜欢科大的同学可以踊跃报名科大,在这里你们的潜力一定可以得到最大的发挥。选择科大,放飞梦想!

中科大逐梦之旅

郑州市第二中学　陈宇昂

回眸一望，曲折中华发展之路；前瞻已矣，科技振兴宏伟蓝图。

——题记

七月的酷暑，难敌我对中科大的向往与热情。这所拥有悠远历史的名校，我早有耳闻并心怀敬畏。作为一次对国内顶尖高校的探访之旅与对前沿科技的学习之旅，本次的科学营对我而言更加意义非凡。这不仅是一场视觉盛宴，更让我看到了我们青年一代为国家复兴而不懈奋斗与追求，在我心中荡起千层涟漪。

体验与认知

初到科大，我就被传媒学院教授的富有激情与技术性的演讲打动了。AR 作为当代一个新的科技制高点，世界上有实力的国家都希望在 AR 实践化应用中拔得头筹。在如此充满火药味的竞赛中，中科大所创造的成就令我赞叹不已，并由衷感到祖国科技实力的雄起和科研成果市场化之高效。教授展示了一套完全由传媒学院自主设计制作的书籍，只需用手机扫描，就能出现立体的动物与机械。在 AR 世界中，我不仅看到了远古时期的恐龙，亦观摩了新型卫星"墨子号"，更与许多我可望而不可即的物品深度接触。这套 AR 书籍也作为教育用书推向市场，销量可观。这不仅是科技与生活的紧密联系，更是科大人创新、博爱精神的最好体现。我有幸也获赠了一组 AR 科普卡，每次看到它，我心中又会激荡起当时的那份兴奋，激励我日后为中华民族伟大复兴贡献力量。

同步辐射实验室参观

同步辐射实验室作为中科院下属的国家级实验室，对我的吸引无疑是巨大的。能够如此真切的感受高新科技，是我从前想也不敢想的。穿过厚厚的防辐射墙，一个崭新的世界出现在我的眼前。横跨整个实验区的吊臂、三层楼高的监测罐,我久久凝视着,难以自拔。激动的同时又多了些许敬畏。紧跑两步跟上讲解员的步伐,我努力理解着他说的每一句话、每一个专业名词。须臾间我猛然发现,我自己居然对同步辐射建立起一个浅薄的、宏观的框架认知,并已经能用我掌握的物理知识去解释其中一些基本的现象与原理。这是我第一次清晰地感觉到我离高新技术的距离如此接近,甚至能触摸到它的臂膀与手指。我现在所学的一切,便是脚下的阶梯,一步步将我送入这个巨人的怀抱。"千里之行,始于足下",多么深刻的领悟。没有一代又一代人的艰苦奋斗,也就不会有一批又一批耀眼的科研成果,更难以筑起一幅又一幅中华民族伟大复兴的宏伟蓝图。

学长交流有感

在紧张活动的间隙,我同中科大的学长进行了简单的交流。在他无比平常的语气中,我得知他在前一天的活动结束后又回到实验室学习到凌晨一点才休息。如此优秀的他们,却在我们平常人安然入睡之时,仍不知疲倦地学习,不肯虚度光阴。这给了我极大的震撼,搞科研就必须要有这种奋勇拼搏、惜时如金的精神。主动给自己加压力、定目标,为的不仅是自己在学术上获得成功,更是在推动整个中国的科技进步,以实现科技强国的梦想。中国仅用了几十年的时间便走完了西方科技强国几百年的科技发展之路,这背后蕴含着无数科技工作者的默默付出。再看着学长仍青涩的脸庞,一股钦佩之情油然而生。这,便是我学习的榜样、前进的动力。

科学营的时间不长,在紧张的日程下更显得尤为珍贵。其间,我切身体会到了祖国科技的进步,看到了一位位有为青年们用肩膀扛起复兴的重担。日后我也必将成为他们中的一员,托举起奋斗的巨帆,向着心中的梦想远航,为实现2035"科技强国"的目标贡献力量。

教师篇

百年名校聚英才　梦圆交大科学营

郑州市第四中学　任焰

为梦想之光

西安交通大学，经历过风云两甲子，弦歌三世纪，是我国首批 985 老牌名校之一。郑州四中莘莘学子心向往之。经过层层选拔，最终十五名品学兼优的学生脱颖而出，获得了参加 2019 年青少年高校科学营西安交通大学分营的资格。我很荣幸成为此次带队教师，更加荣幸的是能作为来自全国各地（包括台湾在内）的二十多位中学教师代表在西安交通大学科学营开营仪式上发言。

2019 年 7 月 16 日早上八点半，经过校长致辞，教师代表发言，学生代表发言和志愿者发言后，在西安交大副校长和陕西省科协主席的共同启动下，2019 年全国青少年高校科学营西安交通大学分营正式开营啦！

下午两点整，同学们分班级，分时间段，有序参观了钱学森图书馆，交大西迁博物馆以及陕西西安秦腔博物馆。

同学们参观钱学森图书馆时非常认真。通过一封封书信，一份份表彰，一件件珍藏的钱老手稿，我们能感受到钱学森强烈的爱国情怀，历尽艰难险阻，冲破一切繁笼也要回到祖国的怀抱。同学们不仅感受到了钱老的爱国情怀，也见识了钱老超强的学习能力。由于严格要求自己，通过不懈努力，钱老在学术上取得了很高造诣。以至于他回国的消息对美国构成了强大威胁，说他一个人顶得上五个师的兵力。同学们还参观了西迁博物馆，感受到交大人坚毅勇敢的西迁精神。老一辈交大人响应国家号召，党让去哪就去哪。克服重重困难在大西北的原野上建立了西安交大。没耽误招收一届学生，没耽误学生一节课。交大的西迁精神非常值得我们学习！

西安交大一直致力于国家前沿科技,紧跟时代步伐,在诸多科技领域成果斐然。西安交大培育了一代代英才,百分之七十的毕业生都去了中国西部,成为建设祖国边疆、中国西北部崛起的中流砥柱。著名的航天英雄景海鹏和曾经的国家领导人江泽民都毕业于此。接着,同学们又参观了西安交大校园内的陕西秦腔博物馆。同学们认真听老师讲秦腔的发展历史和服装特点,最感兴趣的还是皮影戏。所谓"一人诉说千古事,双手舞动百万兵"就是对皮影这门绝技最贴切的描述了。

晚上七点,我们的学生已经齐聚一堂,聆听西安交大美女教授史瑞琼的精彩报告。通过报告,我们得知祖国的高校建设虽然起步晚、在全世界大学排名中比较靠后,但我们一直在奋发图强奋起直追。现在的排名越来越靠前,清华大学已经跃进排名世界前二十的名校了,西安交大的排名也一直在提高。通过报告,我们还得知西安交通大学的变迁史。西安交大是1896年以南洋公学之名创建于上海,有"东方麻省理工"之称。"北清华、南交大",交通大学历史上曾与清华大学齐名,是中国早期最富声望的理工院校之一,是"中国工程师的摇篮"。我们还了解到在迁校以及新校建设发展历程中,师生员工开拓奋进,艰辛备尝,顾大局,讲奉献,千辛万苦在所不辞,艰难险阻勇于克服。这都充分体现了交大人崇高风范。无数可歌可泣的事迹,筑成西迁精神丰碑。我们要学习西安交大"胸怀大局,无私奉献;弘扬传统,艰苦创业"的西迁精神。

为文明之光

7月17日上午八点半,由马克思主义学院陆卫明教授为营员们做《学以成人——〈论语〉中的人生智慧》专题讲座。陆卫明教授首先从读《论语》的四大境界切题,介绍了程子笔下四种读完《论语》不同状态的人:"全然无事者""其中得一二句而喜者""知好之者""直有不知手之舞之、足之蹈之者"。他希望同学们能够用心学习阅读《论语》,也希望同学们以后读书也能精读深读,达到舞之蹈之的境界。之后陆教授提到"学以成人"是《论语》的一大主题,并通过"修己""孝悌""处世""交友"向营员们介绍"为人之道"。最后,陆教授为营员们的交友提出建议,应该"以道义合","乐多贤友"过好快乐人生,成就事功。

下午,伴着淅淅沥沥的细雨,我们来到了西安博物院。进入文物展馆,营员们戴着耳麦认真地听解说员讲解关于长安城的构建和历史。随后便进入了"帝都万象"的展馆,主要分为了"周秦风采""汉唐风采""府城华章"三部分,馆藏文物主要出土于周、秦、汉、唐等中国历史上有重要影响的朝代,展览内容丰富,演绎了古都的历史。

穿过历史尘埃,走近这些文物,感觉每件文物都有故事,每件文物都有灵气。轻轻聆听,细细观赏,仿佛回溯到他们辉煌的年代,让人流连忘返。

从展馆出来,营员们跟着讲解员的脚步开始参观小雁塔。小雁塔建于唐景龙年间,与大雁塔同为唐长安城保留至今的重要标志。小雁塔是中国早期方形密檐式砖塔的典型作品,塔形秀丽,是唐代佛教建筑艺术遗产,佛教传入中原地区并融入汉族文化的标志性建筑。雨渐渐停了,我们的参观也到此结束。

晚上,在西安交通大学的宪梓堂开展了一场别开生面的活动。随着主持人俏皮的开场白,科学营荧光之夜正式拉开了序幕。

接下来是班旗展示环节,每个班派几名同学介绍并展示自己的班旗内容及寓意。不同的班级文化让我们了解了小营员们丰富多彩的想法,让我们大开眼界。更值得高兴的是几乎每个班展示的时候都有我们学校的学生参与! 真为孩子们骄傲!

每一次活动的参与都会构成你成长进步的一个台阶,把你推向更高、更大的舞台。心有多大,梦想有多大,你的舞台就会有多大。相信在接下来的活动中,你们还会有更加突出的表现! 加油孩子们,我为你们骄傲!

为科技之光

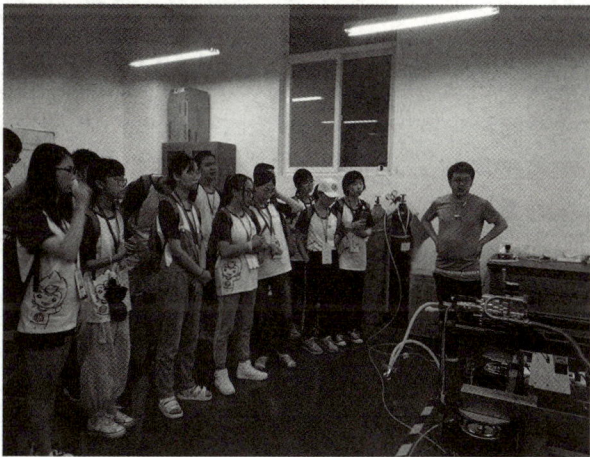

2019 年 7 月 18 日一大早,同学们就有序到达集合地点,分班参观西安交大的国家重点实验室。首先参观的是金属材料强度国家重点实验室。到达负一层实验室,感觉进了迷宫一样,又好像潜进了秘密基地。几经曲折才来到扫描隧道显微镜(STM)实验室。老师给大家讲了扫描显微镜的构造和成像原理,并提出了几个问题和大家互动。在问答环节,我校王君轲提出的问题被老师夸赞"问到了点子上"。对同学们的疑问,老师一一耐心解答。同学们都收获颇丰。而后,同学们又来到机械结构强度与振动国家重点实验室,同时也是航天航空学院。

下午两点整,迎来了大师报告会。是由王秋旺教授带来的《节能减排,创新让生活更美好》。王秋旺教授是西安交通大学能源与动力工程学院教授,2013年被评为长江学者特聘教授。在新一代传热技术的机理研究及其应用、新型高效换热设备的研究与开发、换热设备及网络的动态特性及控制技术方面有许多研究。大家在这次讲座中都受益匪浅。

最精彩、最激动人心的环节就是无人机科技体验了。无论是从未接触过无人机的小白,还是对无人机略知一二的玩家,通过西交大科学营无人机科技体验,都会给人带来一段全新的感受。每个小组都会分到一个西交大科学营特制的无人机模型,需要小组合作共同完成拼接。再由组员合作共同完成试飞环节。能准确操控完成几个环道穿越即为胜利。同学们正在认真钻研如何将一块块碎片有序的拼接起来。

我们的学生操控无人机成功穿过了环道障碍。真是好样的!祝贺你们本环节取得成功!

为荣誉之光

7月19日上午,在思源交流中心又开展了一场别开生面的素质拓展团建活动。经过三天的相处,我们的学生都已经能和来自五湖四海的学生很好地融合在一个新的班集体中。他们都能团结互助,发扬团队精神,共同去为集体出份力。这些团建游戏非常考查学生快速反应能力和团结互助精神。同学们都愿为集体荣誉努力拼搏。

下午我们来到了西安交大创新港校区,这是一个没有校门的开放式校区。主楼非常壮观!在这里,我们的优秀学子与西安交大的优秀大学生面对面深入交流。从他们身上,同学们获得了许多宝贵的经验和中肯的建议。我们青年就应该努力学习报效祖国。用脚步丈量祖国的大地,用双手书写奋斗的青春,用行动回应时代的呼唤。

晚上,同学们又在思源交流中心齐聚一堂,举行赛歌会。每个组队都唱得很好,歌声嘹亮气势如虹。

为胜利之光

7月20日早上八点钟开始,同学们已经在机房开始了本次学科营的活动总结。幸好平时我校的孩子们每天晚上都对当天活动进行总结梳理并写有心得。现在写,可以说信手拈来、水到渠成。

同学们写完总结又齐聚在思源交流中心,聆听西安交大著名教授马知恩的报告《西迁主题分享》。新中国成立后,根据国家经济建设发展战略的需要,国务院于 1956 年决定交通大学的主体内迁西安。全体交大师生也不顾西北的艰苦条件,在彭康校长的带领下学校主体内迁西安。马教授的报告进一步提升了孩子们不怕困难艰苦卓绝对奋斗精神,提升了孩子们报效祖国开荒拓野的爱国精神和团结合作共同进步的团队精神。

经过一下午的排练,同学们最期待的联谊冷餐晚会暨闭营仪式终于在晚七点开始了。

首先给优秀营员颁奖,我校团队共十五人,全部获得优秀营员,其中七位尤其杰出,获得了无人机奖品。他们是:李尚儒、王君轲、仝旭璞、王怡瑞、杨卓远、王祎琳、袁源。祝贺所有孩子,祝贺同学们! 同时我也获得了本次科学营"优秀科技教师"称号。

我们的孩子多才多艺,文物兼长! 当得了学霸,玩得了嘻哈;会得中国功夫,写得妙笔生花;唱歌跳舞更是不在话下!

我为你们每个人骄傲! 你们都是郑州四中的优秀学子,你们都是祖国未来的脊梁。希望你们都能学有所成,胸怀天下,兼济苍生,放眼世界,造福百姓! 做有大爱、大格局、大气魄、大学问的堂堂正正的中国人!

行至南京　圆梦南大

河南省实验中学　张亚男

接到带队南京大学夏令营的通知，就对这座古城充满期待，对这所名校充满向往，"哦，我又要回到大学校园了"我在心底里这样想。

初到南京，与印象中的古城不太一样：交通网很发达，城市非常干净，绿化面积非常大，到处都是很有年龄的树。在志愿者的带领下，我们对南京大学有了初次接触，校园真的非常大，每个学院都很有自己的特色，社团活动非常丰富，觉得这所学府兼具历史和朝气。学生们也渐渐和志愿者熟络起来，于是整个过程变得非常有趣，我们聊到了学校的很多趣闻，比如，来参加校庆的野猪，学校的防空洞，实验室的怪异事件……这群高中生们对这些都感到非常新奇，大家渐渐地对这所学府、对大学生活有了感觉。

本次科学夏令营中关于科技的讲座让我和学生非常激动，在这个系列中，我们参观了天文台，聆听了航天航空方面、人工智能方面的讲座，整个过程中我像学生一样激动和感动，激动的是从没有想到南京这座古城的科技实力如此强大，感动的是祖国日新月异的变化，以及高等学府在爱国情怀和社会责任感方面教育的完整性。整个过程我一直在向学生感叹："这才是你们应该求学的学府。"也羡慕他们还是学生的身份，因为这个身份代表着他们拥有无限的可能和机会。也真的从心底里羡慕他们还拥有最好的青春、最美的年华、最好的平台和时代，去实现人生的梦想。

除了讲座、参观，南大的学生会还给大家安排了越野赛，这次我们的学生达成了共识——享受过程。整个过程中我们唱着歌一路打卡，正是基于

"享受过程"这个游戏目标，所以在每个打卡点都更有勇气去挑战更高级别，这让大家感到酣畅淋漓。在运动打卡点，我明目张胆地嫌弃了他们的跳绳技术，于是他们派我出战，当然，我们瞬间通过。就这样，在歌声和笑声中我们一个一个打卡，冲向终点，我们也在游戏中组成了一个团队。最后大家说："享受过程真好!"

机甲争霸赛中，由于没有经验，所以男女分开组队，显然，女生认为自己并不擅长此类动手活动，于是几个女生在开始的一个小时就已经有些泄气。作为旁观者我觉得影响他们的并不是能力而是信心，所以我首先佯装着去"窥探"男生队的进度，回来告诉他们："我觉得我们的组装太棒了，做得很细致，这样机器人会更牢固，男生做的就有些粗糙。"一来二去，大家不再那么沮丧了。编程阶段又遇到了困难，经过很长时间尝试，还是不能让机器人行走，于是我也加入到女生组，和她们一起研究、尝试，这时男生也时不时来指点，最后经过大家的努力，虽然女生的机器人并没有实现流畅的跨障碍和跳舞，但是也能够自信地走起来。这个结果并不是最完美的结果，却是给努力付出最好回报的结果。当然，更开心的是男生队取得了机甲争霸赛的亚军。

让这群学生最骄傲的并不是各项比赛的名次，而是接下来晚会上他们的舞台剧——《白雪公主和七个小矮人的故事》，他们选择了突破自我，公主男扮女装来演，扮上装发后，没想到太惊艳了，只要不开口讲话完全看不出来这个公主是一个男生，这个晚上让我们团队一举成名。当然，在这个晚会上，我们也体会了不同地区和民族的文化风情，香港队表演了一段他们的啦啦操，他们说这是学校的文化传统，觉得这样的校园文化真好，真个性;西川中学的《当地震来临时》，寄托了他们对天堂里同胞的思念和祝福，让现场好多学生流下泪水，相信天使们在天堂会幸福的;还有广西队民族舞蹈，丰富而现代，都让人印象深刻……

这个过程短暂而美好，这几天学生甚至舍不得休息，他们想尽力在短暂的时间内再多看一眼南大,想多体会一下作为大学生的自由和成熟。这个夏天,我们一起在南大校园,放着《古惑仔》横着走;我们在越野赛中一起冲刺目标并享受过程;看星星的夜晚,我们一起挥舞着灯光,唱着《夜空中最亮的星》;我们一起淋了一场大雨,穿着湿衣服也要去图书馆看会儿书;我们和各省市,港澳台同胞热泪盈眶地唱着《歌唱祖国》;我们一起在晚会上演出了舞台剧,赢得了阵阵掌声;我们一起在机甲争霸赛中让我们的机器人成为全场最靓的仔;我们一起在自助餐中解锁了小龙虾新吃法;我们在最后一晚伴着星光看了一眼苏州小园林;我们也终于在最后告别时刻拥抱了最爱的志愿者,并大声告诉他,你等着,我们明年一定考上南大,我想,这是一个关于未来和努力的承诺……

虽然终究要离开,但我觉得这个夏天不是别离而是与南大缘分的开始。

科学探索无止境　青春逐梦正当时

新乡市科学技术协会　杨晓玲

重庆，一座依山傍水、群山环绕的美丽山城，一座底蕴深厚、人文荟萃的红色文化之城，一座热情奔放、朝气勃勃的青春之城。今年夏天，我有幸作为一名青少年高校科学营的带队老师，带领 15 名热爱科学的优秀高中生，来到重庆大学参加了为期七天的科学之旅。短短一周的时间里，大家徜徉在知识的海洋，探索了科技的奥妙，收获了深厚的友谊。

初到重庆，迎接我们的是一场大雨，大雨过后的重庆透着丝丝凉意，让我们忘记了此刻是在被誉为"中国四大火炉"之一的重庆，忘记了此刻是在炎热的夏季。坐上去重庆大学的小巴时，已是晚上八点，重庆的夜景果然名不虚传，以繁华区的灯饰群为主题，以干道和桥梁的灯饰为纽带，万家灯火为背景，构成一幅错落有致、远近相互辉映的灯的海洋。一路上，志愿者热情地给我们介绍重庆的特色和这几天的活动安排，营员们对接下来的活动充满了期待。到达重庆大学时，贴心的志愿者已准备好了丰盛的晚餐。在报到完毕去往宿舍时，我又领略了重庆的独特之处，依山而建的重庆总让我们傻傻分不清自己是在几楼。

经过了一个晚上的休整，高校营的活动正式开始，营员们一个个精力充沛，充满期待。开营仪式上，营员们惊喜地发现自己的身影出现在了视频中，我们感受到了重大志愿者的用心和认真。重庆大学副校长明炬用自己的经历鼓励营员们勇于科学实践，探索科技奥秘，他希望同学们在感受科技魅力的同时响应青少年新时代的召唤，为建设科技强国贡献青年力量！重庆市科协党组成员、副主任谭明星希望营员们能够借这次难得的学习机会，感悟高校的魅力，明晰努力的方向，筑牢科学的信念，放飞青春的梦想。今年恰逢新中国成立 70 周年、重庆大学建校 90 周年，大家在主教学楼前，挥舞着国旗，激动地高喊着"智创科技，逐梦青春！重大你好，祖国万岁！"。

在重大的第一个专题报告报告是"嫦娥四号"生物科普实验载荷总设计师谢更新教授的《揭秘月面上第一片绿叶》，他给营员们讲述了在月球高真空、宽温差、强辐射等严峻的环境下，如何成功实现人类首次月球背面生物生长实验。小小的载荷设备虽然总重量只有三公斤,但麻雀虽小五脏俱全,机、电、热、通信、控制等系统都有。就是这样一个小小的航天器,承载着科研工作者们对航天科学的探索愿望,也充分展现了我国自主科技创新的能力。同时,谢更新教授也告诉我们,中国在航天航空上依然存在缺陷,这将成为我们未来努力的方向。营员们听完讲座,备受鼓舞,每一位青少年都应该努力奋斗,将来投身到科技强国的事业中去!

接下来的几天里,营员们被分为九组,安排在重庆大学不同的学院和实验室进行了各具特色的科技探秘。我被分在了第一组,在光电学院进行智能小车机器人科普创新活动。营员们最初拿到器材时无从下手,在老师的指导下,熟悉了各种模块和软件的功能,完成了组装小车和自主编程,达到了预想的效果。在营员充分熟悉智能小车后,各小组之间还举办了"智能小车"比赛。比赛分为遥控组和自动组,比赛规定遥控组不能使用红外线,自动组不能使用遥控器,这极大地增强了学习的趣味性。各小组集思广益,在赛道上反复调试自己小车。最终,用时最短的一组赢得了比赛并获得智能小车的奖励。通过这次集趣味性和科学性于一体的实践活动,使营员们对电子硬件、软件编程等基础知识有了更进一步的认识,受益匪浅。

虎溪校区工程培训中心工厂参观,让营员们了解工业流程和工艺制造技术。营员们分别参观了3D打印、手工电弧焊、热加工处理、数控车削、金属激光切割、非金属激光切割、激光表面加工、激光内雕八个工种,在老师的讲解下,感受到了工业技术的魅力和科技的奇妙之处。活动中,营员们还在老师的指导下,运用金属激光切割操作技术制作了自己喜欢的图案。

虎溪校区图书馆探秘,让营员了体验了一场趣味十足的团体活动。在寻找藏宝图的项目中,营员们需要凭借一张图书馆局部照片,找到照片所在地,根据线索再赶到下一场地,集齐三张提示卡片猜出一本目标书籍。这是一项极具挑战性的项目,不仅考验了营员们的逻辑思维能力,还考验了营员们的观察能力和团队协调能力。经过营员们共同合作,最终出色地完成了任务。

最难忘的是参观建川博物馆,重庆建川博物馆是全国首个防空洞打造的博物馆,由兵器发展史博物馆、兵工署第一工厂旧址博物馆、抗战文物博物馆、票证生活博物馆、重庆故事博物馆、中国"囍"文化博物馆、民间祈福文化博物馆和中医药文化博物馆8个主题博物馆组成。在参观抗战文物博物馆时,我们依次参观了日军暴行、局部抗战、中流砥柱、川军抗战、不屈抗俘等10个单元板块,大量抗战文物真实再现了日本一步步侵略中国的屈辱历史,也展现了中国军民英勇抗战的反抗史。展柜中的文物、墙上的黑白照片和逼真的模拟场景,皆无声诉说着抗日战争中那些辛酸血泪史,提醒着人们和平年代的来之不易,警示中华民族以史为鉴,开创美好新时代。票证生活博物馆展出的各种票证和生活用品涵盖吃、穿、住、行,重现了中国老百姓近四十年日常生活的巨大变迁。通过博物馆这本立体的"百科全书",营员们加深了对抗日战争及其胜利的认识,感受到了新中国成立70周年以来社会的变迁之巨,上了一堂生动的爱国主义教育课。

科学探索无止境,青春逐梦正当时。让我们携手奋进,勇担科技创新使命,不断开拓进取,为建设科技强国贡献自己的力量。

科学营带队教师感想

河南省实验中学　赵远洋

　　对一位教师而言,最大的安慰莫过于看到学生们认真求索的状态。科学营期间,种种的安排,或听或看,或动手或感悟,对学生们来说,都是全方位的拓展和提升,而每每看到他们抬头认真听讲或低头苦思冥想,我都会从心底泛起一种感动。

　　在科学营活动期间,我和营员们一起,聆听名师座谈,领略大师的风采;参加科技实践,感受到了科技的魅力;我看到学生们积极参与,亲自动手体验,锻炼能力的同时也收获了友谊。科学营是一次科学之旅,但同时也是一种文化的暖心之旅。在这里,大家收获的除了知识,还有温暖的人情。

　　我带着学生一起参加了上海交大科学营。从学校的每位工作人员、专家、老师、志愿者的身上,都能感受到一个学校的内在的工作态度和办学精神。此次科学营,学校安排的活动内容、形式丰富,时间安排得也十分紧凑。而正是这些细节,充分体现了上海交大的领导、老师、青年学子、志愿者同学爱岗敬业的忘我工作精神,这种精神也深深地打动了我和每位营员。

　　学校的领导、工作组的志愿者们起早贪黑,腿跑肿了,衣服湿透了,嗓子喊哑了……他们的每一个问候、每一个眼神、每一个动作、每个细节都让我们感受着亲人般的温暖,是他们的努力和坚持,让我们在这个陌生的城市里有了家的感觉。

　　而作为一名带队老师,除了看到学生们在七天中的蜕变,也突然理解了新课改的理念:当学生成为学习主体主动学习时,效率才是最高的。科学营活动激发学生主体的学习兴趣和动机,只有具备了良好的学习动机,学生才能认真思考,主动探索未知领域。

　　此次科学营活动对学生们来说是影响深远的,"通过这次科学营活动,学生了解了科学家成长的环境,科学家工作的场所。培养了科学的思维方式,激发了学生们对科学的兴趣"。七天的学习,让学生们多方面成长,而且终身受益。虽然并不是所有学生都有机会参加青少年高校科学营,但我坚信,学生代表们回到学校,作为火种,把这种科学精神、科学思维与同学们交流会帮助到更多的人。我们也必将这种精神带回到自己的工作和学习中去。青少年高校科学营的初衷,就是要启发大家追求科学、探索科学。

此次的青少年高校科学营活动,让我、同学们、志愿者之间建立了深厚的情谊,这次近距离的接触科学,接触大学,点燃了我对科学的热情。我最大的成长,莫过于将在科学营感悟到的科学精神,带到日后的教学工作中去,影响更多人。

面朝大海　走向深蓝

焦作市科学技术协会　张海锋

　　七月，很荣幸能够作为一名工作人员参与到由中国科学技术协会主办的"青少年高校科学营"，能够带领十三名即将迈入人生重要转折点的学子走进大连海事大学提前感受大学的美好氛围，能够走进国家重点实验室"大连化学物理实验所"（后简称化物所）感受能源科学魅力。七月，很感谢在科协的帮助下与大连海事大学相遇、与化物所相遇、与海大的志愿者和各位老师相遇。

　　在省科协的精心指导下，我们焦作十三名高校营学员在第一时间彼此熟络，让未知的行程在簇拥的友情中更显得多彩，更是集体学习了营员守则、注意事项，给未来的七天增添一层保护膜，各位学员也被省科协青少年中心的老师的细致和关爱所感动。

　　一路北上，在我们落地之时，大连海事大学的两名学生志愿者闫沛兴、钱恩超已经在甘水子机场等候多时，见到志愿者后，孩子们瞬间都被闫学长和钱学姐的热情所包裹，瞬间一扫旅途的疲惫，并一起在摄影师的镜头下呐喊"有鹏来，扬帆海上丝绸之路——海大，我们来了"。自此，一周的科学之旅,揭开帷幕。

一周的生活,学生在开营仪式上聆听中国单人帆船环球航海者翟墨先生的现场报告,航海的激情,未知的信息,已经在大洋中漂泊各类学科的运用。翟墨先生用自己的亲身经历向大家讲述大海深处的故事,用自己的几度险境给大家揭开神秘的面纱。同时,在提问环节也掀起来一阵高潮,满足各位少年的所有好奇,反响热烈。

随后大家一同听取了刘义杰教授的《依海而生 互联互通 海上丝绸之路的历史解读》主题报告,让孩子们在理论层面、文化层面、历史层面三维度的解读海上丝绸之路的多层次意义,明白21世纪习近平总书记重提海上丝绸之路的重要性和必然性,激发大家走向大海、征服深蓝的欲望。

随后的三天,海大组织各位优秀营员走进"中国科学院——大连化学物理研究所"(DICP)。在化物所的三天,各营员分别围绕"说能解源、普能捉源、论能道源"三个方面,依次进行了解和学习探究。在"说能解源"环节中营员通过化物所高级研究员开展的能源讲座以及化物所十个研究组的重点研究课题,了解国家前沿科技力量,以及目前在能源探究我们国家的主要针对领域和发展方向;"捕能捉源"这一环节中,各位营员在分组研究员的带领下进行亲自动手参与专题实验,"热电器件的制备及性能测试""全钒液流电池的组装与测试""Cu/TiO_2催化剂的制备与表征""活细胞超分辨荧光成像"等十个方向的课题研究,让营员们自己动手,利用化学仪器通过化学反应得出对应化学数据,所有的营员在拿到自己亲手制作的实验数据时脸上的欣喜,眼中的光芒,或许这就是科学的魅力,化学的魅力。在"论能道源"环节中,所有实验组都根据自己实验前的理论学习,实验过程中的操作步骤,实验过后的数据分析,将自己小组的整个实验课题做成PPT与其他分组成员进行分享和讲解,让大家共享实验数据,分享实验乐趣。在化物所的三天,各营员聆听前沿科技讲座,走进高端化学实验室,感受前沿科学魅力,让科技之光在小营员的心中点燃一把火。

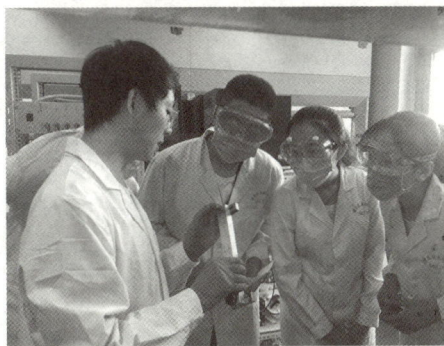

行程即将步入尾声,在大连海事大学志愿者的陪同下,各位营员和老师共同参观了大连海事大学的"育鲲号",让大家通过实物实地参观作业船的内部构造,舱内设计,机器舱内构造,让对工科感兴趣的同学满足自己的机

械梦，树立自己更为伟大的可以技术支撑"走向深蓝"的机械梦。

再次感谢大连海事大学及各位随队志愿者，你们的精心安排让营员在一天的学习之余还有时间去进行陶艺手工、舞蹈学习、读书分享、集体活动、海边采风等多次多彩的营期生活，你们细致入微的关心和体贴让各位小营员对大学有一种美好的憧憬，这种憧憬一定会在未来一年作为他们前进的动力引领他们走进理想的高等学府。

习近平总书记在科技三会上强调：科技创新、科学普及是实现科技创新的两翼，要把科学普及放在与科技创新同等重要的位置，普及科学知识、弘扬科学精神、传播科学精神、倡导科学方法，在全社会推动形成讲科学、爱科学、学科学、用科学的良好氛围，使蕴藏在亿万人民中间的创新智慧。

感谢中国科协让孩子们在人生初次重要的转折点给他们以启蒙之旅，这是科技的启蒙，也是努力的启蒙，更是选择的启蒙，这样的活动，在未来，一定会镌刻在他们的脑海深处，作为一盏希望的烛火指引他们前行。我祝愿我带队的小营员此后，繁花似锦；相逢，依旧如故，也希望你们聚是一团火，散是满天星。

热浪中的精神沐浴

平顶山市第一高级中学　叶朝旭

2019 年 7 月 15 日,平顶山—郑州—武汉—从火炉到火炉再到蒸笼。

酷暑中,我与平顶山 2019 季的 15 名科学营营员怀着未名的期盼,赴武汉华中科技大学参加高校科学营的洗练。

热情的接待·静静的期盼

7 月 16 日,在武汉站体验到了志愿者们热情的接站。感谢一班 2 组的志愿者们,早在 6 月下旬就我们保持联系。大半月前,同学们和我就体验着组长的咨询服务,更有几名营员已经和组长姐姐成了好友。当日下午,组长带着营员们熟悉校园、购买生活用品,先让营员享受了一把大一新生特有的待遇。但是,我所念想的是科学、科普、科技体验。

学好物理不简单

7 月 17 日上午,开营仪式。校科协主席致辞,志愿者代表、带队教师代表、营员代表依次发言,我们的情绪逐渐被调动。

7 月 17 日下午,科普讲座终于来了。王顺教授做了关于近现代物理学发展状况的讲座《时空与量子》,一下子就给学生带来很多惊奇。讲座结束后,几位同学讨论起"薛定谔猫的意义""量子纠缠"等问题;还有同学开始关注有关黑洞的问题,"黑洞无毛"or"黑洞有毛"。嘿嘿! 想知道更多,好好学物理吧,爱因斯坦和波尔等着你呢!

工程实践与创新体验

7 月 18 日,学生最开心的一天,今天的主题活动为工程实训。我们班的同学学习和体验了如何利用激光雕刻机在木头书签和塑料名片上写字、雕花,每名同学都按照自己的心意制作了几个专属书签和特色名片。更让学生得意的是,他们居然学到了如何在水晶玻璃中雕出一个自己心仪的三维图案。既学到了技能,又给自己制作了礼物,个个兴奋满满。其他班级的同学,有了解3D打印的、有做收音机的、有玩机器人的,各有各的收获。

7月20日,突觉时光飞逝,还没体验过瘾,活动就要结束。今天的活动主题是"创客与互联网+"探索实验。不同的小组都在体验着不同的电气实验,但主题是一致的:从理论到实验、以娱乐为导向、学以致用。

我们班的幸福体验是在LED屏上设计动画,而且可以把设计成果带走。活动过程中,大家了解了简单的C++语言,了解了单片机的开发和应用。最终,大家都体验到了学习的快乐,每个同学都创作出了个性化的动画方案。

紧接着,是获奖作品汇展。每个班的同学都亮出了他们的"开心科技宝贝",有智能车、无人机、LED展示、细胞染色图片等。

生命科学前瞻与联想

7月19日上午,《生命科学:未来科技的帝国主义》主题演讲,刘笔锋教授娓娓道来。将来可能每人身上都会带一个芯片、可以自动为我们每个人进行基因测序、判断基因的变异情况,扫芯片可判断病情、基因编辑治疗疾病、皮肤细胞可转变为干细胞等等。惊奇之余,令我浮想联翩……

7月19日下午,学生们参观华中科技大学校史馆,了解学校辉煌的过去和建校的不易;了解学校当下的成就和远景规划;了解华科学子"明德厚学,求实创新"的校训;了解学校"育人为本,创新以行,责任以行"的办学理念。

晚间,我有关生命科学的联想继续:刘教授谈到现在已经可以把人的表皮细胞异化处理成干细胞。那我们要换器官的话,只需要用我们自己的细胞再生一个器官就好,这就避免了排异现象。但换器官总需要开口的,我能不能把干细胞注入坏死的细胞,然后将自己冬眠,等器官再生后苏醒岂不快哉?或者,能否让干细胞再生的器官细胞逐步替换我坏死的细胞,岂不更妙!

如果我们每个人都可以再生我们的脏器细胞,我们会拥有怎样的健康呢?这时我的肠道、皮肤、骨骼怎么办?也能再生更换吗?

如果人们都足够健康、足够长寿,人类还需要小孩吗?届时,世界联合政府应该会严格控制器官的再生移植么?

如果对我的基因进行编辑,我的生物钟能够一直走下去么?假定不能阻止我的某一些器官老化,那能不能只把我的大脑培育起来,给它营养,再连个处理器、摄像头、声呐系统、八个机械爪、装个轮子、螺旋桨。那么我想看什么就看什么,想去哪就去哪,想吃了就模拟一场盛宴,骗骗大脑的味觉系统。我可以继续不断学习,将来也可以成高能物理学家了!如果培养大脑能够成功,那复制大脑也应该可以。这样可以根据爱因斯坦的大脑中神经元的连接,再造一个爱因斯坦的大脑,我们就可以一起研究物理了。但是,假如我的大脑总是感觉腿疼、浑身疼,爱因斯坦老说他头痛,我们的大脑有死的权利么? 如果我和爱因斯坦相互成全杀死了对方,保不准哪天谁又复制出了我们的大脑,该怎么办呢? 如果切除我们的某些神经元,让我们没有痛觉,让我们不知自己是谁,却只会推演物理,这又会带来什么样的结果和伦理麻烦呢?

呵呵,想多了。发展还有发展的问题,科技进步也有进步带来的问题。但是,还是希望广大的中小学生都能够多接触科学家和科技专家,有机会从小进行科学实践。

向往无限、友谊继续

7月21日上午,学生们参观了几个国家实验室,进一步感受科研气氛,感受华中科大的科研实力。下午,文艺会演,各班组出演自编自导的歌舞、朗诵等文艺作品。进一步激发营员们对大学生活的渴望和憧憬。

7月22日,天气依旧酷热。我们要回家了,而送站的志愿者们依旧热情和尽职尽责。

这武汉,竟热得我们恋恋不舍了。

熟悉的味道

郑州外国语学校　刘俊亮

本人于 2012 年毕业于北师大,距今刚好七年,这次有幸带领河南的营员参加北师大科学营,有着别样的激动。

熟悉的地方

刚下高铁,扑面而来的就是熟悉的北京气息——高楼林立、交通四通八达、气流干燥闷热、人头攒动。在随队志愿者的带领下,我和营员们来到了师大校园——庄重的木铎、雄伟的主楼、古朴的教八和教十、食堂可口的饭菜……这一切对于营员们只是一栋栋建筑,但对于我来说,是在木铎下玩过的轮滑、主楼里开展的党建活动、教学楼里上过的自习课、和同伴在食堂吃过的饭……这里有我无数的回忆、绚烂的青春。我随即与营员沟通:这里是我奋战过的地方,在北师大学习交流的机会非常难得,请大家一定要牢牢把握,争取的最大的收获!

在接下来的六天里,我们连续感受了内容丰富、高端扎实的院士讲座,既考验动手能力又考验团结协作的拓展训练,既有光学之美又有脑科之谜,还有信息之变的体验式教学……这所有活动的安排,有动手、有动脑、有科技之光、有文艺之美、有兴趣激发、有梦想引领……一切的一切,与当初大学时的体验如出一辙,充分体现了一所高水平综合大学的实力。

熟悉的人

在活动期间,你能看到忙碌的学校老师、学生志愿者,尤其是学生志愿者,看到他们,就想起了当时在此求学的经历:面对丰富多彩的大学生活,眼睛里的激动、犹豫甚至是胆怯,在他们身上亦能轻松找到。

在活动间隙,我又约见了我大学时的指导员,他比我们大不了几岁,看上去风采依旧,谈笑间,他还是一直不断地指引我:工作中遇到挫折很正常,要享受你的挫折,因为遇到挫折表明你不太擅长某件事情,甚至你在某方面人格不甚完善,如果善于挖掘,你就可以取得更大的进步。而我的导师与指导员风格迥异。约见那天,他刚从山上带学生实习回来(导师的研究方向是植物分类学),他已经快退休了,可搬起实习物资却从不示弱。而后我们又一同去苗圃中移栽植物,移栽植物需要挖土,而且那天移栽了三十盆左右,工作量巨大,但导师泰然处之,这符合他的一贯作风,导师没变,年龄对于他来说只是数字而已,导师一直都是属于勤奋耐心刻苦的人,与他交谈的话并不多,单只是看他耐心地呵护他的植物幼苗,那种眼神、那种动作就会使人非常舒服,使人备受鼓舞,所有的一切都变得云淡风轻。

熟悉的精神

到达师大当天,我们参观了重新装修过的校史馆,又重新感悟了北师大艰难困苦但又蓬勃发展的办学历程,感受了名人志士、科学大师的人生风采,有着近120年厚重历史的北师大告诉我:开拓、坚强、包容和坦然。大学时,面对校训碑——"学为人师,行为世范",想到的是好好学做教师,努力做一名优秀的人民教师。如今,再次站在校训碑前,想到的是:努力做到范示群伦,而要想做到这一点,需要开拓、需要积累,只有有厚重奋斗过程、有丰富经历的人才能拥有坚如磐石的韧劲和海纳百川的气度。

重回北师大,那一切熟悉的味道继续激励着我:不忘初心,砥砺前行!

相聚地大　携手科学梦

南阳市科学技术馆　谢鹤

2019年的夏天,我有幸作为南阳地区的一名带队教师,带领14名高中学霸前往中国地质大学(后简称地大)参加高校科学营。七天的时光,我和营员同吃同住同行,共同在地大的校园里汲取知识,感受科技的魅力。在这里每一天都充实饱满、丰富多彩,见证我们营员的不断成长,突破自我,收获一份属于自己的科学营体验。

地大的校园很美丽

武汉东湖湖面上倒映着翠绿的南望山,南望山脚下便是中国地质大学(武汉)。她与武大、华科大等学府紧密相伴,共同在武汉这座"江城"成就一批批学子的大学梦。地大校园的自然风光无限美好,一面傍山,一面临湖,优美的自然环境为学子提供了良好的学习环境。地大的隧道也是高校中独有的,幽静的隧道连接着地大两个校区,隧道中有一届届学子手绘的涂鸦,绘画着在地大学习生活的点点滴滴。地大的四重门和化石林无不在一一诉说着地大悠久的历史变革,正是这些,赋予地大别样的美丽。同学们通过参观校园,参加定向越野活动,在美丽的校园挥洒青春的汗水,深入了解它的美。

地大的老师有情怀

怀着对"科研"二字敬重的心情,我和学生一起参观了地大两个国家级重点实验室。一台台重大的仪器、一份份科研报告、一个个科研成果,在这里,我们真真切切感觉到了国家的科研实力,感受到了完成这些成果的路上,科研人员挥洒的汗水。之后的几场讲座中,地大的老师讲述着他们带领学生外出考察,进行一次次的科研试验,用自己的坚持书写他们的科研生涯。同学们说,地大有今天的成就,来源于背后一批批默默无闻的老师孜孜不倦的付出。今天的高校承载着国家科研的重任,我们在话剧《大地之光》中深切地体会到一段真理与激情交织的岁月,一段薪火相传的科研理想。一代代地质科研工作者们实事求是,不畏艰险,勇攀高峰的科研精神也让同学们对科研事业有了更深的理解与感悟。地大老师的敬业、爱生,家国情怀深深地影响着我,锤炼着我的信念,使我对我这份工作愈发热爱。

地大的学生很热情

科学营地大分营在地大老师的周密部署下,清晨的餐厅,日间的活动,傍晚的校园总有这么一群可爱的学生陪伴在教师和营员身边。志愿者的绿色 T 恤在炎炎烈日下被汗水浸透,在滂沱大雨中被雨水淋湿,可是志愿服务精神愈发坚毅直挺。地大志愿者们用自己的热情感动着每一位营员和带队老师,因为有可爱的志愿者,我们的学生才可以在地大知识的海洋里无忧徜徉。南阳营员被分到"自动化人班级",自动化学院的志愿者分享了他们学院特色,带领营员们参观了学院各项大赛筹备情况,志愿者对专业的热情,对实验的执着感染着我们每一位带队老师和营员,科学实验的种子在他们心里萌芽、成长,也为学生打开了科学实验的一扇门。

在地大的我们很温暖

在地大科学营中,我们和学生一起听特色讲座、参观国家重点实验室、开展教师交流会、筹办文艺晚会。这些丰富多彩的活动,让我们感受了高校的知识底蕴,老师的科研情怀,学生的奋发图强。每个营员都学有所获,满载正能量。在班级流水灯实验环节,每位营员执着认真的精神和志愿者耐心细致的讲解,看看一个个作品被成功点亮,在地大的我们发自内心地觉得温暖。科学营为营员们提供了接触科学的机会,培养了科学兴趣,积累了科学知识、提高了科学素养,还使营员们明白了团结与合作的重要性、收获了珍贵的友谊。感谢这次科学营之行,有机会带领这些优秀的营员,我的工作得到地大及主办方的认可,被评选为青少年高校科学营湖北营省级"优秀带队教师",珍惜荣誉,热爱工作。

回顾科学营的活动,相信每位参与者已将中国地质大学"艰苦朴素,求真务实"的校训铭记心中,南望山下,青春与奋斗同在,科技与梦想齐飞。2019年青少年高校科学营中国地质大学分营活动已经结束,但营员与老师实现梦想的脚步永不停歇。

相聚科技城　放飞科技梦

郑州市科学技术协会　孟媛媛

　　七月骄阳似火,我带着来自郑州市五所学校的十四名同学来到中国国家科技创新型试点城市和国家创新型试点城市——合肥,在这个以科技创新著称的城市里,有一所以前沿科学和高新技术为主、兼有特色管理和人文学科的综合性全国重点大学,这就是我们此行的目的地——中国科技大学(后简称中科大)。

相遇科大

　　我们河南是最早到达中科大的小队,志愿者们给予了我们最大的热情,安排好报道和住宿事宜后,同学们迫不及待地参观了风景优美的中科大校园,了解中科大身后的校园文化,报到当天晚上,来自全国各地 11 个省份的队伍被分为了红、黄、蓝、绿四个小分队,同学们跟着志愿者们做"破冰"游戏,和来自全国的同学们成为好朋友。就这样,他们怀着紧张和激动的心情展开了这次科技梦的旅程。

　　7 月 15 日上午,2019 年青少年高校科学营中国科学技术大学分营开营仪式在中科大西区活动中心礼堂举行。开营仪式现场,各位同学和老师一起齐唱《我和我的祖国》,献礼祖国 70 岁生日。

　　随后,同学们分组交叉参观了国家同步辐射实验室、火灾科学国家重点实验室和核电站模型。在国家同步辐射实验室中,营员们初步了解了实验室的主要研究内容和实验基础原理;在火灾科学国家重点实验室中,营员们一起观看了壮观的火旋风实验,了解燃烧的基本原理和要素,体会到了科研的乐趣。在观察了解核电站模型时,营员不时与解说人员进行交流,了解其中的科学奥秘。

　　下午同学们来到中科大东校区,中国科学技术大学人文与社会科学学院周荣庭教授在东区水上报告厅为同学们做了一场精彩的报告,和同学们一起探索"新媒体下的科学之美"。周教授结合自身经历谈及了系统性学习和形象化学习的重要性,介绍了利用科学可视化服务科学教育的大背景,和同学们分享了中科大在科学可视化方面取得的重要成果，同时勉励同学们要敢于打破学科壁垒。随后，同学们参观了中科大校史馆，了解中科大历史，感受中科大的人文魅力。

17日，来自全国的160名营员分成5组，分别前往物理、化学、生命科学、工程科学、信息实验教学中心参观学习，并于当天下午动手进行了创新小实验。物理小分队做了单筒望远镜与指针式万用表的制作的实验；化学小分队做了菠菜中色素的提取与分离的实验；生物小分队做了亲子鉴定和动植物细胞显微镜观察的实验；工程小分队做了3D打印及激光内雕的实验；信息小分队做了智力竞赛抢答系统设计的实验。经过了一天的参观以及动手实践，同学们了解到更多理论的知识、提高了实践动手能力。通过实践环节，训练了同学们科学实验的技能和独力工作的能力，培养了同学们严肃认真的科学态度和求真务实的作风。

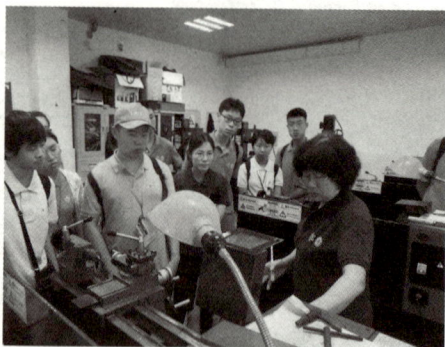

最后一日，同学们听取了管理学院杨峰教授的报告，了解了中科大的招生动向、办学理念和校园文化，同学们纷纷憧憬着希望将来能够到这所高等学府深造。随后同学们到信息科学实验中心参观了仿真机器人演示。

相遇科技城

16日上午，同学们来到合肥"科学岛"，参观了合肥现代科技馆和运动与健康中心。同学们在现代科技馆中通过实物及图文展览、科学实验、互动演示等形式，了解科学原理及技术应用，提高了动手探索实践的能力，普及了科学知识，培养了同学们的科学思想、科学方法和科学精神。在运动与健康中心，同学们了解了以信息获取、力学、生物工程、仿生学、控制论等理论为指导，运用传感技术、人机接触交互、模式识别、嵌入式技术、网络控制技术等手段，研究、研制与人体运动规律和健康管理等相关的检测、分析、评估和指导系统，发掘人类运动潜能、改善人体运动能力、提高国民健康素质的运动科学。

16日下午，同学们先后来到安徽省地质博物馆、安徽博物院参观，了解安徽省人文历史和"土地的历史"。

18日上午，同学们参观了渡江战役纪念馆和安徽省名人馆。在渡江战役纪念馆,同学们全面了解了这场著名战役,站在这些烈士墓碑的面前,大家内心无与伦比的悲壮,革命先烈们抛头颅、洒热血、他们的鲜血染红了我们的旗帜,这一刻同学们深切体会到我们今天的幸福生活来之不易,是革命先烈用生命和鲜血换来的。在安徽名人馆,同学们通过人物蜡像、视频音像、仿真场景、文献、笔记、遗物等多方位了解了出身安徽省的历史著名人物。

18 日下午,同学们参观了合肥科技馆。同学们在飞机模拟驾驶、能量穿梭机、信息技术、力学、人体奥秘、机械、数学、儿童、声学、光学、电磁学、杨振宁陈列馆、天象及穹幕影院、4D 动感影院等 14 个展区内自由参观。大家亲手操纵着这些具有较强的科学性、趣味性、艺术性和可参与性的展品,他们对科技的兴趣被激发。

17 日下午,科学营举行了乒乓球友谊赛。在运动中挥洒青春的汗水,友谊第一,比赛第二,面对马上就要离开的中科大和几天下来收获得友情,同学们依依不舍。

习近平总书记说过,科学技术从来没有像今天这样深刻影响着国家前途命运,从来没有像今天这样深刻影响着人民生活福祉。中国要强盛、要复兴,就一定要大力发展科学技术,努力成为世界主要科学中心和创新高地。相信经过这次在科大的高校科学营的体验,同学们已经感受到了科学技术的魅力,了解到了最尖端的科技成果,意识到了科学技术对于国家发展和人民生活水平提高的重要性,他们心中已经埋下了一颗希望的种子,他们也必将继承中科大孺子牛的精神,乘风破浪,怀揣梦想努力前进。我作为一名科协系统负责青少年活动的工作人员也深受鼓舞,今后也必将拥抱着同学们的梦想,为祖国的科技事业发展贡献力量!

相约清华园　碰撞新智能

河南省实验中学　张丹丹

高中教学让我重回曾经的年少时代,而2019年的盛夏与来自河南各地的清华小营员们一起开启的人工智能之旅,又让我重新体验了一番难忘的大学时光。

与你们初遇相识

清晨4:30,与孩子们一同早起赶高铁,第一次相遇,孩子们十分活泼,很快就打成一片。到了清华园内与志愿者进行交流沟通,他们的热心与细心让我对这次人工智能之旅十分期待,从食宿到行程安排无不让人欣喜。在第一堂班会课上我们和来自江西和甘肃的师生互相介绍了自己,看着孩子们一张张朝气蓬勃的面孔,仿佛回到了几年前的大学校园。

与人工智能碰撞

作为一名物理老师,平日里对人工智能也略有了解,但与之如此的亲密接触还是头一回。我和孩子们一样,都十分好奇与激动,由中科院张森教授带来的无人驾驶技术的讲座是最令我和孩子们动心的。课堂上除了专业的理论知识,张教授还亲自指导孩子们操控无人机,孩子们积极踊跃地举手尝试,看得我也有些蠢蠢欲动。

第二天的无人机车组装活动也让孩子们玩得十分尽兴,每个组员都积极建言献策,尝试新的方案,加入自己独特的设计来提高机车的行驶性能。中科院的学生也热心地帮助孩子们处理理论知识和技术操作上的问题。在最后的比赛中孩子们看着自己动手组装的机车平稳运行,无不拍手叫好。

平日里的课堂学习,说实话是很难接触到如此充满趣味的动手实践活动。借此契机,让孩子们能在高中生活中亲手体验一把人工智能之旅,我想这对他们来说一定是奇妙而又难忘的。

与彼此欢唱舞台

畅游夏日清华园,了解中科院历史,探索人工智能的奥秘,与机器人亲密互动,前六天的丰富活动让大家沉迷于科学中。最后一天的闭营仪式上,孩子们一首《11 班留在紫操的歌》回荡在清华的大礼堂中,他们是如此的多才多艺,让在座的营员和老师们为之欢呼,中原的学子让我引以为傲。志愿者们调皮的节目《海草舞》《大碗带面》逗得全场欢呼喝彩,开怀大笑。

欢笑过后,离歌四起。送走了江西的师生,与导员共享最后的难忘时光,孩子们在紫操上嬉戏,玩累了也与志愿者们一起促膝畅谈。落日霞光下的这份情谊更显回味悠长。当晨曦再映照校园之时,大家也彼此作别,不舍地踏上了归途。

人工智能之旅何其激动人心!

期待一年之后愿我们清华再聚!

邂逅武汉理工大　共筑中国科技梦

焦作市科学技术协会　王成文

每个人脚下都有一串坚实的脚印,每个人心中都有不断追逐的梦想。我与十五位来自各个学校的同学怀揣着热情、希望与梦想来到这个"火炉城市"——武汉,参加了武汉理工大学高校科学营的活动,感受到了科学营师生这个团队的温暖、友情和激情,留下了美好而难忘的探究科学魅力的足迹。

七天的时光,如白驹过隙,灿烂美丽,令人记忆清晰,一幕幕场景仿佛触手可及:主办方精心的安排,老师们智慧的引领、营员们灿烂的笑容、志愿者们热情的服务……这次活动留给我太多美好的回忆,给予我太多的收获。

初遇,收获友谊的花香

一列飞驰的高铁从郑州驶向武汉,怀着激动和期盼的心情来到武汉理工大学。开营仪式上,老师介绍了武汉理工的基本情况,使我初步感受到了它在科学领域的专业发展和学术魅力,了解了它"以人为本,求是创新,强化特色,协调发展"的办学思路。老师鼓励同学们期间要积极参加各项活动,培养探索科学的热情,激发对科学的兴趣,这一点最得我心。

聆听报告,启迪对未来的思考

学校请来了傅正义等资深院士为我们带来了精彩绝伦的报告。其中徐林教授的有关"新材料、新能源、新机遇"中对钠离子电池的问题及应用前景的论述既与高中课程相关,又有着与时代最前沿技术相接的论述,深入浅出,回望科学史,展望新未来。

实际上,科技并非远得无可企及,它就在身边,它就在我们的日常,它正在一步步改变世界。四大实验室的参观,老师的精心讲解,再次验证了这一点。

习近平说:"只要青年一代有理想、有担当,国家就有前途,民族就有希望。"对,要想实现中华民族伟大复兴的中国梦,需要大量优秀的人才。孩子们还年轻,未来必要振翅逍遥翱翔九天! 他们一定能完成新时代的使命,同祖国、同时代一起成长!

学电子制作,品电工奥秘

在南湖大学生创造园,学生们体验了电工电子产品制作。首先,制作了一个家庭电路,看着一条条红色的电线,学生们多少有些头疼,一会儿正负极接反,一会儿串并联混乱,好在在同学的协助下,他们完成了这个电路。下午,制作了音乐盒电路,这不单单是看图组装那么简单,还需要用电烙铁固定电线。开始很顺利,可是越往后电线越多,在老师和各志愿者的帮助下,学生们最终完成了制作。当看到音箱的振动、听到音乐的跃动时,他们内心无比喜悦。

做护蛋装置,体动手乐趣

在"高空护蛋"实验制作中,学生们经过几天的努力,再加上小组的精心制作和志愿者的提示与指导,做出来一个个较满意的装置。这些装置尽管外形不是那么美观,可是那注入了他们几天的努力与心血,在那几天中他们无不满手胶水,就连手机屏幕也没有幸免。当组长们站在五楼看着"心血"落下时,他们的心也随着从五楼飞到了地面。当听到实验成功时,学生们顿时欢呼起来,飞奔下楼去看他们的"心血",经过五楼的飞翔之后竟完好无损,学生们的努力没有白费。

离别是为了更好的遇见

科技远没有我们想象之中的那么遥远,它就在我们身旁;书上的知识也不是宛若空中楼阁,它有着丰富的实践基础。理论上永远听起来简单,但实际操作起来才知道它的难度,理论知识如果不建立在实际的基础上,就只能是纸老虎,一点火星就可以把它摧毁。实践才能出真知,以后在学习的过程中,只了解了理论是远远不够的,实践之,并且要笃行之,方为科学营馈赠给学生们最珍贵的礼物。

武汉理工多少年来培养出的莘莘学子,他们努力投身于国家发展的大潮中,以坚毅清廉的高尚风骨、孜孜不倦的科研求索精神为国家发展奠定基础,一代代武汉理工人前仆后继、敢为人先,走向前沿,创造未来。在服务国家、服务社会的征途上,我们自然也不能落后,未来要向武汉理工人一样,为祖国贡献出自己的力量,努力实现青春梦、中国梦。

走进百年南开 感受科学魅力

濮阳市第一高级中学 赵良震

恰逢南开大学一百周年之际,我们有幸走进南开大学,感受科学魅力。

千里之外,犹如回乡

在我们奔赴天津之前,南开大学的志愿者就不断和我联系,车次、时间、穿着、生活习惯等细节不一而足。虽未谋面但在多次联系过程中,我逐步感受到了南开大学的严谨细致。刚出天津高铁站,我们老远就能看到统一服装、高举科学营标志的接站志愿者。我们虽初次见面,但犹如老友重逢,畅谈魅力南开。

来到宿舍,我们更是近距离感受到南开的体贴和自信。宿舍里大到被褥床单,小到抽纸、牙刷,30 余种生活用品一应俱全。宿舍的门、窗、床、窗帘等到处都有南开大学的标志。我们充分感受到南开大学的温暖的同时,也为南开的严谨细致的作风所折服。

百年南开,爱国情怀

"渤海之滨,白河之津,巍巍南开,浩荡精神。"

我们时时被南开大学校园中蕴含着的浓浓爱国情怀所感动。这里有周总理的雕像和感叹,这里有张伯苓的壮语豪言,这里有还习主席的殷殷期盼。

我们听的每场讲座都在向我们强调要心中有国,要将个人命运同国家联系在一起,这是这个时代赋予我们的使命与担当!南开人讲爱国讲的是深沉的,认真的,坚定的。爱国教育家张伯苓出于民族责任创办了南开中学和南开大学,南开大学始终以允公允能为己任培养爱国人才,张伯苓校长的爱国三问广为流传。南开人爱国是出了名的,以至于日寇满心怨恨从而炸平了南开大学。南开人又是顽强的,在流浪中仍然坚持办大学,并且和清华北大一起办成了当时全国最好的大学——西南联合大学。抗日战争胜利后,南开大学得以复建,在杨石先校长带领下南开人以科研强国为己任,征服了一座又一座科学高峰。南开大学始终与国家命运时刻联系在一起。近平总书记说："爱国主义是中华民族的民族心、民族魂。南开大学具有光荣的爱国主义传统,这是南开的魂。"

院士讲座,如沐春风

在南开科学营我们有幸听到了两位中国科学院院士的讲座。中国国家天文台研究员,中国科学院院士,宇宙学家武向平教授为我们讲了宇宙的来龙去脉。武院士从宇宙的传说讲起,讲了有关宇宙的起源、大小、年龄、爱好、演化等知识,还为我们解释了宇宙是什么? 怎么研究宇宙? 宇宙的命运如何等问题。最后武院士又特别用心地补充了大家最常问到的问题,例如:有外星人吗? 宇宙有黑洞吗? 大爆炸之前是什么? 宇宙外面是什么等等。为了尽可能多地把有关宇宙的知识都告诉我们,武院士顾不上喝一口水,舍不得停一下,硬是在两个小时内把3个小时的讲座完成。我们也丝毫不敢分神,面对武院士幽默的语言我们也来不及笑出声来。听得令人着迷!

陈军院士是新能源材料的专家,正在新能源研究领域大展宏图。陈院士为我们讲了新能源的种类、各种电池理论和发展方向。陈院士生怕我们听不懂,把高深的内容讲得深入浅出,他不仅把复杂的理论讲得通俗易懂还经常停下来与我们互动。最令人感动的是讲座结束后,陈院士还非常耐心地听取所有营员的提问并详细解答。陈院士很谦和,对于大家提出的问题,他经常会说:"你提的问题非常好,我根据自己了解的情况尝试给出解答""我们还可以深入交流"等等,他还经常鼓励大家:"没事儿的,有问题尽管问,我不知道的,咱们就接下来继续研究"。

武院士生怕讲不完,陈院士生怕听不懂;武院士嘴不敢停,陈院士不敢多讲。两位院士的讲座风格迥异,但都让我们感受到了院士们认真研究的学术作风和毫无保留的作风。有这样一大批伟大的科学家是中国之幸! 是民族之幸!

讲练结合,知行合一

南开大学的科学营活动安排得非常合理。一般是围绕着一个主题,上午是专家讲座,下午是实践活动,真正做到了讲练结合、知行合一。

我们听了5G、大数据、信息科学的讲座,进而深入实验室学习了二进制和数字技术,并且动手制作了计数器和计时器。我们听了生物科学的报告,了解了生物科学的研究方法,进而认识了大量的昆虫,并且亲手制作了昆虫标本。我们了解了南开大学的辉煌历史,深入考察了天津科技馆。活动还有很多很多，每一项都令人难忘。

莘莘学子，未来可期

这次科学营与我同行的有 15 位优秀学子，在南开大学汇合了全国各地的 15 只强大的队伍。这些学生思维敏捷、博闻强识，处处体现出时代特征。且不说他们对手机电脑操作自如，也不说他们对未来科技充满好奇，仅仅是他们的求知热情就令我们深深感叹！在南开的每一场讲座结束后基本上都会有大量的学生现场提问，陈军院士讲座结束后，提问时间竟然达到了一个小时！孙桂玲教授讲座结束后，李小怡同学又专程拜访了孙教授，并一度忘记了吃饭！为同学们的求学好问点赞的同时，我们也深深地被南开大学的教授们深深感动。

在平时，我们的同学们也表现出了优秀的品格和良好的学习习惯。在科学营期间所有同学均能严格按照南开大学的要求按时作息，文明规范，积极参加活动。在活动间隙、在就寝前、在火车上都能见到我们的同学见缝插针学习的身影。

这一代大多是独生子女，成长于新时代，生活在优渥的环境中。他们的优秀表现令人满意，莘莘学子未来可期！

科学营即将结束之时，营员们排演了精彩的文艺演出。

演出最后，大家把陪伴我们多日、细心安排我们生活的志愿者老师抛向空中！我真替他们捏了一把汗！同时也被他们的真情深深感动，喜爱和不舍之情洋溢在整个音乐厅的上空！

你们是我永远的朋友！感谢志愿者老师的辛勤付出！感谢南开大学的精心组织！感谢科协和各级领导的支持和帮助！你们辛苦了。